59 | 계명한국학총서

한국적 사회과학의 주춧돌 놓기

— 계명대학교 한국학연구원 편 —

계명대학교 출판부

머리말

한국학의 학문적 발전과 국제화를 선도해 온 계명대학교 한국학연구원은 1997년 이후 동양사상에 기초한 새로운 사회학을 모색하며 한국인의 실존적 삶에 관한 사회학적 분석을 꾸준하게 시도해 온 동양사회사상학회와 5년 연속 '한국 전통사상의 사회과학적 복원'을 연찬하는 기획 학술대회를 공동으로 진행하였다. 그간에 학술대회를 통해 발표된 1~2년 차 연구성과를 모아 2020년 『한국 사상사의 사회학적 조명』을 출판하여 삼국시대 최치원에서 정인보 등 근대 사상가에 이르는 13명의 대표적인 사상가를 사회과학적 시각에서 조명하였다. 2022년에는 사회학의 핵심 주제인 사회질서와 사회변동의 문제를 다룬 『한국 전통사상의 사회학적 도전』을 출간했다. 이 두 저서를 통하여 전통사상과 사회과학의 접점을 확인하고 한국학적 사회과학의 토대와 가능성을 탐색하였다. 그 결과 『한국 전통사상의 사회학적 도전』은 2023년 대한민국학술원 우수학술도서로 선정되기도 하였다.

이번에 출간하는 『한국적 사회과학의 주춧돌 놓기』는 이전의 학술적 성과를 바탕으로 서구에서 발주된 사회과학에 대항하고 한국 전통사상에 토대한 국학적 사회과학을 정립하기 위한 이론적 성과에 주목하였다. 동양사회사상학회는 창립 이래 간단없이 한국 전통사상의 사회과학적 복원에 힘을 쏟아왔다. 동양사상과 한국 전통사상에 내포된 사회사상에서 한국 사회과학의 뿌리를 찾아 한국 현실에 적실한 현대적 이론으로 복원함으로써 한국학으로서의 정체성을 확립하고자 노력해 왔다. 그리고 한국사회의 역사·문화적 특수성에서 사회과학적 이론의 보편성을 확인하면서 사회과학계의 학문적 지평을 확장하는 데 기여해 왔다. 그 연장선에서 본 저서에서는 특히 전통 사회과학 이론 정립에 대한 그간의 성과들을 비판적으로 소개 및 검토하였고 또한 현대사회에서 유교의 이론적 전망에 관련된 연구를 함께 개진하였다.

본 저서는 책 제목에서 밝혔듯이 한국적 사회과학의 주춧돌 놓기 작업의 일환이었다. 앞으로 더 많은 주춧돌이 필요하고 이를 토대로 한국의 토착적 혹은 자생적 사회과학 이론이 하나씩 축적되어 가야 할 것이다. 여기에 소개된 이론들은 현실에서 충분한 검증을 거치지 못해 여전히 가설적인 수준에 머물고 있다고 평가될 수도 있겠다. 그러나 그간의 연속 기획 학술대회를 통해 발표된 36편의 연구와 이를 보완하여 편집된 3권의 저서에서 동양사상의 지혜와 사회과학의 콜라보 가능성, 한국 사회과학 이론의 연구방향과 방법의 모색, 사회과학에서 동양사상의 '오래된 미래'로서의 가치 등을 엿볼 수 있었다. 이 책이 앞서 발간된 『한국 사상사의 사회학적 조명』과 『한국 전통사상의 사회학적 도전』과 더불어 한국 사회의 자생적 사회과학 정립에 기여하는 중요한 계기가 되기를 소망한다.

끝으로 이 책의 모태가 되는 학술대회를 기획하고 연구역량을 모아 준 동양사회사상학회와 학술대회 및 출판을 지원해 준 계명대학교 한국학연구원에 깊이 감사드린다. 무엇보다도 그간 한국 전통사상의 사회과학적 복원을 위해 옥고를 발표하고 열정적으로 토론해 주신 선생님들께 존경의 마음을 전한다.

2024년 8월

계명대학교 사회학과 명예교수 이영찬 씀

• 차례

이영찬의 '유교사회학'의 성과와 검토

-사회이론에 관한 유교적 재해석을 중심으로

염승준

이영찬의 '유교사회학'의 성과와 검토
-사회이론에 관한 유교적 재해석을 중심으로

염 승 준

1. 머리말

이영찬의 『유교사회학』과 『유교사회학의 패러다임과 사회이론』은 근대 서구 사회학의 한계를 유교의 우주론·세계관·자연관, 이를 좀 더 구체적으로 말하자면 유교의 태극太極·이기理氣·음양陰陽·오행五行론을 통해 근대의 산물이자 근대성의 전형이라고 할 수 있는 '실증주의'와 '과학주의'에 포섭된 합리론과 경험론에 기반한 방법론을 따르고 있는 사회학의 한계를 극복하여 사회학의 지평을 넓히는 것을 목적으로 한다.

2001년, 지금으로부터 23년 전에 발간된 『유교사회학』이 "유교 사상이 자본주의 경제 발전에 기여한 측면보다는 자본주의의 문제점을 해결하는 데 기여할 수 있는 측면"[01]을 주목하고 있으며 7년 뒤에 세상에 나온 『유교사회학의 패러다임과 사회이론』에서도 "서구 근대 문명에 대한 자각과 이를 극복할 대안을 모색"[02]하기 위함이라는 것을 분명히 밝히고 있듯이, 두 저서의 요지는 1990년대 후반부터 유교를 한국사회에서

01 이영찬, 『유교사회학』, 예문서원, 2001, 56쪽.
02 이영찬, 『유교사회학의 패러다임과 사회이론』, 예문서원, 2008, 410쪽.

무관심의 사각지대로부터 벗어나게 하는데는 일조했으나 '서구 이성의 성과'에 적응하는 데 급급했던 '유교자본주의'와 '유교민주주의'와 같은 담론들과 비교했을 때 본질적인 차이를 갖는다. 유교자본주의와 유교민주주의가 "서구 자본주의와 민주주의의 세계관적 기초는 그대로 둔 채 단지 병폐만을 유교적 덕목으로 치유하려는 목적론적 접근을 시도"함으로 유교적 덕목을 '아전인수'我田引水격으로 인용하는 데 그쳤다면, 이영찬의 유교사회학은 "유교의 질서감각으로 사회 현실을 구성하고, 유교의 세계관적 질서에 근거하여 그 정당성을 조명하는 일련의 과정을 포함"한다. 이점이 바로 '유교에 대한 사회학'과 '유교사회학'의 핵심적인 차이라고 할 수 있다.

> 유교자본주의와 유교민주주의에 대한 논의의 근본적인 한계는 서구 자본주의와 민주주의의 세계관적 기초는 그대로 둔 채 단지 병폐만을 유교적 덕목으로 치유하려는 목적론적 접근을 시도해 왔다는 데 있다. 이러한 처방은 서구 자본주의와 민주주의를 여전히 인류의 본편적 가치로 인정하고, 단지 그것이 갖는 부분적인 병리 현상을 유교적 덕목으로 치유하는 데 한정되어 있다. 이렇게 유교가 갖는 많은 덕목 가운데 필요한 때에 어떤 덕목을 아전인수我田引水에 격으로 인용하는 것은 유교에 대한 사회학일 뿐이다. 유교 사회학은 유교의 질서 감각으로 사회 현실을 구성하고, 유교의 세계관적 질서에 근거하여 그 정당성을 조명하는 일련의 과정을 포함해야 한다.[03]

---

03 기존의 유교자본주의와 유교민주주의 담론의 한계에 대한 이영찬의 다음의 비판은 '유교에 대한 사회학'과 '유교사회학'의 본질적인 차이뿐만 아니라 유교적 세계관에 대한 진지한 고려가 없이 유교와 사회학을 표층적인 차원에서 접목시키고자 하는 연구의 문제가 무엇인지를 명료하게 자각할 수 있게 한다. 이영찬, 『유교사회학』, 2001, 56쪽.

이영찬의 유교사회학은 거시적인 차원에서 서구 근대의 실증주의 그리고 그 실증주의의 방법론을 차용한 서구 사회학과 사회학적 방법론에 유교의 형상形上과 형하形下, 체體와 용用, 리理와 기氣, 음양陰陽 등의 개념을 통해 주관과 객관, 정신과 물질, 자아와 세계의 대립적인 이원론의 한계 그리고 그로 인해 야기되는 근·현대 서구문명의 사회적 문제 극복을 위한 대안을 제시한다. 본 글에서는 유교사회학의 주춧돌이 '리일분수理一分殊'이며 이것이 형상形上과 형하形下, 체體와 용用, 리理와 기氣와 같은 개념들이 갖는 신비로운 '불일·불이不一·不二' 혹은 '불상잡·불상리不相雜·不相離' 관계를 가능하게 하고 이러한 관계가 서구 근대문명의 병폐뿐만 아니라 실증주의와 과학주의의 한계를 극복하여 서구 사회학과 사회학의 지평을 확장할 수 있는 근거가 됨을 밝힌다.

그런데 蒙培元의 『성리학의 개념들』에서 살펴볼 수 있듯이 앞서 언급한 유교의 핵심 개념들은 중국 철학사에서 조차도 일의적이지가 않듯이 유교적 사회이론에 대한 수많은 연구 성과에서 그리고 현대 한국의 유학자들의 리일분수를 이해하는 관점이 상이하기에 이영찬의 유교사회학의 주춧돌인 리일분수가 무엇인지를 우선적으로 살펴보고 그것을 기준으로 삼아 유교적 사회이론과 관련된 연구 성과를 비판적으로 고찰할 필요가 있다.

'자본주의체제 밖이 없다.'라는 말처럼 전지구적 체제가 되어 버린 자본주의체제 그리고 그 체제를 공고히 하기 위한 서구의 근·현대 정치·법·제도에 적응하기 위한 노력은 불가피했다. 그러나 서구 근대성의 빛과 그림자의 양면 중에서 그림자에 대한 비판적 고찰이 없이 오직 모범적이고 착실한 체제 적응의 결과는 파국에 가깝다. 인간 중심주의적인 서구의 이성과 달리 '생명주의'[04]를 특징으로 하는 '유교적 이성理性'을 통해 서

04 이영찬, 앞의 책, 예문서원, 2001, 51쪽.

구 근대의 '도구적 이성'과 기계론적 자연관이 야기하게 될 절망적인 상황을 20여 년 전부터 경고했음에도 불구하고 현재 인류가 직면한 기후위기는 "역사상 처음으로 만물을 위협"[05]하고 있으며 "세계 어디서든 생존이 문제가 되는 벌거벗은 현실"[06]이 되었다.

자본주의체제의 문제뿐만 아니라 현실 정치의 상황도 크게 다르지 않다. 패트릭 J. 드닌은 서구 근대의 '자유주의'의 '두 가지 존재론적 요소'를 '해방된 개인'과 '통제하는 국가'로 보고 도덕성을 갖추지 못한 개인의 자유는 "쾌락 자극, 본능만 좇는 천박함, 오락거리 등 소비와 욕구, 무신경함을 조장"[07]하고 있으며 그 결과 역설적이게도 전 세계적으로 개인 자유의 국가적 통제가 강화되고 있다는 사실을 간파한다. 드닌 보다 20여 년 전에 이미 이윤갑은 '인간의 도덕적 실천'이 결여된 서구 근대의 자유와 개인 개념이 갖는 역설적 한계를 이이李珥의 역사관과 인간관에 의거해서 비판하고 있다.

> 그(이이)는 역사를 공부하는 목적이 시세에 휘둘리지 않고 도덕적인 삶을 사는 지혜를, 덕을 숭상하면서도 시세를 잃지 않는 지혜를 얻는 데 있다고 보았다. … 동양학에서는 역사가 인과적·발생적으로 전개된다고 보면서도 그것이 발전적이거나 진보적으로 나아간다고 보지는 않는다. 역사는 인간의 도덕적 실천을 통해서만 발전하고 진보할 수 있다고

---

05 김선철, 「한국의 기후위기 대응」. 세교연구소 제155차 정기포럼 발표문, 2020.

06 울리히 벡, *Der eigene Gott — Von der Friedensfähigkeit und dem Gewaltpotential der Religion*, 『자기만의 신: 우리에게 아직 신은 존재할 수 있는가』, 홍찬숙 옮김. 도서출판 길, 2013.

07 패트릭 J. 드닌, *Why Liberlism Failed*, 『왜 자유주의는 실패했는가』. 이재만 옮김, 책과함께, 2019, 66쪽. 이윤갑은 「역사학의 패러다임 전환 문제와 동양학」에서 서구의 자유주의뿐만 아니라 사회주의의 개인, 자유, 이성 개념에 대해 비판하고 있다. 정치 그리고 경제 영역에서 서구 근대성의 문제가 더욱더 심화되고 있는 상황에서 그가 소개하는 유학자 이이(李珥)의 인간관과 역사관이 울림을 준다.

> 보는 것이다. 동양(학)적 역사학이 역사를 인과적·발생적으로 서술하는 것을 중시하지 않는 이유를 우리는 이 점에서 살필 필요가 있다.[08]

전지구적으로 근·현대인이 적응하고자 해 온 '개인' 그리고 '자유' 개념이 직면한 이러한 현실은 서구적 근대 개인 그리고 그 개인의 자유의 특징과 유사한 것을 동양사상의 전통에서 찾기 위한 담론과 노력—예를 들면 주자학과 조선성리학에 기반한 인간관·정치관·경제관·법철학을 서구 근대의 시각으로 전근대적인 것 인양 평가절하하기, 유교를 오직 체제 유지를 목적으로 한 정치 이데올로기로만 치부하는 현상, 기독교계를 중심으로 한반도의 전통 사상과 문화에 대한 배타적인 시선으로 스스로 '성인聖人'이 되는 수신修身을 통해 제가齊家, 치국治國, 평천하平天下를 지향하는 군자君子의 성학聖學을 지향한 조선 성리학 전통 비판하기, 서학의 형이상학을 수용하여 유교 전통으로부터 일탈하는 다산 정약용(茶山 丁若鏞, 1762-1836)을 전형으로 하는 탈주자학을 곧 서구적 근대에 버금가는 동양적 근대의 성취인 양 간주하기 등—에 대한 발본적拔本的 성찰을 가능하게 한다.

서양 근세 합리론자들의 철학이 고대와 중세에는 등장하지 못한 개체적 자아에서 출발하여 그 자아 또는 주체 안에서 이데아와 신과는 다른 차원의 보편적 존재 근거나 존재 원리를 찾아내고자 했지만, 18세기 이후에 이르러서는 그러한 명맥조차 점차 망각되면서 경험론자들의 인간관이 위세를 떨치고 있다. 근·현대 인간은 단지 이기적인 욕망만을 추구하는 자아에 불과하게 됐고, 개인은 강력한 국가의 통제나 계약 없이는 '만인에 대한 만인의 투쟁'이 불가피하게 되었다. 이러한 현상은 현재 우

08 이윤갑, 「역사학의 패러다임과 전환 문제와 동양학」, 『동양을 위하여, 동양을 넘어서』, 예문서원, 2000, 108쪽.

리가 살고 있는 자본주의체제의 기본 구조의 실태다.

기후위기와 같은 유래없는 전지구적 위기가 인류의 생존을 위협하고 있고 그 대안 모색이 20여 년 전보다 더욱 절실해진 지금, 근대성에 대한 비판적이고 발본적인 성찰이 요청된다. '신적 권위와 전통과 관습의 속박에서 벗어나 자기 자신의 이성을 따르려는 서구의 계몽 사상' 그리고 이러한 '이성의 계몽주의로부터 가능해진 현대의 과학과 기술', '나의 개인적인 자유와 권리를 보장받고자 하는 민주주의 이념', '나의 이기적 이익 추구의 관점에서 출발하는 자본주의 경제 원리', 이 모든 것들이 '근세적인 개체성의 자각'[09]이 없이는 생각될 수 없는 것인데, 그 결과가 야기하고 있는 전지구적 위기는 근·현대인들이 적응하기 위해 노력해 온 서구 근대의 이성, 자유, 개인 개념이 갖는 문제를 학술적 담론의 차원을 넘어 인류 모두의 일상의 문제로 체감할 수 있게 됐다.

현재의 위기적 상황이 매우 암울하지만, 단지 학술적 담론의 차원이 아닌 모두가 일상으로 체감하고 있는 전지구적 위기는 '서구 학문의 막강한 정치 경제적 지배력'과 '근대 서구적 인간관과 이성'을 비판적으로 성찰할 수 있게 해 주고 공론의 장에서 주변화된 유교를 비롯한 동양전통사상의 주춧돌을 복원하고 그것을 기준 삼아 향후 "진일보한 학문적 체계를 갖춘 한국학 연구의 방향을 제시"할 수 있는 적기適期라고 할 수 있다.

09 한자경, 『자아의 연구: 서양 근·현대 철학자들의 자아관 연구』, 서광사. 1997, 171-172쪽.

2. 서구 사회학과 사회학적 방법론을 바라보는 유교의 눈 —'리일분수(理一分殊)'의 '내외합일적 관점'

이영찬은 유교적 입장에서 볼 때, 현대 사회학이 안고 있는 근본적인 한계를 두 가지로 보고 있다. 첫째, '서구 학문의 막강한 정치 경제적 지배력'. 둘째, '근대 서구적 인간관과 이성.' 서구의 사회학은 근대에 탄생한 학문으로 일자一者와의 합일을 추구해 온 고대와 중세의 이성과는 차원을 달리하는 '도구적 이성'으로 전락해서 '절대적 이원론의 사유구조'[10]를 특징으로 갖는다. 주관과 객관, 정신과 물질의 대립적인 이원적 관계를 통합할 수 있는 양자의 대대적對待的이고 상대적相對的인 관계 너머의 절대와 무한을 망각한 근대 이성이 곧 서구 근대 사회학과 사회학적 방법론의 근간이 되기 때문에 근대 이성의 특징과 근대 이성의 사유의 구조와 형식을 지배하는 절대적 이원론의 사유구조가 어떤 의미를 가지고 있는지를 서양의 사상사 차원에서 접근하는 것은 근대 서구적 인간관과 이성의 실상뿐만 아니라 서구 근대 사회학과 사회학의 방법론의 한계를 이해하는 데 있어 매우 중요하다.

서구 근대 이성의 탄생은 14세기 르네상스 시대가 열리게 되면서 종교개혁을 통해 중세적 사회가 붕괴되고 신과 인간 사이의 매개자가 제거되었고 그 결과 신과 인간의 관계가 근대 이전과 달리 새롭게 형성될 수 있었다. 그 결과 "인간 이성의 힘이 새롭게 부각되기 시작"하였고 그 이성은 16세기에 많은 과학적 업적을 이룩하였고 이성에 대한 신뢰를 고조시켰으며, 18세기 계몽 시대에 인간 개체성의 자각에 이르게 된다. 그런데 문제는 서구 근대에 이르러 이데아, 일자一者 그리고 신과 같은 절대자와

10 이영찬, 앞의 책, 2001. 59쪽.

무한자 또는 초월자와 깊은 내적 연관성을 가진 이성이 그 내적 연관성을 상실하면서 도구적 이성으로 전락하게 된다.[11]

근대 개체적 인간의 이성이 절대적 이원론의 사유구조를 가질 수밖에 없는 필연적인 이유는 무한자이자 절대자인 신과의 내적 연관성을 상실했기 때문이다. 근세 합리론자들의 자아의 이해가 르네 데카르트(Descartes, René. 1596~1650)의 "나는 사유한다. 그러므로 존재한다"라는 명제가 말해주듯이 개체로서의 자아가 존재와 사유를 통일시키는 제1원리가 되는 철학적 직관에 도달했음에도 불구하고 '실체화의 논리'[12]로 인해 '사유적 실체'와 '연장적 실체'라는 이원론에 빠지게 됐고 그러한 실체 이원론은 정신과 물질, 주관과 객관의 관계를 이원적이고 대립적인 관계로 전환시켰고 이러한 현상은 근대의 인간이 자연과 대상을 대하는 방식도 고대와 중세의 유기체적 자연관과는 다른 기계론적 자연관을 낳게 되었다.

데카르트가 직면한 실체이원론을 극복하기 위해 라이프니츠(Leibniz, Gottfried Wilhelm. 1646~1716)는 인간 영혼의 모나드가 소우주로서 주관과 객관, 정신과 물질, 자아와 세계의 대립적인 이원적 관계를 극복할 수 있는 소우주로서의 인간 영혼의 모나드를 주목하지만 서구 고대와 중세 형이상학의 전통을 인간 주체 안에서 모색하고자 했던 근대 합리론자들의 인간관은 '신의 죽음'이라는 선언 이후 신의 빈 자리를 '자본'이 차지하면서 근·현대인들에게는 모나드로서의 영혼은 낯선 것이 돼 버렸고 홉즈(Hobbes, Thomas. 1588~1679), 로크(Locke, John. 1632~1704) — 그는 인간 마음과 영

11 『유교사회학』 제4장 '유교적 합리성과 사유체계'에서 고대 그리스 시대부터 중세를 거쳐 근대에 이르기까지의 이성의 자기전개의 역사를 지성사적 차원에서 일목요연하게 정리되어 있다. 본래 무한자 또는 절대자로부터 분리된 이성의 사명이 다시 그러한 경지에 합일이지만 근·현대에 이르러 무한과 절대의 경지를 망각함으로 인해 이성은 한 갓 도구적이고 타산적 이성으로 전락하게 된다.

12 실체화의 논리에 대해서는 한자경, 『자아의 연구』, 서광사, 1997, 26-28쪽 참고.

혼을 '백지 상태tabura rasa의 마음' 이상의 것으로 자각하지 못한다.—그리고 흄(Hume, David. 1711~1776)과 같은 근세 경험론자들의 인간관이 곧 우리들의 자화상이 됐다. 주체와 객체, 정신과 물질을 아우를 수 있는 제3의 통일체인 초월적 자아가 망각되면서 그 양자를 매개해 줄 수 있는 것이 상실될 때, 인간의 정신은 "자신 밖의 일체의 객관 세계와 대립적으로 관계하는 외로운 유아론적 인식 주관"[13]으로 왜소화될 수 밖에 없으며 인식과 존재, 정신과 물질, 주관과 객관, 자아와 세계의 분열된 간극을 메울 수 있는 방법은 실증주의와 과학주의의 방법 외에 없게 된다. "자아는 세계의 일부인가, 세계의 한계 또는 세계 초월적 존재인가?", "세계는 주관 독립적인 객관적 실체인가, 아니면 주관에 의해 구성되고 해석된 현상인가?"[14] 등의 질문은 자아와 세계를 연결해 줄 매개를 상실한 근대적 질문이 되며 근대 경험론과 합리론은 이 질문에 대한 철학적 논의는 네덜란드 출신의 화가 에셰M.C Escher의 작품 "그림 그리는 손"—오른손이 왼손을 그리고 있지만, 왼손은 오른손이 그리고 있는 '뒤엉킴'—으로 대변될 수 있다. 무한과 절대를 망각하고 상실한 근대의 시대정신은 경험론과 합리론, 실재론과 관념론의 이원론적인 대립적 상황을 해결할 수 있는 제3의 길을 제시할 수 없다.

이영찬에 따르면 절대와 무한을 망각한 현대의 서구 사회학의 연구 대상은 "합리주의와 경험주의에 근거하여 구성"되며 "이러한 이원론적二元論的 인식 구조에서 연구 대상은 연구 주체와 분리된 존재이며, 주체의 일방적인 탐구 대상으로 고립되어 있다. 뒤르켐의 '사회적 사실', 짐멜의 '형식', 마르크스의 '토대'는 말할 것도 없고, 현대 사회학에서 파슨스의 '사회 체계', 미드의 '자아'에 이르기까지 서구 사회학의 연구 대상은 주체에

13 한자경, 『자아의 연구: 서양 근·현대 철학자들의 자아관 연구』, 서광사, 1997, 39쪽.
14 한자경, 앞의 책, 1997, 119쪽.

의해 대상화된 객체적 사실이었다."[15]

사회학자 김광기의 경우 마르크스와 베버를 물질과 정신을 대립적인 이원적 관계에서 파악하고 있는데, 이러한 관점이 가능한 이유는 사회학을 대표하는 두 사상가의 사상 자체가 근대 시대정신의 속박으로부터 자유롭지 못했기 때문이고 또 두 사상가의 관계에 대한 해석도 근대의 '이원론적 인식 구조'를 벗어나지 못하기 때문이다. 마르크스는 종교를 포함하여 모든 정신적 영역, 즉 정치, 예술, 문화, 법 등의 사회부분을 '상부구조'라고 부르고 그가 인간 정신 영역은 물질적인 조건의 단순한 반영에 불과한 것으로 본 것과 달리, 베버는 '하부구조'가 오히려 인간의 정신적 영역인 '상부구조'의 영향을 받아 전개되는 것으로 보았고, 베버 자신의 이러한 생각을 노정시킨 것이 『프로테스탄티즘의 윤리와 자본주의 정신』라는 것이다.[16]

사회학자 이영찬이 서구 근대이성과 근대문명의 한계를 '절대적 이원론의 사유구조'에서 파악하는 방식과 동일하게 철학자 한자경은 근대 사유의 특징을 '세계의 이중화'[17]로 정의한다. 근세의 합리론자나 경험론자 모두 객관적 세계 자체와 그 세계에 대한 주관적 표상 세계라는 식의 이중적 세계관을 주장하게 되었으며 이러한 이원 구도가 철학과 학문의 영역에만 국한된 것이 아니라 근·현대의 일상적 사유 논리가 된 것이다.

서구 근대 이성의 절대적 이원론의 사유구조의 대안으로 이영찬이 제시하는 '유교적 이성의 사유체계'는 "현실과 실천을 바탕으로 한 사유, 아我와 비아非我의 통일을 바탕으로 한 사유, 체용적體用的·선후본말적 先後本末的 사유로 특징"으로 갖는다.

---

15 이영찬, 앞의 책, 2001, 59쪽.

16 김광기, 『사회는 무엇으로 사는가? 뒤르켐&베버』, 김영사, 2007, 118-119쪽.

17 한자경, 『자아의 연구: 서양 근·현대 철학자들의 자아관 연구』, 서광사, 1997, 24쪽.

> 유교적 사유에서 아我와 비아非我는 구분되지 않는다. … 유교에서는 물物과 아我가 이원적으로 분리되지 않기 때문이다. 근대 서양 철학에서 가장 중요한 사건은 바로 아(개인,나)의 자각이었다. … '아'를 일단 자각한 후에는 '아'의 세계가 아와 비아非我(나 아닌 것)로 나뉜다. '아'는 주관적이며, '비아'는 객관적 세계의 것이다. '아'와 '비아'로 나뉜 만큼, 주관과 객관 사이에는 넘을 수 없는 한계가 존재하게 되었다. 이로부터 '아'가 어떻게 '비아'를 알 수 있는가 하는 문제가 생기게 되었고, 마침내 인식론이 서양 철학의 중요한 부문의 하나가 되었다. 유교 사상에서는 '아'에 대한 뚜렷한 자각이 없었기 때문에 '아'와 '비아'가 뚜렷이 나뉘지 않았고, 따라서 인식의 문제가 유교 내에서는 큰 문제가 되지 못했다. 이는 '아'와 '비아'는 본래 일체이기 때문에 나눌 필요도 없고 나눌 수 있는 것도 아니라고 보았기 때문이다. 이렇게 인식의 주체와 대상을 분리하지 않는 관점을 내외합일적 관점이라고 한다. 내일합일적 관점에서는 안과 밖의 대립이 소멸되고, 사람과 사물이 융합되며, 인간과 우주가 일체가 된다.[18]

아와 비아의 통일을 바탕으로 한 '유교적 사유'는 주관과 객관, 정신과 물질, 주체와 객체, 자아와 세계의 관계를 대립적인 이원론이 아닌 안과 밖의 대립이 소멸, 사람과 사물의 융합, 인간과 우주의 일체를 가능하게 하는데, 이와 같은 '내외합일적 관점'이 가능할 수 있는 근거가 바로 유교의 '리일분수理一分殊'에 있다.

『유교사회학의 패러다임과 사회이론』 제3장 '유교의 세계관과 모델'에 따르면 리理는 "천지만물을 종합하여 그 궁극에 있는 것, 곧 근원에 있는 것"으로 보편적인 하나一者이다. 그런데 "그 리가 만물 각각에 내재

18 이영찬, 앞의 책. 2001, 177-178쪽.

할 때에는 사물마다 자연히 각각 하나의 分殊理를 갖는다. 이때 사물이 갖는 각각의 리는 그 기의 혼昏·명明·청淸·탁濁에 따라서 다르지만 근원으로서의 리는 동일하다."[19] 주관과 객관, 정신과 물질로 대립적이고 이원화되기 이전의 미분화된 통일체로서의 형이상자적 일자一者인 리가 있기에 그것을 근원으로 하는 현실세계의 개체들의 경계와 차별은 그 자체로서의 실체가 아닌 바람이 불면 흩어질 수 있는 모래 위의 그림자, 즉 '나타난 것' 또는 '모습을 드러낸다'는 의미를 갖는 '현상現相'인 것이다. 현상으로서의 존재가 그 자체로 실체가 아니기에 그렇기 때문에 돌맹이, 풀 한포기, 동물 그리고 인간 각각의 개체적 존재들이 종의 차이에도 불구하고 하나일 수 있다는 만물일체萬物一體가 가능하다. 현상적 차원에서 각각의 개별자는 다르지만 근원적인 차원에서 동일할 수 있게 된다. 그러나 그 일자를 망각하면 개별자 그리고 각각의 개별자 사이의 경계는 실체화된다.

이영찬은 서구 사회학 그리고 사회학의 방법론의 한계를 근본적으로 주관과 객관의 분리 이전의 통일체로서의 리理를 자각하지 못한 채 "주객主客의 분리에서 출발하여 대상의 경험된 자료만으로 현실을 파악하는 실증주의적 관점이나 기계적 인과 관계로 행위를 이해하는 행태주의적 관점"[20]에서 찾고 있다. 그와 달리 유교의 리일분수의 관점에서 주체와 객체는 리라는 '절대적 존재의 분신分身'으로 동일한 뿌리를 공유하고 있기 때문에, 서구 근대의 도구적 이성과 달리 유교의 이성理性은 그 자체가 주체이자 객체가 된다. 이성은 이치가 마음에 드러난 현상이라는 점에서 객체이고, 그 이치를 실현하려는 의지라는 점에서 주체가 될 뿐이다."[21] 바로 이점이 "과학으로서의 사회학과 학문으로서의 유교 사이의

---

19 이영찬, 앞의 책. 2008, 86쪽.
20 이영찬, 앞의 책, 2001, 186쪽.
21 이영찬, 앞의 책, 2001, 189쪽.

근본적인 차이점"이다.

夢培元은 『중국철학과 중국인의 사유방식』에서 중국철학의 주체적 사유의 특징이 주관과 객관 너머의 통일체로서의 주체임을 강조하고 있다. 그는 『樂記』를 인용하면서 "인간이 나면서 고요한 것은 하늘의 성이다. 사물에 감응하여 움직이는 것은 성의 욕심이다. 사물이 앎에 도달한 이후에 좋고 싫음이 나타나게 된다. 좋고 싫음이 안에서 절제되지 않고 지식이 바깥에 유혹되어 몸으로 되돌아가지 않으면 천리는 없어지고 말 것"[22]이라고 말하고 있는데, 개인의 이기적인 욕심을 이용하고 경쟁을 부추기는 자본주의체제에서 '절제'를 통해 '하늘의 성'과 '천리天理'를 보존하는 것은 더 많이 욕망하고 더 많이 소비해야 하는 자본주의체제에 반하는 것이다. 자본주의체제 그리고 이 체제에 종속되고 예속된 실증주의와 과학주의가 주관과 객관 너머의 통일체로서 '천리'가 주체일 수 있다는 사실 그리고 유교의 이성이 서구 근대의 도구적 이성과 달리 '주체이자 객체가 된다'는 사실을 고려하지 않는 이상 '과학으로서의 사회학'은 주객분리의 관점에서 현실을 파악하는 방법론의 한계를 극복할 수 없다.

주관과 객관의 분화 이전의 통일체로서의 리가 안과 밖, 사람과 사물, 인간과 우주, 주체와 객체, 정신과 물질의 이원적이고 대립적인 관계를 포괄할 수 있는 무한과 절대라는 유교의 내외합일적 관점은 독일 근세 철학자 피히테(Fichte, Johann Gottlieb. 1762~1814)에게서도 살펴볼 수 있다. 칸트(Kant, Immanuel. 1724~1804)의 '초월철학'에 근거한 초월적 자아관을 계승하고 있는 피히테에게 있어 "자아는 사유와 존재, 행위와 사실, 주체와 객체가 하나로 통합되어 있는 주객 미분의 지점, 근원적 통일성과 동일성을 의미한다."

22 夢培元, 中國哲學的主體的思惟, 『중국철학과 중국인의 사유방식』, 김용섭 옮김, 예문서원. 2005, 140쪽.

> 대상 의식에서는 의식 주체와 의식 대상이 구분되지만, 자아의 자기 의식에서는 그 둘이 하나가 된다. 여기서는 주체와 객체간의 연결끈이 필요하지 않다. 자아 자체의 본질이 연결끈이다. 나는 주체와 객체이며, 주체-객체성이다. 즉 자아란 주체와 객체의 동일성, 신비로운 하나이다. 그러므로 이 통일적 자아에 있어 자기 자신의 정립과 존재는 자아에 대해 사용되는 한 완전히 같은 것이다. 다시 말해서 자아는 자기 자신에 의한 단순한 정립에 의해 존재한다. … 또 자아는 자신의 단순한 존재에 의해 자신을 정립한다. … 자아는 행위하는 자이며 동시에 행위의 산물이다. 즉 자아는 활동적인 것이며 동시에 활동성에 의해 산출된 것이다.[23]

실증주의의 아버지인 사회학의 창시자 콩트A. Comte 그리고 '실증주의의 방법론'의 극복 내지 대안으로 제시된 '해석적 방법론'과 같은 사회학 방법론에 대한 논쟁이 유교의 주관과 객관, 정신과 물질로 이원화되기 이전의 태극, 무극, 리와 같은 절대와 무한의 경지를 깨닫지 못하는 한, "인식 주체로부터 인식 객체를 대상화하고, 인식 주체가 절대적 인식 권능을 가진 계몽주의적 이성"의 한계를 극복할 수 없고 결국 '사회학적 환원주의'와 '상대주의'에 빠지고 만다.

> 실증주의 방법은 감각적으로 경험할 수 없는 사실은 무시할 뿐 아니라 비과학적인 것으로 치부해 버린다. 그리고 경

---

23 한자경, 앞의 책, 1997, 152쪽. 실증주의나 과학주의적 관점에서 소위 관념론으로 평가절하되고 있는 관념론에 대한 일반적인 이해와 거리두기를 하는 사회학자 이영찬은 '서구 사상의 통일체적, 유기체적 전통'이 플라톤의 이데아론에서 시작해서 아리스토텔레스, 아우구스티누스 그리고 근대의 헤겔에 이르기까지 계승되고 있음 간파하고 있다. 이에 대해서는 이영찬, 『유교사회학의 패러다임과 사회이론』, 예문서원, 2008, 97-102쪽 참조.

> 험한 자료의 한계 속에서 인과 관계를 구함으로써 사회학적 환원주의에 빠진다. 반면 해석적 방법론에서는 실증주의에 반대하여 외현적 지식보다는 인간의 내적인 과정에 주목한다. 이들은 직관, 감정이입, 추체험의 방법을 통해 행위자들의 행위 의미를 이해하고, 그것을 통해 사회 현상을 설명한다. 그러나 해석적 지식의 근거가 관찰자에 의해 주관적으로 의미 부여되고 구성된 해석이라는 점에서 상대주의의 한계에 부딪히고 만다.[24]

> 실증적 방법은 인간과 사회를 추상적으로 개념화하여 객체를 대상화한다. 객체의 대상화는 주체의 이성 중심주의의 부산물이다. 마르크스K. Marx의 노동하는 인간, 베버M. Weber의 문화인文化人 미드G. Mead의 상징 해석자는 계몽주의적·합리적 인간이다. 이러한 인간관에 바탕한 인식은 주체의 의한 객체의 일방적 인식이다. 그것도 인간의 감각적 지각과 이성의 추리 능력의 한계 내에서 이루어질 수밖에 없는 인식이라고 하겠다.[25]

이영찬의 유교사회학은 '리일분수理一分殊'에 의한 '내외합일적 관점'을 주춧돌로 삼아 사회학과 사회학의 방법론의 한계를 비판하며 서구 근대문명과 근대성의 한계 그리고 자본주의체제가 야기하는 문제를 극복하고자 한다. 따라서 유교사회학 이후의 유교적 사회이론의 연구성과를 비판적으로 평가하는 데 있어 척도는 정신과 물질 그리고 주관과 객관으로 이원화되기 이전에 미분화된 통일체의 인정 여부에 있다.

24 이영찬, 같은 책, 2001, 227쪽.
25 이영찬, 앞의 책, 2001, 227쪽.

3. '유교사회학'의 이론적 성과

『유교사회학의 패러다임과 사회이론』 3장 '유교의 세계관과 모델'에서는 유교의 핵심 개념인 태극·리·기·음양·오행의 개념을 일별하고 있다. "태극은 우주만물의 존재와 변화의 본체와 본원으로서의 존재 양식을 갖는다."[26]

> 하나는 천명유행의 주체라는 것이고, 다른 하나는 이 주체가 객관적 사물에 유행하여 그 사물의 존재 근거가 된다는 것이다. 앞의 것은 '근원으로서의 태극'을 말하고, 뒤의 것은 '내재로서의 태극'을 말한다. 주희의 표현을 빌리면 앞의 것은 보편적 리요 뒤의 것은 개별적 리, 혹은 앞의 것은 통일체로서의 태극이요 뒤의 것은 한 사물이 갖고 있는 태극이다. 앞의 것은 기에 앞서 존재하는 것이요, 뒤의 것은 기 가운데 존재하는 것이다.[27]

태극은 "절대성을 견지하면서 존재와 본체, 변화와 본원의 이원성을 극복할 수 있는 개념"을 요구하고 이에 '리'란 개념이 도입된다. 이영찬은 리 개념을 베버의 '이념형'의 의미를 함축하고 있다고 비교하면서도 "리는 정신적 구성물人理이 아니라 천리天理에 근거하고命 있다"는 점에 근본적인 차이가 있다는 것을 강조한다. 기의 개념은 "물질·생명·정신 등으로 구분되는 서구적 범주들과 구분을 모두 포괄"하며 "도덕성의 의미를 내포"하고 있다. 음양오행은 "일정한 형질이 없으며 항상 상대, 조건,

---

26 이영찬, 앞의 책, 2008, 73쪽.

27 이영찬, 앞의 책. 2008, 73쪽 재인용.

목적 등에 따라 대대적으로 존재한다. 그래서 음양오행은 정체가 없으며 항상 변화에 열려 있고, 무엇이든 담아낼 수 있도록 항상 비어 있는 개념이다. 음양오행은 방법론적 견지에서 볼 때 리를 표현하는 유형의 표상 내지 상징체라는 점에서, 그리고 그것이 내용을 담아낼 수 있는 비어 있는 개념이라는 점에서 패러다임적 기능"[28]을 갖는다.

유교의 리기론적 세계관은 태극의 절대성 개념에 주목하면서 기·음양·오행의 생성, 운동, 변화의 원리를 밝히고 있는데 이는 근대 서구의 원자론적, 이원론적, 인과적, 기계적 세계관과 본질적인 차이를 갖는다. 이영찬은 홍승표의 『깨달음의 사회학』에 주목하여 동양적 사유체계의 특징을 통일체적 세계관으로 규정한다. "통일체적 세계관의 요체는 시간과 공간을 초월하여 모든 존재들은 하나라고 하는 우주만물 간의 근원적 통일성을 가정한다는 점이다."[29]

이영찬 그리고 홍승표는 공통적으로 유교의 태극·리·기·음양·오행을 통해서 절대, 초월, 영원, 불변과 상대, 생성, 변화, 순간을 이원화되고 대립적 존재로 인식하지 않고 통일적으로 인식한다. 바로 이점이 실증주의와 과학주의에 포섭된 서구의 사회학 그리고 사회학적 방법론과 본질적인 차이라고 할 수 있다.

> 리기론적 사유는 변화하는 것과 함께 변화하는 것 속에 혹은 너머에 있는 절대적·항상적인 것을 통일적으로 인식한다. 변화하는 것은 상대적인 것이며 가변적인 것이지만 그 가운데에는 절대적이며 항상적인 것이 존재한다. 리기론적 사유는 변화를 항상한 것을 통해 보고, 항상한 것을 변화

28 이영찬, 앞의 책, 2008, 82쪽 재인용.

29 홍승표, 『깨달음의 사회학』, 예문서원, 2002, 64쪽. 이영찬, 앞의 책, 2008, 105쪽 재인용.

속에서 인식한다. 이는 순간과 영원을 통일적으로 인식하는 것을 말한다. 만약 변화를 불변을 떠나 인식하고, 분별을 변화와 따로 인식하며 변화와 분별은 이원화되고 대립된 존재로 인식될 것이다. 가변적인, 일시적인 존재는 영원한 절대적 존재와 구분되고 이들은 서로 다른 세계를 점유하기 때문이다.[30]

데카르트는 근대 학문을 '나무'에 비유한다. 의학이나 화학 같은 개별 학문은 '나무의 줄기'에 그리고 현상세계의 근원인 절대성·초월성·무한성을 특징으로 갖는 형이상학을 '나무의 뿌리'에 비유된다. 근대의 특징을 '절대적 이원론의 사유구조' 또는 '세계의 이중화'로 앞서 설명했듯이 근·현대에 이르러 절대적인 존재, 항상적인 존재, 영원한 절대적 존재는 망각되었고, 뿌리에 비유된 형이상학을 상실한 근대의 다양한 학문 분과와 학문의 방법론은 주객 이원론의 도식을 벗어날 수 없는 합리주의와 경험주의의 방법론 이외의 다른 차원의 제3의 방법론의 모색이 불가능하다.

실증주의와 과학주의가 '리기론적 사유' 또는 '리일분수'를 통한 '내외합일적 관점'을 깨달아 수용하지 못하는 한 변화 속에 혹은 변화 너머에 있는 절대적·항상적인 것을 통일적으로 인식할 수 없다. 이러한 인식은 일반적인 대상적 인식과는 다른 깨달음의 차원에서의 앎이다. 그러나 여전히 실증주의에 매몰된 오늘날 사회과학자들에게 '깨달음의 사회학'이라는 개념은 위화감을 줄 것이 분명하다. 근대라는 특정 시대에 매몰되지 않고 시대와의 거리두기를 하지 않는 이상 서구 사회학과 사회학의 방법론의 한계를 극복하기는커녕 근대 학문과 학문 방법론의 문제가 무엇인지를 자각하기조차 어려운 실정이다.

---

30 이영찬, 앞의 책, 2008, 107쪽 재인용.

서구 근·현대에 이르러 절대와 초월의 일자가 망각되는 것과 비슷하게 비록 조만의 차이가 있다 할지라도 중국의 철학에서조차 태극의 존재가 부정되고 있음을 역사적으로 확인할 수 있다. 夢培元은 『성리학의 개념들』에서 성리학의 개념들을 리기론·심성론·지행론으로 구분하여 리와 기·태극과 음양·리일理一과 분수分殊·신神과 화和·성性과 명明·미발과 이발·함양과 성찰 등의 개념들이 북송시대부터 명말청초에 이르기까지 의미의 변화를 일목요연하게 정리하고 있다. 각각의 개념은 역사적 시대에 따라 동일한 개념임에도 일의적이지 않다. 태극의 개념을 놓고 봤을 때, 남송시대 주희는 태극을 '음양의 체體로서 우주의 법칙이자 우주의 본원'[31]이며 '음양은 태극의 용用으로서 태극의 리에 근거하여 만물을 화생하는 것'이다. 그런데 명청시대에 이르러서는 대진戴震은 주희의 존재의 근원으로서의 태극을 부정한다.

> 戴震은 태극의 존재를 기본적으로 부정한다. … 태극이라는 존재가 있는 것은 아니며, 더욱이 태극이 음양을 낳는 것은 아니라는 말이다.

헤겔(Georg Wilhelm Friedrich Hegel, 1770년~1831)을 마지막으로 명맥을 유지해 온 서구의 형이상학이 점차 망각되는 것과 유사하게 중국철학사에서도 남송시대와 명말청조 시대에 이르러 절대와 무한의 형이상학적 의미가 축소되는 의미의 변화를 갖는다. 남송시대 주희에게 형상 개념은 '객관세계에 잠재된 본체 존재'이자 '내재적 도덕 본체'이다. 그러나 명말청초에 이르러 戴震은 "형이상학적 본체론을 무너뜨리고 심체일원론心體一元論을 견지"한다. 그는 태극 또는 형상을 실체로 보지 않고 기를 실체로 보

31 夢培元, 앞의 책, 2008. 135쪽.

았으며, 기를 형의 존재인 형이상으로 간주한다. 夢培元은 이러한 대진의 주장을 "경험철학 또는 실증 철학적 특성을 지니고 있다."[32]고 말한다.

이처럼 동·서양을 막론하고 근·현대에 이르러 절대와 상대, 무한과 유한의 관계에서 전자의 형이상학적 차원의 경지가 망각되면, 형상과 형하, 태극과 음양, 리와 기, 체와 용의 관계의 관계에서 '불일不一'과 '불상잡不上雜'의 측면이 간과되고 '불이不二'와 '불상리不相離'의 측면만이 대두돼 절대와 무한을 상실한 상대적이고 유한한 개체들 간의 대대적對待的이고 연기적緣起的 관계로만 인식된다. 바로 이점이 유교의 전통이 근대의 경험철학과 실증철학에 포섭된 지점이라고 할 수 있다. 형이상자의 불변성, 절대성, 무한성, 초월성을 부정하게 되면, 결국 현상세계의 인식과 존재의 방식은 유물론적 '자연주의적 일원론'에 의해 지배될 수밖에 없다.

금장태에 따르면 다산 정약용(茶山 丁若鏞, 1762~1836)은 18세기 말에서 19세기 초에 조선 후기 실학을 정립하면서 도학의 형이상학적 사유 체계를 전면적으로 비판하고 '주자학의 틀'을 벗어난다.[33] 그의 해석대로 '도학의 형이상학적 사유 체계'를 그것도 '전면적으로 비판'했기에 다산이 근대 사상가라는 평가를 받고 있다.

다산은 조선의 성리학자들이 거경궁리居敬窮理의 차원에서 수양을 통해 도달하고자 한 천인합일天人合一의 경지를 인간 마음의 '기호'의 차원으로 해석한다.

> 정약용에게 인간은 그 심층에 신성과 덕성이 이미 구비된 존재가 아니며 단지 표층적 심리작용만으로 인간다움을 유지할 뿐이다. 인간은 그 심층에 갖추어진 것이 없으므로 자신 바깥의 가치를 추구할 수밖에 없다. 자신 바깥의 가치를 추

32 夢培元, 같은 책. 2008, 293쪽.

33 금장태, 『도와 덕: 다산과 오규 소라이의 《대학》·《중용》 해석』, 이끌리오, 2004, 1쪽.

> 구함으로써 마음이 마음으로 작용하고 가치를 부여받게 된다. 마음은 대상을 지향하는 한에서만 마음으로 작용한다고 보는 것이다. 이러한 대상적 사유에 따르면, 인간의 본성은 그 자체가 덕이 아니라 덕을 지향하는 마음일 뿐이고, 그 자체가 선이 아니라 선을 좋아하는 마음일 뿐이다. 그래서 정약용은 인간의 성을 '선을 좋아하고 악을 수치료 여김(惡善而恥樂)의 기호嗜好라고 규정한다.[34]

그리고 조선의 유학자 다산은 리일분수의 내외합일적 관점에 따라 현상세계의 각각의 개별자들이 '만물일체'가 될 수 있다는 사회학자 이영찬의 관점과 달리 초목, 금수, 인간의 종차를 강조한다. "사물과 인간은 그 부여받는 것부터 다른 존재"라는 것이다.

> 초목 금수는 하늘이 화생하는 처음에 낳아가는 이치(生生之理)를 부여하여 종으로 종을 전하는 것으로 각각 그 성명을 온전히 할 뿐이지만, 인간은 그렇지 않으니, 천하의 만민은 각각 잉태되는 처음에 영명을 부여받아 만류를 초월하며 만물을 향유한다.[35]

현대 사회학자 이영찬이 리일분수의 관점이 만물일체를 가능하게 하

---

34 한자경, 『한국철학의 맥』, 이화여자대학교출판부, 2008, 302쪽. "『시경』에서 '사람들이 법도를 지킴이여! 아름다운 덕을 좋아함이여!'라고 했다. 성을 법도를 지킴이라고 하면서 반드시 덕을 좋아하는 것으로 설명했으니, '성(性)'자의 뜻이 기호(嗜好)가 아니겠는가?" 정약용, 「孟子要義」, 435, (131), "詩云 '民之秉彝, 好是懿德'. 性之謂秉彝, 而必以好德, 爲設性之字義, 其不在於嗜好乎." 한자경, 『한국철학의 맥』, 이화여자대학교출판부, 2008, 303쪽. 여기서 다루는 정약용 책의 인용은 모두 한자경의 『한국철학의 맥』에서 재인용한 것임을 밝힌다.

35 『여전』 (2), 권4. '중용강의보', "草木禽獸, 天於化生之初, 賦以生生之理, 以種傳種, 各全性命而已. 人則不然, 天下萬民, 各於胚胎之初, 賦此靈明, 超越萬類, 享用萬物." 금장태, 앞의 책, 2004, 1쪽. 36쪽 재인용.

는 토대임을 강조하고 유교사회학이 자연을 착취의 대상으로만 간주하는 근대 기계론적 자연관을 비판하고 자본주의체제가 낳는 파국적인 현실을 극복하고자 하는 데 반해, 조선 후기 유학자 다산은 "만물일체, 그것은 옛 경전에는 결코 나오지 않는 말이다."[36]라고 말한다.

> 만물일체, 그것은 옛 경전에는 결코 나오지 않는 말이다.[37]

금장태에 따르면 다산은 "주자가 건순 오상의 덕을 인간과 만물이 같이 얻었다고 말하는 것은 인간과 사물 사이의 주종 관계의 위계질서를 분별하지 못하는 것이요, 등급을 없애는 것이라 하며, 하늘이 만물을 낳는 이치가 본래 이렇게 차별성이 없는 것이 아니라고 강조한다."[38] 다산이 중국의 주자를 비판하기에 그래서 그가 그토록 한반도의 주체적인

---

36 한자경, 앞의 책, 2008, 291쪽 재인용.

37 정약용, 「中庸講義」, 『여유당전서』, 제4책, 252쪽, 번역은 전주대 호남학연구소 역, 『국역 여유당전서』, 경집1, 전주대학교출판부, 1986, 277쪽 참조(쪽수는 『여유당전서』 권의 쪽수를 나타내며, 괄호 속 쪽수는 변역책의 쪽수를 나타낸다.) "萬物一體, 基在古經, 絶無此語." 한자경, 『한국철학의 맥』. 이화여자대학교출판부, 2008, 291쪽 재인용. 한자경은 만물일체에 대한 정약용의 견해뿐만 아니라 그가 유교의 '본연지성', '허령불매', '미발의 중을 갖춘 심성'을 부정하고 있음을 간파하고 있다. 본연지성을 부정하는 근거로 제시하고 있는 것이 정약용의 「心經密驗」, 『여유당전서』, 제4책, 147-48이다. "본연(本然)이라는 말의 뜻을 세상에서 잘 모르고 있다. 불서(佛書)에 보면 본연이란 무시자재(無始自在)의 뜻이다. 유가에서는 우리 인간은 하늘에서 명(命)을 받은 것으로 이해하고 있지만, 불씨는 본연의 성에 대해 받아온 것은 없고 언제 처음 나왔다는 것도 없이 천지 사이에서 자재하면서 끝없이 윤회하여, 사람이 죽어 소가 되고 소가 죽어 개가 되고 개가 죽어 인간이 되더라도 그 본연의 체만은 투명하게 밝고 자재한다고 했으니 이것이 이른바 '본연지성'인 것이다. …… 본연이라는 두 글자는 육경 사서와 제자백가서에 전혀 출처가 없으며 오직 『수능엄경』에서만 중복하여 말하고 있다." 같은 책290쪽 재인용. 허령불매성에 대한 부정은 정약용, 「孟子要義」, 『여유당전서』, 제4책, 439-440. "'허령한 것은 순수한 선으로 악을 행할 리가 없다'는 것은 불씨의 말이다." 같은 책 292쪽 재인용. 미발지각을 부정한 것은 정약용, 「孟子要義」, 『여유당전서』, 제4책, 534, (322). "아직 발하지 않았을 때에는 참으로 선이라고 말할 수 없다." 같은 책 292쪽 재인용.

38 금장태, 앞의 책. 2004, 1쪽. 37쪽.

근대 사상가로 추앙받고 있는 실정이다. 그런데 다산의 근대적 자연관이 "인간과 사물 사이의 주종 관계의 위계질서"를 주와 종의 관계로 분별하고 그러한 위계질서에 따르는 '등급'을 인정한다면, 과연 다산의 근대적 자연관이 전지구적 연대와 협력을 요청하는 21세기 인류가 직면한 기후 위기와 같은 문제를 극복하는 데 필요한 어떤 이론적이고 실천적인 대안도 제시해 줄 수 있을까?

금장태가 『도와 덕: 다산과 오규 소라이의 《대학》·《중용》 해석』에서 다산과 일본의 근대 유학자 오규 소라이를 비교할 때 공통분모로 삼는 것이 양자 모두 태극과 무극의 형이상자 그리고 인간이 그것과 합일하고자 하는 도덕적 수양을 부정한다는 점이다. 마루야마마사오丸山真男는 『日本政治思想史研究』에서 소라이가쿠에서 '정치의 개인윤리의 속박으로부터의 적나라한 해방'을 '근세 유럽에 있어서 과학科學으로서의 정치학을 수립한' 니콜로 마키아벨리의 군주론과 동일한 맥락에서 언급하고 있는데, 그의 견해에 따르면 하늘과 인간 사이의 '단절'을 강조하는 "소라이가쿠는 역사적으로 주자학의 분해과정의 총결산"이다. 그리고 그 결과는 일본 근대 정치사상사에서 전통 "유교 규범은 이미 인간의 내면성과 어떤 관련성도 가질 수 없"게 되어 사회적 '규범의 구속력'은 약화되고 결국 인간 본능, 즉 "인간의 감정에 기반을 둔 자연성自然性을 전능全能한 것으로 만들어주게 되는 것"이다.[39]

유교적 사회이론의 재해석에 있어 근대 사상가로서의 다산의 유교 해석의 관점을 취해 리일분수를 통한 만물일체를 인정하지 않는다면, 그것은 연구자 자신의 개인적인 관점에서 자유라고 할 수 있겠지만, 문제는 전통 유교의 성리학을 부정하고 서학의 형이상학을 수용하는 다산의 유교 해석의 관점으로는 서구 근대 사회학과 사회학적 방법론을 한계

39 마루야마마사오(丸山真男), 『日本政治思想史』, 김석근 옮김, 통나무, 2011, 379-380쪽.

를 극복할 수 없다는 것이다. 그럼에도 불구하고 중국의 성리학과 주자학 그리고 조선의 전통 성리학을 비판한 다산을 근대 사상가로서 '실사구시의 경세학자', '정치 경제 군사 등 다방면에 걸쳐 방대하면서도 체계적인 저술'을 남긴 "한국사상사에 독보적 존재"로 평가하는 것이 정당한 평가일 수 있을까?[40]

사회이론의 유교적 재해석에 있어 다산의 성리학 해석상의 문제도 논쟁적이겠지만 보다 더 큰 문제는 현대 유학자인 문석윤도 다산의 입장과 유사하게 성리학을 이해하고 있다는 점이다. 그는 성리학이 "천인합일이라는 관념적인 융합"을 주장하고 "거창한 만물일체를 설정"하며 "리의 본체를 찾아가는 사변적인 관념의 세계"일 뿐이라고 한다.[41]

근대의 이중화된 세계 속에서 연구자 개인이 의식하든 의식하지 못하든 실증주의와 과학주의에 종속된 이상, 근·현대를 형성하고 있는 우리 모두의 공업共業이 형성한 공통의 세계인 기세간器世間에서 자유롭지 못한 이상, 동일한 유교임에도 불구하고 경전을 독해하고 이해하는 해석하는 방식이 시대정신의 제약으로부터 자유롭지 못한 상황이다.

4. 유교사회학 연구에서의 사회학적 논의의 성과

계명대학교 한국학연구원의 5개년 연속 프로젝트 대주제인 《한국전통사상의 사회과학적 복원》으로 유학자 퇴계 이황(退溪 李滉, 1501~1570), 하

40 한자경, 앞의 책, 2008, 275-276쪽.
41 한자경, 같은 책, 277쪽.

곡 정제두(霞谷 鄭齊斗, 1649~1736) 그리고 다산 정약용이 사회과학적 시각에서 조명되었다. 유승무·박수호·신종화의 「퇴계 이황」에서 마음에 탄생과 관련된 내용에서 요시다 슈지의 『마음의 탄생』을 인용하면서 인간의 뇌의 내적 신경회로를 마음의 탄생과 연관 짓고 있는데, 이러한 견해가 "우리의 추론들 중 하나와 잘 통한다."라고 언급하면서 "맹자가 말하는 마음의 본성은 프로이트의 무의식이 아니라 모든 인간에게 자연스럽게 형성된 본연지성이다."[42]라고 말하고 있다.

유교의 본연지성이 서구 정신분석학에서 이해하는 마음과 다르다는 점은 이해하겠으나 태극이나 무극 또는 리의 형이상자적 차원에서 이해해야 할 본연지성이 인간 뇌의 내적 신경회로와 마음의 탄생을 연관 짓는 것이 무엇을 위한 것이고 무엇을 의미하는지에 대해서 책의 내용만으로는 이해하기가 어렵다. 그리고 이 연구에서 문석윤의 견해에 동의하고 있는 점은 이영찬의 유교사회학과 본질적인 차이를 갖는다. 왜냐하면 문석윤의 유교의 핵심 마음공부인 마음이 아직 발하지 않았을 때의 미발의 경지를 인간이 지각할 수 있다는 미발지각未發知覺의 경지를 부정하고 있기 때문이다.

양선진은 「하곡 정제두」에서 서구의 종교개혁 이후의 개인의 발견이 "과학혁명을 잉태하였으며 경제적 관점에서 자본주의를 가능케 하였으며, 법적 형식에서는 입헌주의를 낳았고, 정치적으로는 자유 민주주의의 결실을 낳았다고 할 수 있다."고 말하고 있다. 이와 비교해서 그는 조선사회는 근대화된 사회인가 그리고 조선의 사상가 정제두는 근대적 인물인가 아니면 근대성을 배태할 토양을 낳은 사상가라고 할 수 있는가?를 질문하면서 "한국의 철학자인 정제두의 사상 속에서 생리설에 기초한 리

42 유승무·박수호·신종화, 「퇴계 이황」, 『한국 사상사의 사회학적 조명』, 2020, 계명대학교출판부. 125쪽.

기론의 개념이 전통 성리학의 리기론과 어떻게 다른지를 고찰하고 왜 정제두의 리기론이 정태적인 논리적 차원에 머물렀던 전통 성리학과 달리 역동적인 생명의 원리를 설명하기에 적합한지"[43]를 검토한다.

그는 조지프 니덤을 인용하면서 중국에 "근대적 인간으로서의 개인이 등장하지 못했다"는 견해를 무비판적으로 수용하면서 근대 과학기술이 중국에서 발전하지 못한 것이 개인 개념의 부재 때문이며 그것이 근대화를 지연시켰다는데 동의하고 있다. 그리고 그는 "유학자들이 과학기술, 법률과 사법, 행정조직을 합리적으로 발전시키지 못했다는 것은 분명한 사실이다."라고 평가하고 있다.

> 동양의 과학기술을 찬양했던 조지프 니덤(Joseph Needham, 1900~1995)마저 『중국의 과학과 문명(Science and Civilization in China(1954)』에서 근대에 과학기술이 중국에 발전하지 못한 것은 바로 전근대적 신분제에서 벗어나려는 근대적 인간으로서의 '개인'이 등장하지 못했다고 지적한다. 이런 점에서 니덤이나 베버는 동양사회에서 개인의 개념의 부재가 동양의 근대화를 지연시켰다고 한다. 이러한 점에서 베버가 『프로테스탄트 윤리와 자본주의 정신: Die Protestantische Ethik und der Geist des Kapitalismus. The Protestant Ethic and the Spirit of Capitalism(1904/05)』에서 지적하듯이, 유학자들이 과학기술, 법률과 사법, 행정조직을 합리적으로 발전시키지 못했다는 것은 분명한 사실이다.[44]

서양 근대의 개인의 등장이 근대의 성취의 측면도 있겠으나 동시에

---

43 양선진, 「하곡 정제두」, 『한국 사상사의 사회학적 조명』, 계명대학교출판부, 2020. 173-174쪽.

44 양선진, 같은 책. 182-183

그 한계도 분명히 할 필요가 있다. 이윤갑에 따르면 서양 근대 이후 자유주의와 사회주의의 인간 이해는 깊이 있는 사유를 하지 못했다. "자본주의적 혹은 사회주의적 근대를 만들어 낸 서양의 철학과 사상, 과학, 이론 등의 서양학"이 이해하는 인간 이성은 "자기 밖에 존재하는 모든 것에 대해 대상적 관계로 마주하는 유아론적 의식 주체의 이성이며, 그러한 대상을 자기 보존의 체제적 기획에 따라 지배, 이용하는 노동 주체의 도구적 합리성을 위주로 하는 이성"[45]에 불과하다.

근·현대의 법률과 사법, 행정조직을 합리적으로 발전시키지 못한 책임 소재를 유학자에게 과연 물을 수 있을까? 드닌이 강하게 비판하고 있듯이 현재의 서구 자유주의의 병폐를 진지하게 고찰하면 그리고 『기본소득론』의 저자 가이 스탠딩이 밝히고 있듯이 자본주의체제에서 모든 사람들의 삶의 터전이었던 '공유지'[46] 약탈의 역사 그리고 그러한 약탈을 공고히 해 온 법과 제도가 자본주의체제에서의 '사영화 행위'이고 서구 근대 '개인주의'와 '사적 소유권'이 약탈을 기반으로 한 것임을 성찰한다면, 서구 자본주의체제의 도구 역할을 한 법률과 행정이라는 것이 조선을 비롯한 한반도의 전통과 역사를 서구 근대의 관점에서 모두 버리고 성취해야 할 것도 아니지 않은가?

유교뿐만 아니라 한국 역사에 대해 무지한 베버의 관점을 수용하여 유학자들에게 책임을 전가轉嫁하기 전에 비판적 지식인 법학자 김두식의 비판에 먼저 귀 기울일 필요가 있다. 『법률가들: 선출되지 않은 권력의 탄생』에 따르면 "우리나라 법조계의 제도적 물적 인적 토대는 모두 일제

45 이윤갑, 「역사학의 패러다임과 전환 문제와 동양학」, 『동양을 위하여, 동양을 넘어서』, 2000, 예문서원. 93, 99쪽.

46 가이 스텐딩, *Plunder of the Commons*, 『공유지의 약탈 : 새로운 공유 시대를 위한 선언』, 창비, 2021, 5쪽. 가이 스텐딩은 공유지를 "우리가 공유하고(share) 있는 것으로, 우리의 조상, 조부모, 부모가 우리에게 물려준 자연적·물리적 환경을 포함한 공적 부(富)라고 규정한다.

식민지시대 마련 되"었고 "메이지유신 이후 프랑스와 독일의 법제를 받아들인 일본은 이를 그대로 식민지 조선에 이식했으며, 조선시대까지 유지되었던 전통적인 법과 제도는 대한민국의 형성에 아무런 영향을 끼치지도 못했고. 판결문, 공소장, 소장, 피의자신문조서, 심지어 호적등본 양식 하나도 우리 손으로 만든 것이 없다. 자유freedom, 권리right, 사회society, 개인individual 같은 핵심개념도 모두 일본인의 손을 거친 번역어였다."[47]

양선진은 "성리학은 조선의 근대화를 방해하는 철학적이며 정치적 체제"이며 "근대를 방해하는 중심적인 사상은 성리학이다."라고 말한다. 조선의 근대화를 방해한 성리학에 대항한 사상은 양명학이고 그의 양명학에서 개인의 발견을 가능케하는 실마리가 된다는 것이다. 그리고 이영찬이 서구 사회학과 사회학적 방법론의 한계를 극복하고 대안을 제시하여 사회학의 지평을 확장하고자 했던 이일분수는 '주희의 핵심사상'인데, 그는 "이러한 사상이 엄격한 신분제와 차별적 인간관을 가능케 했던 것이다."[48]라고 보고 있다. 양선진에 따르면 주희의 리는 "개별화된 성이 활동할 수 없는 미발"이며 왕양명은 "무생물처럼 활동할 수 없는 미발의 성보다는 활동하고 움직일 수 있는 생명체처럼 구체적이며 현실적인 활동성의 이발의 심에서 철학적 사유를 진행한다." "주희의 성이 인간의 구체적인 생명으로 인정하는 것이 아니라 논리적 차원에서 설명하는 것일 뿐이라면, 왕양명의 성은 생명의 활동적이며 역동적인 인간의 성향과 경향성을 고려한 생물학적 차원에서 설명하려는 것"이다. 이러한 해석과 설명에 의하면 천일합일과 만물일체의 경지의 이론적 및 실천적 근거인 전통 성리학의 미발지각의 경지가 다산, 문석윤 그리고 양선진에게서 공통적으로 그리고 일관되고 부정되고 있는 것이다.

47 김두식, 『법률가들: 선출되지 않은 권력의 탄생』, 창비, 2018, 606쪽.

48 양선진. 같은 책, 185쪽.

현대 유학자인 문석윤, 이승훈, 손영식, 이상돈의 유교의 미발지각에 대한 이해도 다르지 않다. 한자경은 「미발지각未發之覺이란 무엇인가?: 현대 한국에서의 미발 논쟁에 관한 고찰을 겸함」에서 유학자인 이들이 미발지각의 의미를 제대로 밝혀내고 있지 못함을 날카롭게 비판한다. 문석윤은 "퇴계의 입장은 결국 미발에서 지각불매보다는 사려미맹을 강조한 것이고 미발은 어떤 의식도 없는 상태"라고 논했으며, 이승환이 말하는 "미지향적 의식은 결코 제6의식보다 더 심층에서 작동하는 심층마음(제8아뢰야식)의 활동, 주객분별에 앞선 주객포괄의 마음활동, 천리를 구비하여 언제나 밝은 허령불매의 미발지각이 아니다."라고 말한다. 한자경에 따르면 손영식도 "미발의 선험적 자아는 단지 추상적 리나 성에 그치는 것이 아니라 허령한 지각불매의 활동성, 미발지각의 마음이라는 것을 간파하지 못한 것"이며 "이상돈이 말하는 본체로서의 미발은 심의 작용과 발동의 근거이고 법칙일 뿐"이며 "본체로서의 미발은 마음의 선험적 근거를 의미하지 감정의 어떤 한 국면이나 의식의 한 상태를 지시하는 것은 아니다." 이상돈의 이 말은 미발이 단지 '선험적 근거'일 뿐 "심층마음의 활동도 아니라는 것"[49]을 의미한다. 결국 현대 유학자 문석윤, 이승환, 손영식, 이승환 모두 미발지각의 미발의 의미를 제대로 밝혀내지 못한 것이다.

유교의 마음공부법인 미발시공부에 핵심이 되는 주관과 객관으로 이원화되기 이전의 통일체인 태극 또는 무극의 미발未發의 경지를 지각知覺할 수 있다는 것을 유교의 사회적 이론을 모색하는 사회학자와 현대의

49 한자경, 「미발지각(未發之覺)이란 무엇인가?: 현대 한국에서의 미발 논쟁에 관한 고찰을 겸함」, 『철학』 123, 한국철학회, 2015, 2쪽. 이 글에서 한자경은 2000년대 초반 문석윤, 이승환, 손영식, 이상돈 간의 미발논쟁에 있어서 유교의 미발지각의 경지가 공통적으로 부정되고 있다는 점을 비판적으로 검토한다. 한자경에 따르면 "미발지각은 개별 인간 안에 깃든 보편적 천지지심인 심층마음의 허령불매의 활동성이라는 것, 이 미발지각의 발견이 성리학을 포함한 동양 형이상학의 핵심"이다.

유학자들이 부정한다는 것이 단지 학자들마다의 개인적인 관점의 차이에 그친다면, 그에 대한 시시비비를 논할 필요는 없을 것이다. 그러나 문제는 그럴 경우 사회학자 이영찬이 유교사회학에서 강조하고 있듯이 서구 근대 실증주의, 과학주의 그리고 합리주의와 경험주의에 포섭된 서구 근대 학문이 사회학 그리고 사회학의 방법론의 한계를 극복할 수 있는 길이 없게 되고 나아가 실증주의와 과학주의가 야기한 기계론적 자연관에 책임을 물을 수 있는 기후위기와 같은 전지구적 문제를 진단하고 해결할 수 있는 어떤 사회이론과 패러다임을 유교가 제시할 수 없다는 점일 것이다.

5. 맺음말

이 글은 이영찬의 유교사회학에서 유교 '리일분수理一分殊'의 '내외합일적 관점'이 갖는 형이상학적 함의를 통해 주관과 객관으로 이원화되기 이전의 미분화된 통일체로서의 리理와 현상세계의 관계를 밝힘으로써, 절대와 무한의 형이상자形而上者의 망각이 근대 세계의 이중화를 초래하고 그로 인해 주관과 객관, 정신과 물질의 관계를 대립적이고 이원적인 것으로 밖에 인식할 수 없는 근대 실증주의와 과학주의에 포섭된 서구 근대 사회학과 사회학의 연구 방법론의 한계가 갖는 실상을 명료화했다. 그리고 서구 근대 사회학의 연구방법론이 합리론과 경험론, 관념론과 유물론의 양자택일이거나 절충적 차원에서 벗어나고 있지 못한 반면에 이영찬의 유교사회학은 제3의 길을 제시하고 있음을 부각시켰다.

유교사회학 이후의 유교적 사회학의 성과를 검토하는 내용에서는 한반도의 전통 형이상학을 단지 관념적인 것으로 평가절하하고 유교의 미발지각未發之覺과 만물일체萬物一體의 경지를 부정하는 국내의 현대 유학자들이 실증주의에 포섭되었음을 비판했다. 서구의 근대성의 핵심 개념인 '자유' 그리고 '개인'과 유사한 의미를 전통 종교와 철학에서 모색하면서 그러한 서구적 개념과 의미에 부합하면 근대적 성취로 그에 부합하지 않으면 전근대적인 것으로 평가절하해 온 유교적 사회이론, 전통종교에 배타적인 기독교계의 관점 그리고 전통 종교와 형이상학과의 역사적 단절을 부각浮刻시키려는 신종교계의 관점을 이영찬의 유교사회학을 도추道樞 삼아 비판적으로 고찰했다.

한국전통사상의 사회과학적 복원을 위해 가장 먼저 수행돼야 할 것은 유교가 무엇인지를 제대로 이해하고 깨닫는 것이다. 그런데 이영찬이 유교를 넓고 깊은 바다에 비유했듯이 바다의 깊이를 가늠하기가 쉽지 않다. 사회이론의 유교적 재해석을 위해 주춧돌이 돼야 할 유교적 세계관, 인간관, 우주관을 공부하고 깨닫는 것은 당연한 것이고 그것과 아울러 무엇이 나의 유교 공부를 방해하는지에 대해서도 생각할 필요가 있겠다. 우선 근대 서구화에 적응에 급급한 나머지 과학주의와 실증주의에 매몰된 우리들의 정신을 지배하고 있는 업장業障을 제거할 필요가 있다.

현재 학계에 만연된 다음의 다섯 가지는 유교를 비롯해 한국전통사상의 사회과학적 복원을 위해 성찰되고 극복될 필요가 있다.

첫째, 선교사의 배타적 시선으로 보유론補儒論을 주장한 예수회 소속 마테오리치를 중심으로 한 기독교와 가톨릭계 학자들의 주자학과 조선 유교 성리학에 대한 왜곡된 담론. 정치학자 김영민은 『중국정치사상사』에서 유교라는 개념과 범주가 "학술용어라고 하기에는 지나치게 혼미한 용어"가 되어 버린 것에 대해 지적하고 있다. 그는 라이오넬 젠슨을 인용해서 유교가 "유럽 지식인들이 주도적인 역할을 하며 길고 고의적인 제작 과정을 통해 만들어낸 결과"이며 '서양의 발명품'이며 "예수회(제수

이트jesuit) 선교사들이 그 과정에서 핵심적인 역할을 했다"고 밝히고 있다.[50]

둘째, 최근 동학東學 관련 연구에 집중하고 있는 원광대학교 원불교사상연구원을 포함해서 신종교학계에서 주자학 또는 조선의 성리학을 전근대적인 정치적 지배 이데올로기만으로 간주하는 경향. 이러한 경향은 서구적 근대문명의 대안을 모색하기 위해 일본 학자가 사용한 소위 '토착적 근대'라는 개념을 중심으로 동학東學이 한반도의 유·불·선 전통 종교 전통의 맥을 계승하는 측면을 적극적으로 읽어내지 못하고 오직 역사적 단절만을 부각浮刻시킨다.

셋째, 기독교학계를 중심으로 조선 성리학의 전통을 비판하고 서학의 형이상학을 받아들임으로 인해서 유교 전통으로부터의 이탈한 다산 정약용(茶山 丁若鏞, 1762-1836)의 탈주자학이 곧 근대의 성취인 양 그를 조선의 근대 사상가로서의 위상을 추앙하는 경향.

넷째, 서구 근대의 자본주의체제 적응을 위해 동양의 형이상학을 서구적 시선으로 왜곡시키고 평가절하 한 채 유교를 비롯한 동양사상에서 서구적 근대의 핵심 개념인 자유, 개인, 인권 그리고 평등과 유사한 것을 모색해 온 담론.

다섯째, 국내에서 30여 년 동안 니체와 같은 철학자를 중심으로 포스트모더니즘이 수행해 온 서양 전통 형이상학의 절대와 초월 개념 그리고 이성 개념에 대한 비판을 서양과 동양 형이상학의 차이와 다름을 고려하지 않은 채 동양의 태극, 무극, 리 등이 갖는 절대성과 초월성과 깊은 내적 연관성이 있는 유교적 이성理性에 무비판적으로 적용해 온 방식. 대표적인 예로 유교의 태극의 절대와 무한 보다는 음과 양의 기氣의 대대성對待性에 주목하고 불교의 자아의 무한성과 절대성 보다는 자연주의적

50 김영민, 『중국정치사상사』, 사회평론아카데미, 2021, 40쪽.

일원론에 입각해서 연기설緣起說만을 강조하는 경향을 들 수 있다.

유교사회학의 통찰과 성과를 계승하기 위해서 학문후속세대가 무엇을 해야 하고 무엇을 하지 말아야 하는지에 대한 지침과 나침판이 필요하다. 20여 년 전에 이영찬이 제시한 '유교사회학의 방향성'은 여전히 현재뿐만 아니라 미래를 아우를 수 있는 시의성을 갖고 있다. 유교 사회학이 성립되기 위해서는 유교의 세계관과 질서관에 바탕해야 하며, 유교가 대상을 구성하는 방식, 인간과 자아 정체성을 해명하는 이념, 지식의 정당성 근거를 존재와 인식에 대한 보다 근원적인 질서의 원리에 입각해야 한다. 유교 사회학이 생명력을 갖기 위해서는 유교를 서양의 선교사나 사상가들의 관점과 이론의 틀 안에 가두어 두지 말아야 한다. 모든 것이 유교 안에 있다는 식의 '유교 제국주의'에 빠져서는 안 되며 서구의 특정한 사상과 이론을 무비판적으로 수용해서 유교에서 그에 비교될 만한 사상적·이론적 요소를 찾아서도 안 된다.[51]

> 유교 사회학은 유교의 세계관과 질서관에 바탕한 사회학이 되어야 한다. 사회학이 단순히 유교의 윤리나 덕목에 의존하는 것이 아니라, 유교가 대상을 구성하는 방식, 인간과 자아 정체성을 해명하는 이념, 지식의 정당성 근거 등과 같은 존재와 인식에 대한 보다 근원적인 질서의 원리에 입각하였을 때 '유교 사회학'이라 할 수 있을 것이다. … 유교 사회학에서 유교의 덕목들은 그 자체가 정언적 규범이 될 수 없으며, 새로운 상황을 맞아 유교의 세계관적 질서 위에서 끊임없이 재해석되어야 한다. 유교를 재해석한다는 것을 다른 사상이나 이론으로 재포장하는 것으로 혼동해서는 안 된다. 또한 유교 사회학이 생명력을 갖기 위해서는 유교를

51 이영찬, 앞의 책, 2001, 472-473쪽 참조.

> 다른 사상이나 종교와 단순 비교하여 그 개념이나 이론의 틀 안에 가두어 두지 않아야 한다. 유교는 넓고 깊은 것이 바다와 같아서 모든 지혜를 그 안에 갖추고 있다. 이 책에서 다뤘던 사회학 대상이나 방법론은 물론이거니와 다른 어떠한 주제도 유교에서 찾을 수 있다. 그렇다고 해서 '모든 것이 유교 안에 있다'는 식의 유교 제국주의에 빠져서는 안 된다. 또한 서구의 특정한 사상 혹은 이론을 미리 받아들이고 나서 유교에서 그에 비교될 만한 사상적·이론적 요소가 있는가를 찾아가는 식이 되어서도 안 된다. 유교는 유교를 탄생시킨 세계관이나 정신 구조에 바탕한 새로운 개념이나 이론으로 끊임없이 거듭날 때 그 지혜는 앞으로 생명력을 얻어갈 것이다.

이황직의 "유교적 사회학의 성과와 검토"에 대한 비평을 통해 이 글의 한계와 이영찬의 유교사회학의 학문적 성취와 가치를 좀 더 명료하게 드러낼 수 있다. 그의 비평대로 이 글은 "해당 저작 및 후속 저작에 대한 텍스트 평가에 그치지 않고, 그 성취를 계승하여 심화·발전시킨 흐름이나 비판 그리고 저자의 후속 작업 등도 종합적으로 제시"하지 못했다. 그뿐만 아니라 이영찬의 유교사회학의 정수는 서구 근대 학문인 사회학의 대안으로서의 유교 사회이론임에도 불구하고 본 연구에서는 『유교사회학』의 제2부 '유교사회학의 이론'에서 다루고 있는 '방법론', '인성론', '계층론', '변동론', '일탈과 사회통제', '국가론', '음악론' 그리고 『유교사회학의 패러다임과 사회이론』 제3부의 '신체론', '행위론', '규범론', '구조론', '제도론'에 대해서는 다루지 못했다.

그의 두 번째 비평에 따르면 이 글의 '숨은 전제'이자 '대전제'가 "곧 남송대 주희의 성리학만이 온전한 형식의 유교형이상학이라는 인식"이다. 그러나 이 글에서 주희 형이상학만을 '온전한 형식'으로 삼고자 하지는 않았다. 다만 21세기 인류가 직면한 위기에 종교와 철학이 무슨 역할을 할 수 있을 것인지에 대해 고민했을 때, 미래의 종교와 형이상학은 서구 근·현대의 도구적 이성으로 인한 실증주의와 과학주의의 폐해와 기후위기와 같이 인류가 직면한 전지구적 문제를 해결할 수 있어야 하고 국가 간의 경계, 민족과 종교의 정체성을 허물고 전지구적인 연대와 협력을 이끌어 낼 수 있어야 하며 현실세계의 부당한 차별로 인한 수직적인 위계질서를 무너뜨릴 수 있어야 한다는 것 그리고 그에 부합하는 학이 바로 이영찬의 유교사회학이라는 것이 이 글의 대전제라고 할 수 있을 것이다.

마지막으로 유교적 사회이론을 모색하는 학문후속세대에 귀감이 될 수 있도록 유교사회학의 학문적 성취에 대한 이황직의 찬사를 옮겨 적는다. "『유교사회학』의 강점은 사서오경, 주희의 장구, 혹문, 주자어류, 근사록까지 통독해서 얻은 자료들을 적재적소에 배치(체계화)하여 구조적으로 설명한 데도 있지만, 리 개념 분석을 위해 어원에서부터 공자, 맹자의 용례, 그리고 주희의 설명까지 흐름을 통해 설명하고 거기서 소이연과 소당연을 통일적으로 파악하여 그것이 자연 질서(법칙)에서 사회 질서(원칙)로 심화하는 역사적 과정을 통해 논증한 데 있다(『유교사회학』, 3장). 이렇게 역사적으로 변화·발전한 유교형이상학의 개념들을 '패러다임'으로 발전시킬 때조차 태극, 리기, 음양, 오행 등을 비어있는 개념으로 간주해서, 이를 즉각적으로 현실에 적용하려는 실체화의 위험을 피할 수 있었다.(『유교사회학의 패러다임과 사회이론』, 3장)"[52].

52 이황직, 2022. 「"유교적 사회학의 성과와 검토"(염승준)에 대한 토론문」. 『한국전통사상의 사회과학적 복원(V): 한국적 사회과학의 주춧돌 놓기』. 계명대학교 인문학연구단 한국학연구원.

한국유학의 사회학적 성과와 전망

-최한기 '측인론'의 사회심리학적 재해석을 중심으로

김보경

한국유학의 사회학적 성과와 전망

-최한기 '측인론'의 사회심리학적 재해석을 중심으로

김 보 경

1. 한국적 사회과학 연구의 필요성과 『최한기 측인론 연구』

한국사회에 서구 사회과학이 전해진 지 어언 한 세기가 지나가고 있다. 그동안 한국의 사회과학은 대부분 수입학문에 의존했을 뿐 한국 전통사상에 토대한 자생적 사회과학이론을 생산해 내지 못했다. 이는 사회과학 분야에서 한국의 사회 문화적 요소를 설명해 내지 못하는 맹점을 낳게 되었는데, 그 근원은 서구의 세계 전략에 따른 한국의 지피지기知彼知己 차원에서의 양성된 학자들에 의해 주도됐다는 데 있을 것이다. 따라서 오늘날 한국학에 요구되는 시급한 문제는 학문적 독립과 정체성을 확립하는 일이 아닐 수 없다. 한국적 학문의 독립과 정체성의 확립을 위해서는 한국의 역사·문화적 토대 위에서 한국학을 정립해 나가는 작업을 해야 할 것이다.

한국사회에서는 한국의 역사와 문화적 토대 위에서 한국적 사회과학을 정립해야 한다는 문제의식을 지닌 학자들의 움직임이 1990년대 중반부터 있었다. 이들은 유, 불, 선의 사상을 토대로 하여 "한편으로는 유불선의 고전에 대한 공부와 해석이 제시되었고 다른 한편으로는 각종 사회 현상에 대한 동양적 시각을 제시"(최석만, 2009)한 내용들이 주를 이루었다.

한국적 사회학 연구의 흐름은 제1세대 사회학자들로 주도된 1990년대 이후부터 본격적으로 태동하기 시작했다. 이들은 동양의 고전에서 구체적인 사상들의 발굴과 현대적 개념화를 위한 작업을 시작하였다. 임현준·정일준(2012)은 한국적 사회학 흐름의 중심에 서 있던 학자를 국내에서는 김경동[01], 신용하[02], 최재석[03] 교수를, 국외는 구해근[04], 신기욱[05]을 대표로 꼽고 있다. 이들의 한국학 관련 작업에서는 식민지적인 흐름

01 김경동(1936~) 교수는 한국 사회학계의 실질적인 제1세대 학자로서 인간주의적 사회학을 주창했다. 그는 한국 사회의 발전을 사회학적으로 설명하는 과정에서 유교와 도교 등 동아시아 사상과 한국사상을 현대적으로 재해석에서 이론을 정립하고 한국 사회에 고유한 개념들을 체계화해 한국인의 사회행위와 사회의식, 사회관계와 조직원리 등을 이론으로 만들었다. 그는 한국의 문화를 한문화, 기문화, 음양변증법적 변동, 중용의 원리, 유연성의 원리 등 사회학의 한국적 토착화를 위해 다양한 개념들과 이론들을 제안했고 나아가 한국 사회학이 세계 학계에서 학문의 보편성을 가져야 한다고 강조했다. 우리 학문의 독립을 위해서는 우리의 문화적 원천에 뿌리박은 이론 및 개념과 방법론을 체계화하는 동시에 이를 외국인이 이해할 수 있게 하는 이중적 과제를 수행해야 한다고 주장했다(임현진 외, 2012).

02 신용하(1937~) 교수는 한국 역사에 관심을 가지고 한국 사회사 분야를 개척했다. 유승무·최우영(2016)은 그의 사회학을 '민족사회학'이라고도 했다. 그의 민족사회학에 대한 관심은 주체적이고 자생적인 한국사회학의 발전을 위한 희망과도 결을 같이 했다고 할 수 있겠다. 그는 민족문제와 공동체에 관심을 가지고 역사를 천착했을 뿐만 아니라 일본과의 과거 현재 영토분쟁 및 역사분쟁에 깊이 몰입한 연구 업적을 남겼다. 더불어 한민족의 역사적 형성 과정의 독특성에 대한 이론적 실증연구를 적극적으로 추진했다. 이러한 그의 연구들은 양적으로나 질적으로 사회학에서의 한국학 연구의 대표적 업적이라 평가받고 있다.

03 최재석(1926~2016) 교수는 크게 한국 사회사, 농촌사회학, 가족사회학, 고대 한일관계사 분야에서 큰 업적을 남겼다. 그는 현지 조사를 통해서 한국 가족제도와 농촌사회연구에서 독보적인 업적을 남겼으며(김철규, 2023), 특히 직접 수집한 자료를 바탕으로 한국 가족제도의 독특성과 변화양상을 포착하고 있다.

04 구해근 교수는 한국 근대화 과정에서 나타난 한국 산업화와 국가의 역할 그리고 한국의 노동계급 및 중산층 민중의 형성(구해근, 2022)을 연구하였다.

05 신기욱 교수은 한국 사회사에서 출발하여 한국의 종족 민족주의(ethnic nationalism)에 관심을 가졌다. 그러나 민족과 민족주의에 대한 신용하와 최재석 교수와는 시각차가 크다. 이들은 민족의 역사적 실체로서의 존재론적 지위와 저항적 민족주의에 관심을 가졌지만, 신기욱 교수는 민족의 사회적 형성 과정과 인식론적 지위에 초점을 두고 있다(신기욱, 2009). 이들의 연구는 같은 연구 대상이지만 방법론과 연구 결과 그리고 연구 성과의 함의에서 다르게 평가되고 있다.

을 통해 정착된 수입된 사회학 개념들이 문화적 특수성이 다른 한국 사회에서는 더 이상 효용성이 없다는 것을 증명해 나갔고, 이를 토대로 한국적 사회학을 발굴하기 위한 작업을 정교히 진행해 나갔다.

이처럼 사회과학계는 탈서구중심주의와 토착적 사회이론 정립을 모토로 자생적 한국 사회학 이론의 형성을 시도하였다. 그럼에도 불구하고 실제로 구체적인 이론의 성과는 기대에 미치지 못했다. 이에 대한 성찰로 동양사상 일반에 토대한 연구가 개별적 또는 학회 차원에서 이루어지기 시작하였고, 이들은 한국의 전통사상을 망라하여 체계적으로 기획하여 발전시켜 나갔다. 이즈음 제1세대 한국학 관련 학자들이 가졌던 문제의식과 유사한 관점을 가진 학자들로 구성된 동양사회사상학회가 출범한다. 학회는 1990년 초부터 시작한 소모임을 발전시켜 1997년에 정식으로 출범하여 활동하기 시작했다. 크게 한국문화의 토대를 이루는 사상적 발견을 위해 고전을 해석하여 연구하는 한 부류와 사회 현상에 대한 동양적 시각을 제시하는 연구의 부류로 나뉘어 연구가 진행된다. 이들의 연구들은 내용과 성격에 따라 크게 '탈근대학파', '유교자본주의 학파', '유교이론학파', '사회사학파'[06]로 진행되었다.

이 중 탈근대학파의 흐름에서 유교를 대상으로 사회학 이론화 작업의 선구에 섰던 연구가 이영찬의 『유교사회학』이다. 이는 유교 사상의 이론화를 통해 토착적 한국사회학 내지 한국학으로서의 사회학 발전에도 물꼬를 텄다. 『유교사회학』은 곧 『유교사회학의 패러다임과 사회이론』으로 발전되었고, 이후 현실의 실용성을 토대한 한국적 이론화와 실용화

06 이 분류는 이영찬(2008) 교수의 '한국 사회학계의 유교 연구'라는 주제에서 제시되어 있다. 탈근대학파가 한국의 토착적, 자생적 사회학 이론 정립과 유교의 탈근대성 탐색에 중점을 두었다면, 유교자본주의 연구계열의 학자들은 한국 경제발전의 원인을 유교적 가치에서 찾거나, 자본주의적 사회구조에 유교가 어떤 자원으로 활용되는지 등을 연구하였고, 유교 이론 사회학은 베버 등 고전사회학 이론이 소개되는 과정에서 이를 토대로 유교테제를 한국적 현실에서 비판적으로 재구성하는 작업을 하였다. 사회 사학파는 유교보다 역사적 유교사회에 대한 사회학적 연구가 주를 이루었다.

의 작업인 『최한기의 측인론 연구』[07]가 세상에 나왔다.

'유교사회학'이 유교사상을 통한 사회학적 이론화의 작업에서 의미가 있다면, 최한기의 '측인론 연구'는 한국학적 사회학의 이론화와 사회과학적 방법론의 적용이라는 측면에서 의미가 크다. 혜강 최한기의 기적氣的 인식론이 현대 한국 사회를 이해하는 데 주목해야 한다는 주장은 손병욱(2000), 김용옥(2004) 등이 일찍이 제기한 바이다. '측인론 연구'는 이들의 주장을 비판적으로 수용하여 『유교사회학』에서의 이론적 체계화를 한 단계 발전시켜 사회과학적 실증을 이룬 성과로 만들어 내고자 하였다.

이영찬의 '측인론 연구'는 고전적 측인 방법을 체계화한 최한기의 이론을 현대적으로 재해석한 후 한발 더 나아가 현재의 사회심리학에서의 대인지각에 대한 이론적 비판과 보완 내용을 제시하였다. 즉 최한기의 기학적 체계를 실제의 인물평가로 활용될 수 있는 사상적, 철학적 토대를 구축한 후 체계화한 평가척도를 근거로 실제에서 몇 가지 인물감평 연구를 시도하기도 한 것이다 '측인론 연구'는 이후에 국내의 연구자들이 시도한 최한기의 기학을 통한 실증연구 보고들에 영향을 미치게 되어 이와 관련한 연구들이 하나둘씩 나타나게 한 출발점이 되었다.

본 글에서는 이영찬의 최한기의 '측인론' 연구가 한국적 사회학의 기틀을 세우는 데 어떠한 의미를 지니는지, 또 사회심리학의 대인지각에서 가지는 의미는 무엇인지에 대해서 살피고자 하다. 나아가 '측인론 연구'의 특징과 의미, 한계점에 대해서 살피고자 한다.

---

07 『최한기의 측인론 연구』(2016)와 이영찬 교수의 최한기와 관련 연구는 이후 '측인론 연구'로 표기하고자 한다. 『최한기의 측인론 연구』(2016)는 최한기의 『감평』과 『인정』에서의 인물감평 내용을 사회학적 재해석을 통해 체계화한 이론이며, 최한기와 관련한 연구는 '최한기의 기학과 한국학, 소통인식론, 인성교육론' 등으로서 최한기 기학(氣學)이 지니는 다양한 영역의 사회학적 함의들을 담고 있다.

2. 최한기 '기학(氣學)'의 자생적 한국학 토대로서의 가치

최한기의 '측인론 연구', 즉 인물평가 이론은 유교 사상의 이론화를 통해 토착적 한국적 사회학 내지 한국학으로서의 사회학 발전에 물꼬를 턴 연구이다. 이영찬(2016)은 한국적 이론화와 실용화를 위한 연구로서 '최한기의 인물평가 이론'을 국학적 한국학의 가장 선구적인 사례로 평가(이영찬, 2016, 64)하면서 이에 관한 심화 연구를 시도했다.

최근 최한기의 '기학'이 높은 가치로 평가받기 시작했다. 이영찬은 최한기가 서구의 근대 과학적 성과를 수용하면서도 그의 기철학 체계 안에서 재해석 과정을 거쳤고, 이로써 토착적 이론구성을 시도했다는 점을 강조하였다. 덧붙여 최한기를 통해 창조적 융합의 과정을 거친 기학은 인문학과 사회과학, 자연과학 전 분야를 가로지르는 일통적 정체성을 지니면서 세계인이 공유하는 대동적 가치를 추구하게 되었다는 점을 높이 평가하였다. 이러한 가치로 최한기의 기학과 측인론은 한국적 사회학의 발전에 있어서 하나의 이정표로 삼을 수 있는 점도 덧붙였다(이영찬, 45). 이영찬은 최한기의 기학이 한국학의 이론적 정체성의 빈곤을 극복할 일관된 세계관과 원리를 내포하고 있다고 주장하면서 그 이유를 다음과 같이 구체적으로 밝혔다.

첫째, 최한기가 기학적 학문 체계를 세울 때 가진 문제의식이 현대 한국학의 이론적 정체성을 확립하는 데 있어서 시사하는 점이 많다는 점이다. 한국학이 현재 정체성의 혼란을 겪듯이 기학도 안으로는 유교와 밖으로는 서학과 대립하는 상황에서 성립되었다. 최한기는 유교의 심학心學과 리학理學의 주관성과 추상성을 비판하면서 서학의 과학을 주체적으로 수용하였고, 반면에 서학의 종교를 혹세무민하는 허학虛學이라 비판하면서 유교의 인도사상人道思想을 계승하였다.

최한기가 동서양의 학문의 장점들을 비판적으로 계승한 데는 학문의 실용성을 강조했기 때문이다. 최한기는 『기학』에서 '참된 실학'의 의미를 밝히면서 기학을 통해 참된 실학을 제시하겠다고 강하게 주장했다. "예로부터 지금에 이르기까지 그 단서를 드러냈으나 정리되지 못한 이론과 투철하지 못한 말이 많은 것은 기의 광대함이 아득히 멀었기 때문이며, 또 기의 형질이 은폐되었기 때문이다. 이런 것들은 마땅히 버리고 그 드러나 작용하는 단서를 좇아, 기화氣化와 부합되는지를 증험할 수 있다면 이것은 곧 '참된 실학'이다."[08] 따라서 참된 실학은 기화에 증험할 수 있어야 한다. 참된 실학은 기화에 증험할 수 없는 심학, 도학, 음양학을 일컫는 '중고의 학문〈中古之學〉'이 아니라 '근고의 학문〈近古之學〉'인 역수학, 물류학, 기용학과 같은 새로운 실증학문의 성격을 가져야 한다. 기학은 '인식 근거의 객관성'과 '인식 절차의 보편성'에 의해 보장될 수 있기 때문에 방법론적 보편성을 가지기도 한다.

이러한 최한기의 기학은 동양과 서양사상의 비판적 종합과 실용성을 지향하기에 학문적 융합이 요구되는 현대 한국학의 이론과 방법론 구성에서 모범이 된다.

둘째, 최한기의 기학은 한국학의 토착적 이론 창조를 위한 많은 이론적 자산을 갖고 있다. 기학은 『신기통神氣通』의 다원적인 추측의 방법론, 삼층운화三層運化와 천인운화天人運化 등의 패러다임을 제시하고 있으며 기존의 형이상학적 기학 대신 서양과학의 대기설大氣說을 수용하여 과학적인 기학 이론체계를 수립하고 있다. 기氣는 사물을 구성하는 물질적 구성요소가 아니라 사물의 운동, 변화[運化]의 주체가 되는 역동적 실체이며 인간에게는 신기神氣가 되어 '정신'의 실체가 된다. 최한기는 이러한

---

08 『기학』(2-119): "自古及今發其端而未歸整之論未透徹之言多在於氣之遼遠廣大叉在於氣之隱蔽形質是當捨旃而從其發用之端可驗氣化之符合是為誠實學也."

기학적 패러다임을 정치이론, 경제이론, 교육이론을 관통하는 논리체계로 발전시켰다.

이 점은 현재 한국학에서의 한국인의 우주관과 세계관을 반영한 이론의 생산이 필요한 시점에서 시사하는 바가 크다. 고유한 역사와 문화를 누려 온 한국인의 문화를 설명할 수 있는 자생적 한국학 이론체계가 필요한 것이다. 자생적 한국학 이론 정립은 한국학이 지향해야 할 최종적 목표이자 한국학의 학문적 독립성을 확보하는 관건이 된다.

셋째, 최한기의 기학은 한국학이 통합적 학문으로 자리매김할 필요성이 있음을 제기한다. 최한기의 기학은 오늘날의 인문학과 사회과학, 그리고 자연과학이 통합된 학문이다. 최한기는 이들이 일기一氣에 통합되어 있으므로 만물은 서로 연속적이며 불가분의 관계에 있다고 주장한다. 한국학도 그 안에 인문학, 사회과학, 자연과학, 예술 등의 광범위한 영역들이 포함하고 있다. 이들 과학을 관통할 메타 과학적 시각이 필요하며, 이를 위해 최한기의 포괄적이고 다양한 기 개념을 계승할 필요가 있는 것이다. 이들 전문 분야의 연구 결과를 하나로 묶을 통합적 이론체계가 요구되기 때문이다.

넷째, 최한기 기학은 '대동大同'사상을 내포하고 있다는 점이다. 이에 이영찬은 기의 운화법칙이 동서고금에 대동하다는 것을 논증하면서 세계에 존재하는 사소한 차이와 차별을 기학적으로 해명하기도 했다. 더불어 그는 한국학이 지역학이나 민족학의 한계에서 머물지 않고 지구화 시대에 다문화주의적 가치를 실현하는 보편적 학문으로 자리하기 위해서는 기학적 대동의 보편적 논리체계가 요구된다는점도 강조한다.

이영찬 교수가 밝힌 것과 같이 최한기의 학문은 한국학이 정체성을 확립해 나가는데 중요한 의미를 가진다. 최한기가 지녔던 문제 인식론과 학문적 방법론은 오늘날 한국적 사회학을 세우는 데 있어서 본本이 될 수 있는 것이다.

3. 『최한기 측인론 연구』의 대인지각의 현대적 변용

최한기의 기학적 인식론과 인간 이해를 위한 방법론은 현대 사회심리학적 방법으로 전개될 수 있는 이론적 토대를 지녔다. 다음에서는 이에 대해 자세히 살피고, 나아가 현재 학계에서 활용된 연구성과에 대해서 살펴보자.

1) 최한기의 인물감평의 내용과 특징

이영찬 교수는 『유교사회학』과 『유교사회학의 패러다임과 사회이론』 저술 이후 유교적 패러다임을 토대한 한국 고유의 이론적 정체성 확보와 보편적 방법을 발전시키는 데에 고민하였다. 이 과정에서 그는 최한기의 기학적 패러다임과 이를 토대로 인물평가의 체계를 세운 '측인'의 논의에 주목하였다. 최한기의 기적 세계관 이론들을 사회학적으로 체계화시켜 나가면서 실증적 방법들의 방향에 대한 초석을 세운 것이다. 그가 혜강 최한기의 '기적 인식론'에 관심을 두게 된 이유는 앞장에서도 언급하였듯이 자생적 한국학의 토대로서의 가치와 최한기가 지닌 인간, 사회, 우주에 대한 인식론 및 학문의 체계성, 현실에서의 실용성이라는 점일 것이다.

사회적 혼란이 극에 달했던 구한말의 학자였던 혜강 최한기(1803~1877)의 '기적 인식론'은 그 사회의 모순을 극복할 수 있는 시대정신으로 제시된 것이다. 『감평鑑枰』과 『인정人政』은 조선 말 소수가문에 의한 관직독점의 폐단의 극복, 과거제의 폐단에 대한 대안, 선비[士] 위주의 인사정책에서 벗어나 기술직 중인의 등용요청이라는 배경에서 탄생한 것이라고 할 수 있다(이승환, 2001). 혼란한 시대를 극복할 방법의 제시와 기존 지배이데올로기로 자리하면서도 실용적인 측면과는 거리가 먼 유학적 세계관을 강하게 비판하고, 한 걸음 더 나아가 현실의 유용성을 기초한 이론을 세우고자 한 것이다.

그 중 혜강이 제시한 『인정』은 현재 한국 사회심리학에서 제시되는 인물평가와 대인지각에 활용되는 실제적 관점을 한국 문화의 심층적 특성을 반영하여 재정립하는 인식과 방법을 제시한다. 즉 기존 사회심리학에서 제시하는 대인지각의 개체적인 관점을 비판적으로 접근하면서 보다 통합적인 인물감평의 방법을 제시한 것이다.

혜강은 측인의 목적을 크게 '사람이 되는 도리'와 '경륜의 일'에 유용함을 얻기 위해서[09]라고 밝혔다. 혜강이 인물감평의 체계를 위해 종합한 내용은 유학의 지인론知人論, 도교의 양인론養人論, 잡가의 중인론重人論, 그리고 관상학의 상인론相人論이다. 여기서 유학의 지인론과 관상학의 상인론은 측인의 기준을 세우는 데 가장 큰 축이 된다.

유학의 지인론은 유학의 형이상학적인 측면을 비판하면서 사람을 헤아리는 내용에 대해서 수용한 부분이다. 유학에서는 '사람을 헤아리는 일'을 지인이라고 했으며, 사람을 파악하는 능력의 중요성을 강조해 왔다. 『상서尙書』에서는 "사람을 잘 알면[知人] '밝다[哲]. 밝은 자가 능히 사람을 관직에 안배할 수 있다"라고 했다.[10] 『논어論語』에서도 제자 번지樊遲가 '지혜[智]'가 무엇인지에 대한 물음에 공자는 '사람을 잘 아는 능력[知人]'이라고 대답한다. 유가의 '덕치德治'와 '인치人治'를 강조하는 전통에서 '지인'의 문제는 중요한 사안이 아닐 수 없다.

그러나 유교가 '지인'의 강조에도 불구하고 인물 파악을 위한 체계적인 논의들에는 관심을 가지지 않을 뿐만 아니라 전개하지도 않았다.

---

09 『人政』「總論」(有用無用): "爲人道爲人事皆是有用不爲人道不爲人事皆是無用以無用之方測人爲其用於無用之事亦測人者所不可不知也."

10 『尙書』「皐陶謨」"知人則哲, 能官人安民則惠".

단지 ‘어떻게 하면 인과 예, 의가 체득된 덕성 있는 사람이 될 수 있는가?’라는 덕성 함양을 강조했을 뿐이다. 유학자들은 덕성 함양이 저절로 신체를 통해 드러난다고 보고 있다. 『대학』에서 ‘마음이 너그러워지면 몸이 편안해진다[心廣體胖][11]’는 표현과 “정성스러우면 밖으로 드러난다.[12]”는 표현은 이를 잘 말해준다.

이렇듯 최한기는 유학에서의 ‘지인’의 중요성을 강조한 측면을 받아들여 덕성과 관련한 부분을 측인론에 반영한다. 더욱이 여기서 머물지 않고 한 발 나아가 유학에서 덕성과 관련하여 구체적으로 언급하지 못한 부분을 발전시켜 나간다. 유교에서는 지인에 대한 내용이 구체적이지 않을 뿐만 아니라 체계성과 객관성이 없기 때문에 이 점을 극복하고자 하였다. 여기서 최한기는 구체성, 체계성, 객관성과 관련한 실증적인 측면을 관상학과 서학에서 가져온다.

관상학은 ‘상인相人’이라고도 표현한다. 상인은 한 사람이 지닌 선천적 신체적 특성형모(形貌): 눈, 눈썹, 귀, 이마, 입, 입술, 골격, 비부, 음성 등을 보고 길흉을 점치고 미래를 예언하는 유사 과학이다. 최한기는 이러한 상인의 방법은 인물 평가에서 인간의 도리를 외면하는 것이고 타고난 형질에 운명을 맡기는 결과가 된다고 비판한다. 길흉화복은 천도에서 비롯하는 것이기 때문에 고정된 형모보다는 행사를 통해 실현되는 인도를 중요한 기준을 삼아야 한다고 했다. 이와 같이 최한기는 관상학의 형모에 의존하여 길흉을 점치는 부분은 비판하지만, 신체의 특징을 분류한 방법적인 부분들에 대해서는 수용하여 그의 인물 감평 방법에 도입한다.

이러한 유학의 지인과 관상학의 상인을 종합하여 최한기는 ‘추미룸, 推’, ‘측헤아림, 測’에 의한 인물 평가 체계를 세운다. 상인과 지인은 인물에

---

11 『大學』“德潤身, 心廣體胖”.

12 『大學』, “誠於中 , 形於外”, 「中庸」23장 “其次致曲. 曲能有誠, 誠則形, 形則著, 著則明, 明則動, 動則變, 變則化. 唯天下至誠爲能化.”

대한 추와 측에 해당한다고 볼 수 있다(이영찬, 2016, 188). 측인은 형모와 행사에서 드러나는 신기를 통해 인물에 대한 객관적인 단서를 얻고, 이를 통해 드러나지 않은 지성과 도덕성을 헤아릴 수 있다. 유교와 관상학의 긍정적인 측면은 변용하고 부정적이고 현실적이지 않은 부분들은 비판하여 그의 대인지각에 대한 체계적 학문을 '측인'이라고 이름 붙이게 된다. 최한기의 측인학은 크게 '용모에 나타난 정신적 기운', '행위의 선악', '인도에의 부합 여부', '인격과 식량識量', '수신을 통해 도달한 용모와 사기', '오륜'을 종합적으로 고찰하는 것이다(이승환, 2001).

이렇듯 최한기는 기학적 패러다임에 근거하여 측인의 대상을 일신一身, 통민統民, 대기大氣운화의 차원에서 일통一統적으로 평가하고, 측인에 방법에 있어서는 유가, 관상가, 도가, 잡가의 인물평가를 방법을 종합한다. 이로써 이성 중심의 합리적 인물보다는 육체적 도덕성, 그리고 인격성이 통합된 인물을 높이 평가하고자 하였다. 기학적 인간은 일신운화와 통민운화 대기운화가 체화된 존재이다. 인간이 '자아 개별화'된 독립된 존재가 아니라 일신, 통민, 대기 운화의 소통적 맥락에 지배되는 열려있는 존재이다. 인물 구성의 '기품'은 대기운화와의 소통이 이뤄지고 '덕성'에서는 통민운화와 소통이 이뤄진다. 즉 인물은 자연과 사회와의 소통의 산물일 뿐 그것과 분리되거나 대립하지 않는다.

최한기는 자신의 기학에서 기학적 패러다임을 통해 한국 전통사상과 서구의 자연과학적 사상을 통합하여 소통시키고 융합하여 독창적인 방법과 일관된 이론체계를 세웠다. 이러한 점이 한국학의 효시가 될 수 있으며 나아가 측인론은 기학에 토대한 인문평가 이론으로서 토착적 한국학 이론 정립의 가능성을 보여준다는 점에서 의미가 크다(이영찬, 2016, 24쪽).

2)『측인론』의 사회심리학적 현대적 계승과 가치

사회심리학에서 대인지각의 영역은 인상 형성과 함께 인물평가에 대한 핵심적인 주제이다. 1940년대 솔로몬 애쉬S. Asch의 연구가 나온 시점을 전후하여 대인지각의 연구는 사회심리학에서 중요한 영역으로 취급되어 왔다. 국내에서는 1960년대부터 대인지각 관련 연구가 나오기 시작했으며, 1970-80년대에는 사회심리학자들이 가장 많은 관심을 갖는 분야가 되었다(한규석, 1996).

보통 대인지각對人知覺, inter-personal perception이란 사회적인 상호작용에서 타인에 대한 이해가 이루어지는 과정과 그 결과를 다루는 인식으로써 사회심리학에서 보편적으로 사용하는 용어이다. 대인지각은 서양의 관상학적 전통에서 분과학문으로 발전시키면서 현재는 인상 형성의 주요한 이론으로서 논의되고 있다. 대인지각이 오늘날 주요 주제로 언급된 데에는 서비스 비중의 증가를 초래한 후기 산업사회로의 진입과 탈현대적 문화가 원인이기도 하다. 이러한 변화가 대인지각에 대한 연구들을 활발히 진행시킨 것이다.

이렇듯 대인지각에 대한 중요성이 증가함에도 불구하고 지금까지 근대 한국사회에서의 사회심리학에서는 전통적 인물평가를 '과학'의 기준에 합당하지 않는다는 이유로 외면해 왔다. 신비적이고 비과학적이고 미신 내지 비정상이라는 이유로 멸시 또는 외면시킨 것이다.

과학적 조건이 부족하다고 하여 이론적 효용성이 없는 것이 아니다. 전통적 인물평가 방법에서는 현대적 대인지각 이론이 놓치고 있는 중요한 관점과 방법을 찾을 수 있기 때문에 대인평가 이론의 발전에 기여할 수 있는 여지가 충분히 있다. 특히 대인평가가 객관적 지각에 더하여 항상 도덕적 평가를 수반하고 있다는 점에서 그 의미는 더욱 부각된다. 따라서 최한기의 측인론과 인물평가 방법은 오늘날 사회심리학이 간과해

왔던 측면을 보완해 줄 수 있는 내용이 담겨 있는 것이다.

대인지각에 대한 연구는 국내에서도 상당히 이루어졌다. 그러나 이 연구들은 사용하고 있는 평정척도가 외국에서 개발하여 사용한 것들을 번안하여 사용하거나, 어휘사전에 나타난 형용사들을 골라내어 사용하고 있는 실정이다. 이러한 사정은 한국인의 일상적 표현 행위를 제대로 측정하지 못하며, 한국 문화가 지닌 부분도 담아내지 못한다. 사회심리학이 사회생활 속의 심리 현상을 연구하는 측면들이라고 본다면 기존에 평정 항목들이 한국인의 일상적 표현 행위를 측정할 수 있는 내용들로 구성될 필요가 있다(한규석 외, 2002). 최근에 이와 같은 문제의식이 사회심리학 영역에서 제기되고 있고, 한국 문화에 맞는 대인지각 척도 방법 개발에 대한 연구들도 시도되고 있다. 박용기(2003)도 '대학생들의 이동전환 중독증에 관한 연구'에서 대부분 인성 특성의 하위요인들은 문화적 특수성을 반영하는 결과로 나타나므로 서구에서 만들어진 측정 도구를 번안하여 쓰는 것을 지양하고, 한국인의 인성적 특성, 환경적 특성에 기반한 척도 개발 필요성을 강조하고 있다.

더욱이 1990년 말부터 대인평가에 관한 연구들에서 '도덕성'이 능력의 정보보다 훨씬 더 중요하게 강조되었다. 이러한 특징을 진화심리학적 결과라고 보는 관점도 있지만(조긍호, 한규성, 2004), 사회심리학적 영역에서의 성찰의 시기보다도 훨씬 앞선 최한기의 측인에서는 인간의 도덕성에 대한 평가가 이미 중요한 내용으로 자리하고 있었다. 따라서 최근 대인평가에서 강조되는 도덕성은 진화심리학적 결과라고 하기보다는 문화적 차이에서 기인한 것이라고 해야 할 것이다.

각 문화에 나타나는 사람에 대한 평가 내용은 그 문화적 가치에 토대하기 때문에 달라질 수밖에 없다. 최한기의 측인에 대한 기준은 한국 전통문화가 지닌 가치들을 과학적으로 체계화한 것이기 때문에 최한기의 측인론을 토대로 인물평가로 구성하는 것은 현대 사회심리학 영역이 요구하는 내용을 충족할 뿐만 아니라 한국인의 대인평가를 측정하는 데 보다 정확한 방법이 될 수 있다.

그래서인지 최근에 사회심리학 영역에서 최한기의 대인지각을 활용하여 직접적으로 응용한 연구들이 눈에 띄기 시작했다. 최한기의 『감평』과 『인정』에서는 인물평가 범주와 방법이 제시되어 있는데 이것들은 현재 사회심리학의 영역에서 대인지각을 위한 실증적 방법으로 활용되고 있다.

문만기·정성갑(2015)의 연구에서는 최한기의 인물감평 이론을 현대 과학적으로 해석하고자 한 결과라 할 수 있다. 그들은 오늘날 누구나 사용하는 스마트폰에 주목하여 스마트폰 중독 진단 척도 관련 연구를 발표했다. 이후 문만기는 최근에는 최한기의 인물감평 이론을 기반한 행동중독인 'SNS 중독 척도 개발과 근거이론 연구'를 진행하였다. 연구결과로 혜강의 인물감평 이론에서 제시된 인물측정 항목이 기술통계적인 일관성과 신뢰성을 가지고 있음을 밝혔으며, 이를 통해서 혜강의 인물감평 측정 항목이 현대의 과학적 실증연구에 적용하기에도 매우 용이하게 구성되어 있음을 밝히기도 하였다.

문만기(2017)는 최한기에 의해 제안된 인물감평 항목인 기품氣稟, 심덕心德, 체용體容, 문견聞見, 처지處地의 5개 항목과 20개의 관측변수를 토대로 진행한 자신의 연구 결과를 영문으로도 발표하여 해외에 알리기도 한다. 그는 자신의 연구업적을 영문으로 출판하여 최한기의 대인지각 척도를 현대과학에 적용 가능하도록 개정하여 HEMhuman evaluation model으로 명명하기도 하였다. 이렇듯 현대 적용 가능한 인물평가이론으로 발전 확장된 것은 최한기의 측인 방법이 현대 과학적 방법으로서 신뢰성과 타당성을 인정받은 결과일 것이다.

이들의 연구들이 최한기의 실증적 연구를 토대 삼아 발전된 데에는 앞서서 진행한 이영찬 교수의 최한기에 대한 이론화 작업이 있었기 때문일 것이다. 그는 최한기의 기학을 실용적 척도로 사용하기 위해 선행되어야 하는 사상적, 철학적 이론의 체계화 작업을 구축했다. 「최한기의 인물감평 요인에 관한 연구」(2013), 「최한기의 측인 방법에 관한 연구」(2013), 「최한기의 기학적 인간학과 인물감평 범주」(2013), 「최한기 측인론에 따른 인물평가 척도 구성을 위한 예비적 연구」(2015)가 그것이다. 나아가 사상적, 철학적 이론의 체계화에 머물지 않고 이를 토대로 「최한기 측인법을 통한 퇴계의 「인물논평」 분석」(2013)과 「최한기의 측인범주에 따른 대학생의 타인평가와 자기평가」(2016), 「측인론에 따른 한·중 대학생 인물관 비교」(2016) 연구를 통해서 실증연구를 시도했다.

「최한기 측인법을 통한 퇴계의 「인물논평」 분석」(2013)은 최한기 측인법의 인물평가 범주와 방법을 통해 퇴계의 「인물논평」을 분석하였는데, 퇴계의 인물 평가의 특징과 퇴계의 인품을 판단한 것이다.

「최한기의 측인범주에 따른 대학생의 타인평가와 자기평가」(2016)는 최한기의 측인론에서 추출한 범주와 진술문들로 구성한 척도를 통해 대학생들의 타인평가의 기준과 자기평가 기준을 살펴보고 그 차이를 분석하였다. 그리고 준거변인으로서 자아존중감 변인을 도입하여 타인평가 및 자아평가와 자아존중감의 관계를 규명함으로써 척도의 타당성과 활용 가능성에 대해서 알아보았다.

이후 「측인론에 따른 한·중 대학생 인물관 비교」(2016)는 최한기의 6개 측인범주인 용모, 신기, 덕성, 행사, 견문, 처지를 통해 한국과 중국 대학생들의 대인 태도와 성향을 비교하는 연구를 시도했다.

이상의 연구는 최한기의 측인론에 의거한 타인평가 및 자기 평가척도를 통한 실증적 연구가 한국적 인물관과 그에 기초한 자아개념 및 자아존중감을 측정할 수 있는 의미있는 척도가 될 수 있음을 보여준 결과물들이다. 이들은 최한기의 인물감평 이론이 인물의 인지·행동적 특성에 따른 과학적으로 측정할 방법으로 제시되었다는 점에서 주목된다. 특히 최한기의 인물감평 이론을 체계화하여 현대 사회 심리학적 대인지각의 이론적 지평을 넓히는 데 선구적 역할을 한 것은 이영찬 교수의 큰 업적이 아닐 수 없다.

4. 측인론의 사회심리학적 재해석의 가치와 한계점

한국의 사회학은 한국 전통사상의 지평에서 독창적 이론화를 향해 나아가야 한다. 그러기 위해서는 한국을 서구나 미국 학계에서 제시한 분석 틀에 맞춰 이해하고 설명하는 태도에서 벗어나서 우리 전통문화의 풍부한 자원 속에서 분석 내용과 방법들을 발굴해야만 한다. 또 우리가 지금 당면한 한국 문제를 제대로 문제 제기하는 데서 시작해야 할 것이다. 우리의 문제를 우리의 시각에서 정립하여 해결책을 찾고, 역으로 다른 문화권의 문제를 정립된 한국적 준거를 통해 정의하고 재해석할 때 한국학의 주체성이 확립될 뿐만 아니라 더 나은 방향으로의 학문적 발전이 가능하게 되는 것이다.

이러한 관점에서 이영찬 교수가 접근한 최한기의 인물평가 방법을 활용한 현대적 대인지각의 '측인론'은 자생적, 토착적 한국학을 위한 결과물로서 발굴된 것이라 할 수 있을 것이다. 따라서 이영찬이 제시한 최한기의 '측인론'이 갖는 한국학적, 사회심리학적 재해석의 연구는 다음과 같은 의미가 있다.

첫째, '측인론 연구'는 현대 사회심리학의 갖는 한계점을 보완할 수 있는 이론체계이다.

최한기의 인물평가는 전인격적인 인물평가가 가능하게 한다. 최한기의 측인론은 신체 영역(용모와 신기), 마음 영역(심덕과 문견), 지적 영역(문견)과 도덕적 영역(심덕), 행위 영역(행사)과 상황 영역(처지), 선천적으로 타고난 영역(용모, 신기, 처지)과 후천적으로 학습된 영역(심덕, 행사, 문견)인 다원적 영역으로 구성되어 있어 전인적 평가를 가능하게 한다. 따라서 개인의 성격, 능력, 도덕성, 잠재력 등 인격의 일부에 대한 전문화된 평가가 기능주의적 관점에서 이루어지고 있는 현대 사회심리학의 대인지각에 보완할 수 있다. 이는 대인지각에 있어서 초출효과初出效果적 지각 측정의 한계에 머무르지 않고, 인물의 심층의 마음과 타고난 기질의 청탁, 환경까지를 관측하여 계량화 가능하게 설계되었다는 점에서 다원적인 인물 감평을 훨씬 구체적이고 과학적으로 할 수 있게 한다.

둘째, '측인론 연구'는 한국의 자생적, 토착적 이론의 정체성 수립 방향을 제시하였다. 측인론 연구는 최한기가 제시한 기학의 신기통의 방법과 추측의 방법, 삼층운화와 천인운화 등의 개념을 사회심리학적 측인의 방법론으로 제시하여 대인지각에 대한 한국적 고유의 이론으로 제시하였다. 이 점은 현재 한국에서의 사회심리학의 현주소를 점검하게 하여 지금까지 주체적, 자생적으로 발전해 오지 못한 모습을 반성하게 한다. 따라서 측인론 연구는 서구 학문의 이론만 맹신해 온 한국의 학문적 영역이 이제는 한국 전통문화 안에서 자생적으로 창조된 이론체계로 나아감을 알려주고 있다. 측인론 연구가 보여준 이론화와 실증적 연구의 제시는 지금 여기서 살아있는 학문의 역할을 해야 할 한국학의 정체성 형성의 방향을 제시하였다는 점에서 그 가치가 크다.

셋째, '측인론 연구'는 한국문화의 고유한 특징이라고 할 수 있는 융합적 소통론으로 세워졌다. 최한기가 기학을 체계화할 때 가졌던 문제의식은 '측인론 연구'가 한국 사회심리학에 대한 오늘날의 비판과 문제의식 위에서 세워졌다는 점과 닮았다. 최한기가 기학을 통해 유교의 심학과 리학의 주관성 및 추상성을 비판하면서 서학의 과학을 주체적으로 수용하고, 서학의 혹세무민하는 종교성을 비판하면서 유교의 인도를 계승한 측면과 같이, '측인론 연구'는 최한기가 세운 한국적 전통 사상적 체계와 현재의 사회심리학적 방법론의 긍정적인 측면들을 수용하고 있다.

한국 학문의 역사 속에서 창조적 변용이 일어날 때는 공통으로 발견되는 모습이 있다. 그것은 당시 존재하던 모든 학문의 창조적 비판과 수용의 과정을 통해서 창조적 융합을 했다는 점이다. 창조적 융합을 통해 개개로 존재하던 것들을 하나로 소통시킨다. 역사 속에서 한국문화의 발전은 항상 창조적 융합의 소통 속에서 이뤄졌다. 고운 최치원의 삼교융합, 원효의 화쟁사상, 최한기의 학문에서도 이러한 모습은 발견된다. 이들은 다양한 학문의 영역을 창조적 융합을 통해 서로 소통시켜 배척될 수 있는 것을 소통시켜 새로운 모습으로 창조했다. 이들의 학문적 태도는 한국문화의 특성이라 할 만하다.

최한기도 기학을 통해 창조적 융합을 시도하였는데, 조선 말기에 조각조각으로 존재하던 학문을 하나로 소통시켰다. 이처럼 '측인론 연구'도 최한기의 기학적 체계와 서구의 사회심리학적 학문체계를 소통시켰다고 할 수 있다.

한편, '측인론 연구'가 갖는 한계점도 있다. 조사연구와 방법에는 현재의 실증적 연구를 위해서 척도의 신뢰도와 타당도가 우선 검증되어야만 한다.

오늘날의 사회심리학에서 「측인론 연구」를 학문적 체계로 구축시키기 위해서는 모집단의 행동 특성을 과학적으로 설명하기 위한 이론 정립과 일반화를 위한 실증연구가 선행되어야 할 필요가 있다. 이러한 관점으로 본다면 연구들은 향후 질적연구와 양적연구를 순차적으로 수행하여야 한다. 따라서 최한기가 제시한 구성항목에 대한 신뢰성과 타당성 검증은 조사연구의 선행작업이다. 인물 감상평 이론에서 제안된 기품, 심덕, 체용, 문견, 그리고 처지 항목에 대한 신뢰도를 위해 현재의 대인지각에 제시된 항목의 권고기준을 충족하는지에 대한 검증이 이뤄져야 하며, 구성타당도 분석에서의 절대적합지수, 증분적합지수가 권고기준으로 충족되어야 한다. 그러나 현재 이영찬의 '측인론 연구'는 실증연구에 앞선 신뢰도와 타당도 연구가 빠져 있다. 따라서 성격이 다른 정성적 연구와 정량적 연구가 순차적으로 실행되어 다차원적 관점에서 측정할 수 있는 근거를 마련하기 위한 탐색 설계가 이뤄져야 하겠다.

이러한 한계점을 분명 지니고 있음에도 불구하고 '측인론 연구'는 한국 사회학의 올바른 자리매김으로서의 '자생적 홀로서기'와 이를 바탕으로 한 세계 학계와의 '융합적 관계 맺기'를 위한 방법과 논리를 시도하여 개발하였다는 점에서 그 가치가 매우 크지 않을 수 없다. 즉 우리 현실을 바탕삼아 한국 사회에 관한 새로운 문제 틀과 방법론을 제시하였다는 점에서 그 자체만으로도 충분한 의미를 지닌다고 할 수 있겠다.

한국 불교사회학의 형성과 발전에 대한 비판적 검토

-유승무의 연구 성과를 중심으로

박수호

한국 불교사회학의 형성과 발전에 대한 비판적 검토
-유승무의 연구 성과를 중심으로

—

박 수 호

1. 머리말

대학교 2학년이었던 1989년 가을의 일로 기억한다. 사회학과 전공 과목으로 '사회조사실습'이라는 과목을 수강한 적이 있다. 1학기에 '사회조사방법론'이라는 과목을 공부한 뒤, 관련 내용을 직접 실습하는 과목이었다. 정치, 경제, 사회, 문화, 종교 등 5개 영역의 가치관을 조사하고 보고서를 작성하는 것이 과제였다. 수강생들은 각 영역으로 조를 나누고 직접 설문 문항을 개발하고, 조사원이 되어 완성된 설문지를 들고 서울과 대전에서 할당된 표본의 수만큼 설문조사를 실시하였다. 이후 코딩과 데이터 입력 및 분석을 거쳐 작성한 보고서를 제출하면서 학기를 마감하였다. 필자는 종교 가치관을 조사하는 조를 선택하였고, 설문 문항을 개발하기 위해 당시 학교 도서관에 비치된 사회학 분야의 학술지들에 게재된 종교 관련 논문을 모두 검토하였다. 그 과정에서 매우 놀라운 사실을 발견할 수 있었다. 바로 불교를 대상으로 하는 논문이 한 편도 없었다는 것이다. 당시 국내에서 발간되는 모든 사회학 분야의 학술지가 비치된 것도 아니고, 지금처럼 온라인 검색을 통해 관련 자료를 광범위하게 탐색할 수 있는 것도 아니었기에 정말로 불교에 대한 사회학적 연구가 전혀 이루어지지 않았다고 단정할 수는 없겠지만, 적어도 당시 필자가 접근할 수 있는 범위 내에서는 불교와 관련된 사회학 논문을 찾지 못한 것이 사실이다. 이 사실을 깨닫게 되면서 필자는 곧장 한 가지 의문을 떠올릴 수밖에 없었다. 1985년 통계청이 실시한 인구주택총조사의 결과에 따르면, 1985년 당시 불교 인구는 약 806만 명으로 전체 인구의 19.9%, 종교 인구의 46.9%를 차지하고 있었다. 이처럼 당시 한국 사회의 최대 종교라고 할 수 있는 '불교에 대한 사회학적 연구가 왜 한 편도 없고, 기독교에 대한 종교사회학 논문만 있을까? 이런 심각한 불균형이 문제가 되지는 않을까?' 하는 문제의식을 내내 떨칠 수 없었고, 대학원에 진학하면 불교에 관한 종교사회학 연구를 필자의 전공 분야로 정해야겠다고 생각하는 계기가 되었다.

또 다른 옛 기억이 하나 떠오른다. 필자는 1998년 2월, 우여곡절 끝에 PC통신이라는 온라인 공간에서 전개되던 불교동호회에 대한 사례연구로 석사학위를 받을 수 있었다. 석사학위 취득 후 바로 박사과정에 진학했던 필자에게, 연구실 선배 한 분이 필자와 연구 관심이 유사하다는 지인을 소개해 줬다. 당시까지도 한국에서 불교를 대상으로 하는 종교사회학자가 한 명도 없다고 생각하던 필자는 석사학위논문을 한 부 챙겨 들고 무척 설레는 마음으로 약속 장소에 갔고, 마침내 자신을 중앙승가대 교수라고 소개하는 유승무 교수를 만날 수 있었다. 산업사회학과 노동 분야를 주로 연구하다가 스님들을 가르치는 학교에 재직하면서 불교를 접하게 되었고, 불교를 사회학과 접목하는 작업에 흥미를 갖게 되었다는 이야기를 들을 수 있었다. 학부 및 석사과정에서 종교사회학 관련 공부를 독학했고, 불교를 연구하는 사회학자가 없을 것으로 생각했던 필자가 외톨이에서 벗어나는 순간이었다. 그 이후 간간이 소식을 전하다 박사과정을 수료하고 유승무 교수의 배려로 중앙승가대에 출강하면서 매주 서로의 연구 관심과 공부 내용을 토론할 수 있었다. 이 과정에서 '불교와 사회학의 접목'

혹은 '불교에 관한 종교사회학적 연구'라고 막연히 구상했던 그림을 '불교사회학'으로 구체화하는 토대를 만들 수 있었다.

이 글의 서두를 개인적인 기억의 조각들로 시작하는 것은 그 기억들이 이 글의 문제의식과 맞닿아 있기 때문이다. 이 글의 목적은 한국에서 불교사회학이라는 생소한 연구 분야가 어떻게 형성되었는지를 비판적으로 검토하는 것이다. 한국에서 불교사회학의 형성에 가장 결정적인 기여를 한 연구자는 바로 유승무 교수이다. 이 글이 '유승무의 연구 성과를 중심으로'라는 부제를 달고 있는 이유이다. 그리고 필자는 사회학자로서 그 과정을 가장 가까이에서 지켜보고 함께 했기 때문에 당시의 맥락을 조금 더 생생하게 전달할 수 있다고 생각한다. 아직도 불교사회학은 광활한 미개척지이고, 관련 연구자는 희소하다. 그만큼 발전 가능성은 높지만, 시행착오를 줄이기 위해서는 초기의 문제의식과 맥락을 공유할 필요가 있다. 이 글이 그런 역할을 자임할 수 있는 맥락적 근거를 밝히고 싶었다. 동시에 최대한 객관적으로 기술하려고 하겠지만, 필자 스스로가 불교사회학의 형성과 전개 과정에 깊이 개입하고 있다는 점을 밝힘으로써 이 글이 주관적 가치 연관성에서 완전히 자유로울 수 없다는 한계도 분명히 하려는 의도도 배어 있다.

한국에서의 불교사회학 형성 과정을 검토하기 위해서는 먼저 이와 관련된 맥락들을 간략하게라도 정리할 필요가 있다. 이 글에서는 유승무의 불교 관련 연구가 발표되기 전까지 불교계와 사회학계의 관련 동향들을 중심으로 살펴보고자 한다. 이어서 이 글에서 주목하고 있는 유승무의 학문 세계를 간략히 고찰할 것이다. 다음으로 유승무가 『불교사회학』(2010)에서 제기하는 주요 쟁점들과 이론적 시도들을 소개하고 비판적으로 검토하는 논의를 이어갈 것이다. 그 후에 유승무의 불교사회학 연구 성과들을 평가하고, 불교사회학의 향후 과제들을 제시하면서 글을 마무리할 것이다.

2. 불교사회학 형성을 둘러싼 제반 환경에 관한 검토

불교사회학의 형성에 직접적으로 관련되는 환경적 요인은 종교사회학의 연구 동향과 불교사회학에 관한 불교계의 태도로 압축할 수 있을 것이다. 상식적인 차원에서 불교사회학은 불교에 관한 사회학적 연구라고 정의할 수 있을 것이다. 이는 불교라는 종교를 연구 대상으로 하는 종교사회학의 특수한 영역이라고 이해할 수 있다. 따라서 종교사회학의 연구 동향은 불교사회학의 형성에 직접적인 영향을 줄 수밖에 없다. 한편, 불교를 연구 대상으로 하는 것에 관해 보이는 불교계의 태도도 불교사회학의 형성에 영향을 미치게 된다.

1) 종교사회학의 연구 동향

사실 사회학이라는 학문의 태동기부터 종교는 사회학의 연구 대상이었다. 꽁트를 비롯해 스펜서, 마르크스, 베버, 뒤르켐 등 초기의 사회학자 대부분이 종교를 연구하였다. 전근대사회에서 근대사회로의 이행 과정에서 나타난 사회적 변화를 설명하고자 했던 초기 사회학자들은 종교의 사회적 영향력이 쇠퇴하는 과정을 관찰하면서 구시대적 유습으로 종교를 이해했다. 예를 들어, 베버는 근대화를 합리화의 과정으로 이해했는데, 합리화를 마술의 세상인 종교에서 벗어나는 탈마술화로 설명한 바 있다. 1950년대 이후 미국의 종교부흥이 종교사회학에 관한 관심을 회복하는 계기가 되었고, 이러한 흐름이 한국의 사회학계에도 이어지게 되었다. 한국의 종교사회학과 관련하여 이원규는 다음과 같이 간략히 정리하고 있다.

> 한국에 종교사회학이 처음 소개된 것은 1960년대 말이었다. 그러나 당시로는 그 분야가 학계에서 별로 주목을 받지도 못했고, 그 학문을 공부한 학자도 드물어 상당히 낯선 영역으로 머물러 있었다. 종교사회학이 활성화되기 시작한 것은 1980년대 이후의 일이라고 할 수 있다. 종교사회학을 전공 혹은 부전공으로 공부한 학자들이 늘어나면서 이 분야에 대한 관심이 점차 학계에서뿐만 아니라 종교계에서도 확산되어 가고 있다. 한국에서의 종교사회학에 대한 관심의 증가도 역시 1960년대 이후의 한국 종교들의 급성장 상황과 관계가 있을 것이다. 물론 아직까지는 국내 학자들의 종교사회학 분야 저술이나 외국 서적의 번역이 미미한 실태이다. 더욱이 과학적인 방법을 이용한 경험적 연구가 아직까지는 별로 없고, 또한 이론적인 배경도 약한 연구수준에 머물러 있다.[01]

이원규가 파악한 한국 종교사회학의 연구 동향은 다른 연구자들에게서도 확인된다. 종교사회학 입문서가 없어서 강의 노트를 정리해 『종교사회학』(서광사, 1979)이라는 책을 출판했다는 오경환은 1990년 같은 책의 개정판을 출판하였다. 개정판에서 오경환은 "1980년대에는 한국 종교에 대한 몇 갈래의 사회학적 연구가 조금 진전되었는데, … 한 갈래의 연구는 한국의 종교와 경제 성장의 관계에 대한 것으로서, 종교가 지난 30년간의 경제 성장에 공헌하였는가, 만약 그렇다면 어떤 양식으로 기여하였는가의 문제를 다루었다. … 둘째 갈래의 연구는 특히 천주교, 개신교, 그리고 신흥 종교의 성장에 관한 것이었다. … 현재 우리는 한국 종교의 실태와 변화를 제대로 알지 못하고, 기껏 가지고 있는 지식은 잘

01 이원규, 『종교사회학의 이해』, 나남출판, 1997, 30쪽.

해야 단편적인 것이다. … 한국 종교의 모습에 관한 사회학적 연구가 더욱 진행되어야 할 것"[02]이라고 적고 있다. 권규식은 『종교와 사회변동: 막스웨버의 종교사회학』과 『종교의 사회학적 이해』라는 두 권의 종교사회학 저서를 출판했다. 그 가운데 나중에 집필한 『종교의 사회학적 이해』 머리말에서 "불모지를 개간하는 심정으로 종교사회학 이론을 연구하고 한국의 종교적 상황을 이해하기 위해서 현장조사를 계속 하였습니다. 그것이 한국의 종교사회학도가 가야 할 길이라고 믿었기 때문입니다."[03]라고 술회하고 있다. 맥과이어의 『종교사회학』를 번역한 김대기는 '옮긴이의 말'에서 "사회과학이 학문의 여왕 자리를 차지했던 우리의 80년대를 회상해 볼 때 그 풍성한 논의의 현장에서도 종교사회학이 차지할 수 있었던 여지는 없었다. 그만큼 우리의 80년대는 종교를 논할 만큼 한가한 시대는 아니었던 것 같다"[04]고 적고 있다.

한편 불교에 관한 종교사회학 연구 동향은 어떠할까? 권규식이 한국인이 쓴 첫 번째 종교사회학 저서라고 평가한[05] 오경환의 『종교사회학』은 초판과 개정판 어디에도 한국 불교에 관한 내용을 찾아볼 수 없다. 권규식의 책들도 사정은 비슷하다. 『종교와 사회변동』에는 한국 불교와 관련된 내용이 없고[06], 『종교의 사회학적 이해』에는 갓바위 부처 참배자들의 종교의식에 대한 설문조사 보고서가 수록되어 있을 뿐이다. 대구·경북지역에 소재한 대학의 교수 가운데 불교 신자들로 구성된 법륜

02 오경환, 『종교사회학(개정판)』, 서광사, 1990, 385~387쪽.

03 권규식, 『종교의 사회학적 이해』, 이문출판사, 1995, 4쪽.

04 김대기, 「옮긴이의 말」, 맥과이어, 『종교사회학』, 김대기·최종렬 역, 민족사, 1994, 483쪽.

05 권규식, 앞의 책, 3쪽.

06 권규식, 『종교와 사회변동: 막스웨버의 종교사회학』, 형설출판사, 1983. 이 책은 베버의 종교사회학 논의를 소개하고, 일본과 한국에서 베버 이론의 적합성을 검토하는 내용을 담고 있다.

불자교수회 회원인 신준식[07]이 1994년 출판한 『종교사회학: 막스 베버의 종교·경제관계론』에는 가족계획에 관한 목사와 승려, 신부와 승려의 인식 차이를 비교한 글이 두 편 게재되어 있다.[08] 신준식의 연구가 다른 종교의 성직자와 불교 승려를 비교하고 있다는 점에서 권규식과 차이가 있지만, 세 연구 모두 사실 발견에 초점을 두고 있을 뿐 불교에 대한 사회학적 이해를 돕거나 종교사회학 이론과의 관련성을 보이지 않는다는 한계를 드러내고 있다.

이상의 내용을 정리하자면, 한국의 종교사회학은 1960년부터 연구되기 시작해서 1990년대 중반에 이르기까지 연구 관심이 증가하였지만, 사회학계의 주변적 위치에 머물러 있었다고 할 수 있다. 또한 유승무의 연구가 발표되기 전까지 불교에 대한 종교사회학적 연구는 불교 신자들의 종교 인식에 대한 설문조사 결과를 기술하는 수준에 머물러 있었다고 이해할 수 있다. 결국 불교에 관한 사회학적 연구는 양과 질 두 측면에서 모두 매우 미미한 수준에 머물렀고, 불모지 중의 불모지로 남아있었다고 할 수 있다.

2) 불교계의 태도

유교를 사회질서의 축으로 삼아 건국했던 조선 왕조의 통치 아래에서 불교는 극도로 위축될 수밖에 없었다. 승려가 되기 위해서는 국가의 허락을 받아야 했고, 암묵적으로 승려들의 도성 출입을 금지한 것은 조

07 신준식은 법륜불자교수회 회원으로 아직까지도 불교 신행활동을 이어가고 있다. 그가 2007년 출판한 『종교와 사회』(대구대학교 출판부)에 수록한 두 편의 글 「막스 베버의 고대불교론」과 「막스 베버의 대승불교론」은 불교에 대한 초기 사회학의 인식을 엿볼 수 있는 흔치 않은 글이다.

08 신준식, 『종교사회학: 박스 베버의 종교·경제관계론』, 문예출판사, 1994.

선 왕조에서 시행된 대표적인 억불정책이었다. 조선의 개국과 함께 산중으로 칩거하며 사회적으로 배제되었던 불교는 1895년에서야 다시 공개적으로 세상에 나설 수 있게 되었다. 개항기 한국 불교는 구미 열강의 지원을 받는 기독교와 경쟁하며 허물어졌던 불교의 사회적 위상을 되살리고자 하였으나 역부족이었다. 결국 일본 불교의 힘을 빌려 근대화에 적응하려 했지만, 식민지 시대를 거치면서 점차 일본 불교에 흡수되는 참담한 상황으로 내몰리게 되었다. 그 과정에서 정체성 상실의 위기를 경험한 한국 불교는 해방 이후 일본 불교의 잔재를 청산하는 불교정화운동을 전개하였다. 정화운동 과정에서 촉발된 비구승과 대처승 사이의 갈등으로 불교계는 오랜 기간 혼란을 겪었고, 적지 않은 후유증을 남긴 채 급속한 산업화의 격랑 속으로 빠져들었다. 산업화 시기의 한국 불교는 신도 수를 늘리면서 양적 성장의 길로 접어들었지만, 산업화의 폐해를 치유하기 위한 사회적 요구를 적극 수용할 만큼 성숙하지는 못한 상태였다. 다만 민주화 과정에서 드러난 이웃 종교의 사회적 역할 수행과 그 결과를 지켜보면서 사회참여의 필요성을 인식할 수 있었다. 이어서 1994년 대한불교조계종의 종단개혁운동을 계기로 불교계의 사회적 기능을 회복할 수 있었다. 불교계 내부의 혼란을 어느 정도 수습하면서 불교계는 포교 혹은 불교의 대중화에 관심을 집중할 수 있었다. 특히, 불교의 사회참여 활동을 종헌에 명시하고, 제28대 총무원장으로 취임한 월주스님이 깨달음의 사회화 운동을 제창함으로써 한국 불교는 사회문제를 불교적으로 해결하는데 필요한 방법을 모색하는 새로운 전기를 맞이하였다.[09]

---

09 유승무 · 박수호, 「불교와 근대성의 '또 다른' 만남」, 『사회와 이론』 9, 한국이론사회학회, 2006a, 53-78; 유승무 · 박수호, 「개항기 한국불교와 외래종교의 만남」, 『중앙승가대학교 논문집』 11, 중앙승가대학교, 2006b, 285-304; 박수호, 「'깨달음의 사회화 운동'과 한국 불교사회운동의 패러다임 전환」, 『사회사상과 문화』 18(2), 동양사회사상학회, 2015, 505-547; 박수호, 「역사적 전환점에서 마주한 현대 한국 불교의 도전」, 『한국불교사연구』 16, 한국불교사학회 · 한국불교사연구소, 2019, 5-32.

1980년대부터 시작된 이러한 불교계 내부의 인식 변화는 불교와 사회의 관계에 대한 다양한 성찰을 요구하였다. 민중불교운동에서 시작하여 참여불교운동으로 이어지는 불교계의 사회운동이 그러한 요구의 직접적인 반응이었다. 한편, 불교계 사회운동의 형성과 전개는 필연적으로 불교 교리나 사상에 입각한 이론적 근거를 요구하였다.[10]

이러한 요구에 대한 대표적인 반응은 한길사에서 1981년 출판된 『현대사회와 불교』라는 책이다. 이 책에는 불교의 교리와 사상에 대한 일반적 이해를 돕는 내용과 함께 불교와 사회의 관계 및 불교사상의 사회실천적 측면을 살펴볼 수 있는 글들이 실려 있다. 총 16편의 글이 수록되어 있으나 국내 학자들의 글은 세 편에 불과했으며, 불교사상의 사회과학적 접근을 다루는 부분은 대부분 일본 학자의 글을 번역하여 소개하고 있다는 점에서 아쉬움이 남는다.[11] 국내에 소개된 일본 학자의 연구성과로 대표적인 것은 오노 신조의 『불교사회경제학』, 미야사카 유쇼의 『불교에서 본 경제사상』, 나카무라 하지메의 『불교정치사회학: 불교적 이상사회에 대한 경전자료의 새해석』 등이 있었다.[12]

국내 연구자들의 성과로는 우선 여익구의 『민중불교입문』과 『민중불교철학』을 들 수 있다. 이 책들은 불교가 가진 특징을 어떻게 사회에서 실천하고, 어떻게 민중과 나눌 수 있는지에 대한 방향을 제시하고 있다는 점에서 사회적 고苦의 해소를 목표로 하는 민중불교운동의 이론적

---

10 박수호, 「한국 불교사회운동의 이해: 교리적 근거와 역사적 전개과정을 중심으로」, 『종교와 사회』 1, 한국종교사회학회, 2010, 95-135; 정승안 · 박수호, 「1980년대 불교청년운동의 전개와 특성: 정치사회적 발전의 맥락에서」, 『사회와 이론』 24, 한국이론사회학회, 2014, 339-367.

11 이재창 · 멱정 외, 『현대사회와 불교』, 한길사, 1981.

12 나카무라 하지메(中村元), 『불교정치사회학: 불교적 이상사회에 대한 경전 자료의 새해석』, 차차석 역, 불교시대사, 1993; 미야사까 유쇼(宮坂有勝), 『불교에서 본 경제사상』, 여래편집부 역, 여래, 1991; 오노 신조(大野信三), 『불교사회경제학』, 박경준 · 이영근 역, 불교시대사, 1992.

기반이 되었다.[13] 다만 불교사상의 사회적 측면을 마르크스주의 이론의 관점에서 논의를 전개하고 있어서 사회학적 연관성이 약하다는 한계를 드러내고 있다. 박경준의 박사학위논문 「原始佛教의 社會 經濟思想 硏究」는 불교사상의 사회적, 경제적 측면을 잘 정리하고 있을 뿐 아니라 한국 불교학계가 불교와 사회와의 접점을 모색하고 있음을 잘 보여주는 상징적 연구라고 할 수 있다.[14] 김진열의 『불교사회학 원론(I)』은 박경준의 논의에서 한 걸음 더 나가고 있다. 김진열은 불교사회학을 "불교의 여러 연구 영역 가운데에서 응용불교학에 해당되는 학문으로 종교의 불교학적 연구 성과를 토대로 하여 현대사회에서 요구하는 종교사회학적인 의미와 사상성을 도출해 내는 새로운 연구분야"[15]라고 규정하고, 일차적으로는 불교사회학의 경전적 근거를 살펴본다. 김진열의 논의가 진일보한 지점은 탐진치 삼독으로 인한 고통을 여의는 불교의 논리를 착취, 폭력, 억압이라는 구조적인 사회문제를 해결하는 분거틀로 제시하고 있는 점이다.[16] 이들의 논의가 김진열이 순수불교학이라고 지칭했던 전통적인 불교학 논의를 넘어서 불교와 사회의 소통과 접점을 찾고자 하는 응용불교학의 근거를 제시하고 있다는 점에서 긍정적인 평가를 할 수 있지만, 불교학의 관점에서 벗어나지 못하고 있고 사회학의 연구 성과들을 수용하지 못했다는 점에서 사회학으로서의 불교사회학에는 이르지 못했다는 분명한 한계를 보이고 있음도 부인하기 어렵다.

지금까지의 논의를 통해 사회학계에서는 불교사회학의 형성을 자극

13 여익구, 『민중불교입문』, 풀빛, 1985; 여익구, 『민중불교철학』, 민족사, 1993.
14 박경준, 「原始佛教의 社會 經濟思想 硏究」, 동국대학교 박사학위논문, 1993.
15 김진열, 『불교사회학 원론(1)』, 운주사, 1993, 13쪽.
16 김진열, 같은 책, 125~151쪽.

할 수 있는 토대가 거의 구축되지 않았던 반면, 불교계에서는 긍정적인 분위기가 퍼져 있음을 확인할 수 있다. 한국의 종교사회학 분야에서 불교에 대한 논의는 비교종교적 관점에서 언급되었을 뿐, 사회학자들의 연구 관심에서도 배제되었다고 보아야 타당할 것이다. 반면, 불교계에서는 불교의 대중화와 사회적 영향력 회복이라는 현실적 이유와 불교사회운동의 이론적, 교리적 근거에 대한 필요성으로 인해 불교에 대한 사회학적 연구에 관심이 커지고 있었다. 다만, 불교적 관점에서 불교사상의 실천적 측면이 주로 주목받으면서 본격적인 불교사회학 연구로 이어지지는 못했다.

3. 유승무의 학문 세계 개관

사회학적 관점에서 불교를 연구함으로써 본격적인 불교사회학이 형성되는 계기를 마련하는 데에는 유승무의 역할이 결정적이었다. 유승무는 한양대학교 대학원에서 박사 학위를 취득하고, 현재 중앙승가대학교 불교사회학부 교수로 재직하고 있다. 동양사회사상을 바탕으로 사회학의 새로운 정체성을 탐구하고 한국적 사회학 이론을 모색하기 위해 창립된 동양사회사상학회의 창립 회원으로 활발한 연구 활동을 전개하고 있는 열정적인 연구자로 평가받고 있다. 이 장에서는 유승무의 학문 세계를 간략하게나마 개관하고, 불교사회학이 그의 학문 세계에서 어떤 위상을 차지하고 있는지를 살펴보고자 한다.

1) 연구 동향 개관

한양대학교 사회학과를 졸업한 유승무는 한국학중앙연구원 석사과정에 진학한 뒤, 1987년 「한국씨족집단의 해체과정 연구」라는 논문으로 석사 학위를 취득하였다. 이 논문은 임하댐 건설로 수몰될 상황에 닥친 무실마을 주민들의 이주와 그 과정에서 나타나는 씨족집단의 갈등 및 해체를 다루고 있다.[17] 이후 모교인 한양대학교 사회학과 박사과정에 진학한 유승무는 1994년에 「반월공업공단 노동자계급의 형성과정에 관한 연구」로 박사 학위를 취득하였다.[18]

2023년 6월 30일 기준으로 유승무의 연구 실적은 연구논문 88편, 저서(공저 포함) 31권에 이른다.[19] 이 글에서는 연구논문을 중심으로 유승무의 학문 세계를 조망한다.

유승무의 연구논문은 크게 산업·노동 분야, 불교사회학 분야, 한국전통문화 분야, 동양사회이론 분야, 현대 한국사회 분야, 마음사회학 분야로 구분할 수 있다.

산업·노동 분야의 논문은 5편이 발표되었으며, 1990년대 초반에 주로 연구되었다. 박사 학위 논문에서 다룬 반월공업공단의 노동자 계급에 관한 연구들이 대부분이다. 불교사회학 분야의 논문은 1994년부터 2023년 6월까지 52편이 발표되었다. 불교사회학 논문은 유승무가 발표한 연구논문의 59.1%에 달하는 만큼 명실상부한 그의 주된 연구 주제라고 말할 수 있다. 가족주의, 굿, 처사신분집단 등 한국 전통문화와 관련

---

17 유승무, 「한국씨족집단의 해체과정 연구」, 한국학중앙연구원 석사학위논문, 1987.

18 유승무, 「반월공업공단 노동자계급의 형성과정에 관한 연구」, 한양대학교 박사학위논문, 1994c.

19 한국연구재단에서 운영하는 한국연구자정보(KRI), 한국학술지인용색인(KCI)를 비롯해 학술연구정보서비스(RISS)와 국립중앙도서관 등의 검색 결과와 중앙승가대학교 도서관 및 개인 소장 자료를 종합해 정리하였다.

된 논문은 3편이다. 현대 한국사회의 제반 현상을 다루고 있는 논문은 9편이며, 환경문제, 노인문제, 다문화현상, 경제민주화, 4.3사건 등 다양한 분야를 망라하고 있다. 마음사회학 관련 연구는 2013년 이후 17편의 논문이 발표되었다. 마지막으로 동양사회이론 논문에는 2편이 포함된다.

〈표 1〉 연도×연구주제별 논문 편수

연도	A	B	C	D	E	F	연도	A	B	C	D	E	F
1991	1	-	-	-	-	-	2008	-	1	-	-	2	-
1992	1	-	1	-	-	-	2009	-	7	-	-	-	-
1993	1	-	-	-	-	-	2010	-	-	-	-	-	-
1994	1	1	-	-	-	-	2011	-	2	-	-	-	-
1995	-	1	-	-	1	-	2012	-	1	-	-	-	-
1996	-	1	-	-	1	-	2013	-	2	-	-	3	1
1997	1	1	-	-	-	-	2014	-	-	-	-	-	4
1998	-	2	1	-	-	-	2015	-	-	-	1	-	2
1999	-	3	-	-	-	-	2016	-	2	-	1	-	1
2000	-	2	1	-	-	-	2017	-	-	-	-	-	4
2001	-	1	-	-	-	-	2018	-	2	-	-	-	1
2002	-	3	-	-	-	-	2019	-	2	-	-	1	-
2003	-	3	-	-	-	-	2020	-	1	-	-	-	1
2004	-	3	-	-	-	-	2021	-	-	-	-	-	3
2005	-	3	-	-	-	-	2022	-	1	-	-	-	-
2006	-	3	-	-	1	-	2023	-	1	-	-	-	-
2007	-	3	-	-	-	-	계	5	52	3	2	9	17

A-산업노동 B-불교사회학 C-전통문화 D-동양사회이론 E-현대한국사회 F-마음사회학

〈표 1〉은 연도별로 발표된 각 연구 주제의 논문 편수를 집계한 결과이다. 이를 통해 산업노동 분야의 연구는 1990년대 초반에 집중되어 있

고, 불교사회학 논문은 1994년 이후 현재까지 꾸준히 이어지고 있으며, 2013년부터 마음사회학 연구가 연구 관심의 한 축을 형성하고 있음을 확인할 수 있다.[20] 정리하면 유승무의 연구 관심은 산업노동 분야에서 불교사회학으로 이동하였으며, 마음사회학으로 연구 관심이 분화하고 있다고 말할 수 있다.

한편, 유승무는 총 30편의 논문을 공동으로 발표하였다. 공동 저자로 논문 작성에 참여한 연구자는 모두 12명이며, 2편 이상을 공저한 연구자는 7명이다. 그 가운데 가장 많이 공동 연구를 수행한 연구자는 박수호로 총 18편의 논문을 공저했고, 신종화(13편), 최우영(5편) 등이 뒤를 이었다(〈표 2〉).

〈표2〉 공저 현황

공저 편수	공저자
18	박수호
13	신종화
5	최우영
3	이태정
2	김정귀(해운), 박종일, 이민정
1	김보경, 안신정(재마), 이명호, 임운택, 최봉영

연구 주제별로는 불교사회학 분야 13편, 마음사회학 분야 11편, 현대 한국사회 분야 5편, 동양사회이론 분야 1편으로 공동연구의 대부분

20 마음사회학 연구는 불교사회학과 밀접하게 연관되어 있다. 마음사회학은 한국 사회를 설명하는 주요 요인으로 마음을 강조하는데, 불교가 한국 사회의 이념적, 문화적 토대를 형성하는 동시에 마음의 특성과 작용, 수행이나 수양을 통한 통제 등을 궁구하는 심학적 전통을 중시하기 때문이다.

이 불교사회학 및 마음사회학 분야에 집중되어 있음을 알 수 있다.

박수호와는 불교사회학 분야 6편, 마음사회학 분야 9편, 현대 한국사회 분야 3편 등을 공동연구한 것으로 나타나 대부분의 연구 주제를 공유하고 있음을 알 수 있다. 신종화와의 공동연구는 마음사회학 분야 9편, 현대 한국사회 분야 3편, 불교사회학 분야 1편으로 집계되었고, 최우영과의 공동연구는 마음사회학 분야 1편, 동양사회이론 분야 1편, 불교사회학 분야 3편으로 나타났다.[21] 이태정과 박종일은 모두 현대 한국사회 분야의 연구들을 공동으로 진행하였고, 김정귀(해운)는 불교사회학 분야의 연구에, 이민정은 마음사회학 분야의 연구에 공저자로 참여하였다.

한편 한국학술지인용색인KCI 사이트에서 검색되는 유승무의 H지수[22]는 8이고, 총 피인용 횟수는 318회이며, 평균 피인용 횟수는 6.7이다.[23] 가장 많이 인용된 논문은「한국인의 사회적 인정 척도와 외국인에 대한 이중적 태도」라는 논문으로 총 78회 인용된 것으로 나타났다. 다음으로 많이 인용된 논문은「난민의 발생과 국민국가의 대응: 난민수용 논란을 통해 본 한국의 이주자정책」30회,「'마음'의 사회학적 재발견과 '합심合心'의 소통행위론적 이해: 조선왕조실록의 용례 분석에 근거하여」25회,「2008년 범불교도대회를 통해서 본 한국사회의 종교 간 갈등: '총성 없는 전쟁'」13회,「참여불교의 관점에서 바라본 갈등시대 한국불교의

21 신종화와 최우영은 종교사회학이 아니라 사회학 이론을 전공하는 연구자들이다. 이들이 각각 참여하고 있는 불교사회학과 마음사회학 분야의 연구논문은 불교라는 종교 현상을 다룬다기보다는 유승무가 '연기사회론'이라고 명명한 불교적 관점의 사회학 이론을 다루고 있다.

22 연구자의 연구 성과를 평가하기 위한 지표의 일종이다. 연구자의 전체 논문을 피인용 횟수가 많은 순으로 정렬하고 순위를 매긴 다음, 순위와 피인용 횟수의 두 숫자가 같아지거나 피인용 횟수가 순위보다 작아지기 시작하는 직전의 순위를 나타내는 숫자가 그 연구자의 H지수가 된다.

23 2004년 이후 한국연구재단에 등록된 학술지에 게재된 논문을 대상으로 산출된 수치이며, 2024년 3월 20일 검색한 결과이다.

사회참여」 12회 등의 순이었다. 연구 분야별 평균 피인용 횟수는 불교사회학 분야 3.8회, 동양사회이론 분야 1.5회, 현대 한국사회 분야 17.7회, 마음사회학 분야 5.9회로 나타났다.

이상과 같이 유승무의 연구 논문을 양적 측면에서 분석해 본 결과는 다음과 같이 요약할 수 있다. 첫째, 유승무는 1991년부터 매년 평균 2.75편 남짓 꾸준히 논문을 발표해 왔으며, 불교사회학과 마음사회학 분야에 연구 관심을 집중하고 있다. 둘째, 박수호, 신종화, 최우영 등과 주로 공동연구를 해왔는데, 박수호와는 대부분의 연구 관심을 공유하고 있고, 신종화와 최우영과는 연기사회론이라는 불교적 관점의 사회학 이론을 매개로 공동연구를 진행해 왔다. 셋째, 평균 피인용 횟수가 6.7이고 H지수는 8이다. 이를 사회학자들의 평균(피인용 횟수 9.4, H지수 4)에 비교하면 피인용 횟수는 적지만, H지수는 2배 이상 높은 편이다. 피인용 횟수가 적은 것은 유승무의 연구 관심이 일반 사회학자들과 많이 다르기에 나타난 현상이며, H지수가 연구자의 생산성과 영향력을 동시에 고려하는 지수라는 점에서 유승무의 연구 생산성과 영향력이 일반 사회학자들에 비해 높음을 알 수 있다.

2) 연구 관심의 변화

유승무의 연구 관심이 산업노동 분야에서 불교사회학 분야로 옮겨 왔으며, 2013년 이후 불교사회학 분야 내에서 마음사회학 분야로의 분화가 나타나고 있음을 언급한 바 있다. 이러한 연구 관심의 변화를 촉발한 요인에 대해 간략히 언급할 필요가 있다.[24]

24 오랫동안 곁에서 함께 연구하고 지켜보면서 자연스럽게 파악한 결과이다.

1990년대 중반까지 유승무의 연구 관심은 1980년대를 관통하고 있는 민주화라는 시대정신과 마르크스주의 사회학에 강한 영향을 받은 것으로 여겨진다. 그의 박사 학위 논문 주제가 반월공업공단의 노동자 계급에 관한 것이었고, 1990년대 중반까지 학술지에 게재했던 연구 논문이 이 주제를 벗어나지 않았다는 사실이 이를 증명한다.

불교와 관련한 유승무의 첫 논문은 1994년 『중앙승가대학교 교수 논문집』에 게재한 「1994년 조계종 사태의 원인과 전개 과정」이라는 논문이다. 이 논문은 1994년 당시 대한불교조계종에서 발생한 종단개혁이라는 사건을 사회운동론 및 정치사회학적 관점에서 분석한 논문이다. 그리고 이 논문을 계기로 불교계에서 일어나는 사회적 현상들에 관한 연구 관심이 형성되기 시작했다는 점이 매우 중요하다.[25] 이후 『중앙승가대학교 교수 논문집』에 「한국 승려의 정치사회의식에 관한 일고찰」, 「베버의 대승불교 해석에 관한 비판적 이해」 등의 논문을 연달아 게재하였고, 「불교사회학의 성립 조건(1)」과 「불교사회학의 성립 조건(2)」를 게재하기에 이른다.[26]

언젠가 유승무 교수에게 '처음에는 불교에 관심이 없었다. 스님들과 함께 지내면서 이야기를 나누고, 강의 준비를 위해 불교 관련 책을 보다 보니 사회학과 연결할 만한 것들이 보이기 시작했다. 그리고 이제는 불교를 통해서 서구 사회학이 가진 한계를 넘어설 수 있다는 확신이 든다.'는 취지의 이야기를 들은 적이 있다. 이를 통해 분명히 알 수 있는 것은

---

25 유승무, 「1994년 조계종 사태의 원인과 전개과정」, 『중앙승가대학교 논문집』 3, 중앙승가대학교, 1994a, 245-276.

26 유승무, 「한국 승려의 정치사회의식에 관한 일고찰」, 『중앙승가대학교 논문집』 4, 중앙승가대학교, 1995a, 189-214; 유승무, 「베버의 대승불교 해석에 관한 비판적 이해」, 『중앙승가대학교 논문집』 5, 중앙승가대학교, 1996a, 289-315; 유승무, 「불교사회학의 성립 조건(1)」, 『중앙승가대학교 논문집』 6, 중앙승가대학교, 1998a, 201-232; 유승무, 「불교사회학의 성립 조건(2)」, 『중앙승가대학교 논문집』 7, 중앙승가대학교, 1998b, 265-293.

유승무가 중앙승가대학교라는 승려 교육기관에 재직하게 되면서 불교사회학이라는 새로운 연구 관심을 형성할 수 있게 되었다는 것이다. 단순히 스님들을 교육하는 특별한 학교의 교수로 부임했기 때문에 불교사회학 연구를 시작했다는 것은 개연성이 떨어진다.[27] 앞에서 언급했듯이 당시 불교계의 분위기가 불교와 관련된 사회학적 연구에 관심이 높았고, 사회학을 전공한 유승무에게 그런 불교계의 요구에 부응해 주기를 기대하는 분위기가 형성되었고, 본인도 스님들과의 다양한 상호작용을 통해 학문적 호기심을 채워가는 과정에서 불교사회학이라는 연구 주제를 분명히 인식할 수 있었다고 생각하는 것이 타당해 보인다.

이후 유승무는 불교사회학 연구에 집중한다. 이 과정에서 다루게 되는 세부 연구 주제들의 폭이 상당히 넓다. 불교의 사회적 기능과 같은 전통적인 종교사회학 주제를 비롯해 노동, 성 불평등, 사회운동, 사회참여, 정치와 민주주의, 근대성, 가족, 여가, 행복 등 사회 현상 전반에 걸친 주제들을 다루고 있다. 이처럼 폭넓은 연구가 가능하기 위해서는 다양한 지적 자극을 주고받을 수 있는 동료 연구자와의 교류가 필수적이다. 유승무가 창립 회원으로 참여했던 동양사회사상학회와 공동연구자로 곁을 지켰던 박수호, 신종화 등과의 학문적 교류가 중요한 역할을 수행했다고 여겨진다.

2013년 이후 유승무는 불교사회학이라는 주된 연구 관심 속에서 마음사회학이라는 연구 주제를 분화시킨다. 마음사회학이라는 연구 분야는 김홍중, 한상진 등과의 토론에서 제기된 문제의식에서 파생되었다. 이성중심주의라는 비판을 받는 근대성의 대안으로 이성에 대비되는 감정에 주목한 포스트모던 사회이론이 제기되었고, 이에 영향을 받은 김홍중과

27 같은 학교에서 18년간 재직하다 정년퇴직한 한 교수는 불교와 관련된 단 한 편의 논문도 발표하지 않았다.

한상진 등이 마음의 사회학, 합정성 등을 언급하였는데, 유승무는 이들이 주장하는 마음이나 합정성 등이 개념적으로나 논리적으로 충분히 설명되지 않는다는 점을 포착하였다. 그리고 그 원인을 동양사상이 발전시켜 온 심학적 전통에 무지했기 때문이라고 판단하였다.[28] 이러한 문제의식 속에서 유교와 불교 등 동양사상이 전개했던 마음에 대한 논의를 사회학적으로 재해석하고, 마음을 사회 현상을 설명하는 주요 요인으로 복원시키기 위한 연구에 집중하면서 마음사회학이라는 새로운 연구 분야를 명확히 한다. 다만 불교사상이 발전시켜 온 심학적 전통을 마음사회학 이론의 한 축으로 삼고 있다는 점에서 마음사회학은 불교사회학의 연장선 위에 있다.[29]

유승무는 독서광이라고 해도 과언이 아닐 정도로 열정적이고, 학문적 호기심을 자극하는 주제가 포착되면 학문적 영역을 넘나들며 새로운 지식을 흡수하고 자기화하는 연구자이다. 따라서 앞으로 유승무의 연구 관심이 어떻게 확장되어 갈지 장담할 수 없다.[30] 다만 현재까지의 학문 세계를 다음과 같이 정리해 볼 수 있을 것이다. 첫째, 유승무의 연구 관심은 산업노동 분야에서 불교사회학으로 전환한 후, 마음사회학으로 확장하고 있다. 둘째, 유승무는 동양사회사상학회를 중심으로 일군의 연구자들과 꾸준히 상호작용하며 연구를 심화하고 있다. 셋째, 불교사회

---

28 마음사회학에 관한 공동연구를 수행하면서 필자와 나눈 이야기의 요지를 정리한 것이다.

29 이런 이유로 이 글에서는 불교사회학에서 마음사회학으로 연구 관심이 이동한 것을 '전환'이 아니라 '분화'라고 표현하였다.

30 유승무는 불교사회학, 나아가 동양사상에 근거한 사회학을 정립하고 서구적 전통에만 매몰된 기존 사회학자들과 소통하려면 불교나 동양사상의 핵심 논리와 개념을 사회학적 개념이나 이론으로 번역하는 과정이 필요하다고 주장한다. 이를 위해 불교나 동양사상과 소통 가능성을 보이는 기존 사회학 이론을 끊임없이 비교하고 재해석한다. 베버와 벨라의 논의를 검토하는 것에서 시작해서 엘리아스를 거쳐 루만의 이론에 천착하는 것이 모두 그런 지적 도전의 과정이다. 『불교사회학』을 집필하던 당시까지는 엘리아스를 매개로 불교사회학과 서구 사회학을 회통하고자 했고, 최근에는 루만의 이론과 개념을 재해석해서 서구 사회학의 한계를 극복하려는 노력을 이어가고 있다.

학을 중심으로 현대 한국사회와 관련해 폭넓은 연구 관심을 유지하고 있다.

4. 『불교사회학』이 제기하는 쟁점에 대한 비판적 검토

앞서 잠시 살펴보았듯이 유승무는 지금까지 88편의 논문과 31권의 저서를 발표하였다. 저서들은 대부분 공저 형태로 출판되었는데, 이들은 대개 공동연구 프로젝트의 결과물이나 기획 학술대회의 발표문을 모아 엮은 것들이다. 그와 달리 유승무의 연구 논문 가운데에서 선별해 묶은 저서가 두 권 있는데, 하나는 단독으로 출판한 『불교사회학』이고, 다른 하나는 공저로 출판한 『마음사회학: 마음과 사회의 동행』이다. 이 두 권의 저서는 연구논문들에서 확인할 수 있듯이 유승무의 주요 연구 분야를 대표하는 연구 성과라고 할 수 있다. 이 글에서는 유승무의 불교사회학 연구를 집중적으로 검토하고자 한다. 다만 유승무의 불교사회학 관련 논문들이 다양한 주제를 망라하고 있어, 개별 논문들을 검토하기보다는 불교사회학 분야의 연구 성과를 대표하는 저서 『불교사회학』을 검토 대상으로 하였다. 우선 『불교사회학』의 집필 의도와 구성을 간략히 소개한 뒤, 이 책에서 제기되는 몇 가지 쟁점에 대해 검토할 것이다.

1) 『불교사회학』에 관한 개관

이 책은 2009년까지 유승무가 발표한 불교사회학 논문 가운데에서

9편을 가려 뽑아 엮은 책이다. 구체적인 사회 현상이나 사회문제에 대한 설명보다는 사회학 이론으로서의 성격이 잘 드러나는 논문들을 선정하였다.

유승무는 책의 집필 의도를 '책을 내며'라는 서문에서 다음과 같이 밝히고 있다.

> "이 책을 마무리한 것은 한국의 종교사회학이 기독교사회학과 등치되는 현실에서, 불교사회학도 존재한다는 사실, 아니 불교사회학도 존재해야 한다는 과제를 해결해야 한다는 실천적 문제의식 때문이었다. … 불교사회학을 정립하는 일은 시쳇말로 '맨땅에 헤딩하는 것'과 다름없는 무모한 일이었다. … 이 책이 불교사회학의 지평을 여는 데 한 알의 밀알이라도 되기를 바랄 뿐이다. 미래의 어느 날, 한국 사회에서 그 누군가가 불교사회학이란 기름진 황무지를 옥토로 만들어 풍성한 결실을 맺는 날, … 그날이 하루라도 앞당겨지길 간절히 바란다."[31]

앞에서 언급했던 것처럼 불교에 대한 종교사회학적 연구가 거의 이루어지지 않았던 현실을 유승무는 종교사회학이 기독교사회학과 등치되는 현실이라고 적고 있다. 결국 이 책은 기독교 일색인 종교사회학의 연구 풍토에서 벗어나 불교사회학의 존재를 인정받기 위한 노력의 결과라고 해도 과언이 아니다. 불교사회학이 황무지에서 옥토로 변했는가와 관련해서는 뒤에 다시 논의하겠지만, 불교사회학의 존재를 스스로 입증한 것만으로도 이 책의 가치는 차고 넘친다고 할 수 있다.

이 책은 모두 네 개의 부로 구성되어 있다. 제1부는 불교사회학을 정

---

31 유승무, 『불교사회학』, 박종철출판사, 2010, 5~6쪽.

의하고, 불교사회학의 연구 대상과 방법론을 정리하고 있다. 제2부는 서구 사회의 관점에서 개인의 종교성이 경제발전에 미치는 영향에 관해 논의한 베버와 벨라의 불교 관련 연구들을 불교사회학적 관점에서 비판적으로 검토한다. 제3부는 불교와 마르크스주의의 비교, 참여불교에 대한 고찰 등을 통해 불교가 사회변혁에 어떤 영향을 미칠 수 있을지를 논의하고 있다. 제4부에 대해서 유승무는 "이론적 차원에서 선행 연구를 극복하고 나아가 인간, 불교, 사회 사이의 상호변용의 동학을 사회학적으로 이해하기 위하여 '연기체緣起體'라는 독창적 개념을 제시하고 그 가능성을 이론적 차원 및 경험적 차원에서 논의한다"[32]고 소개하고 있다.

이러한 구성은 다음과 같이 정리할 수 있다. 제1부는 불교사회학을 학문적으로 규정하는 작업을 수행하고 있다. 제2부는 한국적인 불교사회학을 논의하기 위한 일종의 선행 연구 고찰이라고 할 수 있고, 제3부는 불교사회학적 사회변동론의 가능성을 검토하는 것으로 이해할 수 있다. 그리고 마지막 제4부가 불교에 대한 종교사회학적 연구를 넘어서 불교에 기반을 둔 일반 사회학 이론을 정립하기 위한 이론적 시도를 다루고 있다. 특히 제4부의 논의는 한국의 종교사회학에서는 전혀 이루어지지 않은 새로운 시도라는 점에서 그 의미가 더욱 크다.

2) 불교사회학의 정의에 관한 쟁점

불교사회학을 불교에 관한 사회학적 연구로 정의하고, 종교사회학의 하위 영역으로 설정하는 것을 어색하게 받아들이는 사람은 많지 않을 것 같다. 그러나 이처럼 모호한 정의는 학문의 성격을 명확히 규정하

32 유승무, 같은 책, 32쪽.

지 못한다는 점에서 한계가 있다. 실제로 이원규는 종교사회학을 종교에 관한 사회학적 연구가 아니라 “사회 현상으로서의 종교 현상에 대하여 사회학적으로 연구하는 학문”[33]이라고 정의하고 있다. 이러한 정의는 종교사회학이 종교의 모든 부분을 연구하는 것이 아니라는 점을 분명하게 지적하고 있다. 즉, 교리의 사실 여부, 신앙 대상의 궁극성이나 초월성 등 종교사회학이 다루지 않는 주제를 명확히 함으로써 종교사회학의 영역을 분명히 규정하는 것이다.

유승무도 이와 유사하게 불교사회학의 연구 대상을 특정하고, 인근 학문과의 관계 설정을 통해 불교사회학을 정의하려고 시도한다. 특히 유승무는 “불교사회학의 고유한 연구 대상이 불교사회학 성립에서 가장 결정적인 조건”[34]이라고 말하고 있을 만큼 불교사회학의 연구 대상 설정 문제를 중요하게 여기고 있다.

> “그렇다면 과연 불교사회학의 연구 대상은 무엇인가? 불교 내부에는 출가자와 재가신도라는 주체가 존재하며, 이들은 서로, 그리고 자연과, 그리고 사회와 연기법적 관계를 형성하고 있다. 또한 이러한 관계를 매개하는 주체의 깨달음과 자비 활동, 계율, 의식과 의례, 각종 조직과 하위집단, 그리고 교육제도, 경제제도, 정치제도 등의 각종 제도, 나아가 불교 하위문화 등이 존재하고 있다. 그리고 이러한 모든 사회적 사실은 시공간적 좌표 위에서 독특한 사회적 의미를 지니며 변화해 가고 있다. 이러한 사회적 사실이나 사회적 현상을 그 연구 대상으로 하고 있다.”[35]

---

33 이원규, 『종교사회학의 이해(개정3판)』, 나남출판, 2019, 24쪽.

34 유승무, 앞의 책, 37쪽.

35 유승무, 같은 책, 37~38쪽.

유승무는 위와 같은 스케치와 함께 불교사회학의 연구 대상을 불교의 사회적 재생산 영역, 불교 공동체 내부의 사회 현상, 불교와 사회의 상호작용 등 세 영역으로 구분하고 각 영역의 구체적 연구 주제를 설명하고 있다.[36] 불교의 사회적 재생산 영역에 해당하는 연구 대상으로는 불교 신도들의 인구학적 특성과 불교의 포교 활동을 들고 있다. 불교 공동체 내부의 사회 현상과 관련한 연구 대상으로 '승가'라는 출가수행자의 공동체에 주목한다. 승가는 세속 사회와 구분되는 출가수행자만의 사회로서 "출가수행자에 대한 세속 사회의 영향들을 녹여 불교문화로 재생산해내는 도가니"이자 "불교와 사회를 연결하는 매개체이며 승가의 사회현상은 이 관계의 성격에 결정적인 영향을 미친다."[37] 따라서 유승무는 승가 내부의 사회현상을 불교사회학의 분석 단위이자 필수적인 연구 대상으로 규정하고 있다. 불교와 사회의 상호작용 영역에서는 불교가 사회에 미치는 영향과 사회가 불교에 미치는 영향을 주요 연구 대상으로 언급하고 있다.

이어서 유승무는 불교사회학과 인근 학문을 비교하면서 불교사회학의 고유한 특성을 밝히는 논의를 전개한다. 그 내용을 요약하면, 불교사회학은 사회과학적 방법을 이용해 불교를 사회적 맥락에서 이해하고 해석하고, 불교 내에 존재하는 사회적 현상이나 사회적 사실에 관심을 기울이고, 이를 분석해 미래를 예측하고 전망하는 것에 관심을 둔다는 특성이 있다고 한다.[38]

이상의 내용을 토대로 유승무는 불교사회학을 불교와 관련한 사회적 현상을 사회학적 방법으로 연구하는 학문으로 정의하고 있음을 알 수 있다.

---

36 유승무, 같은 책, 38~48쪽.
37 유승무, 같은 책, 40~41쪽.
38 유승무, 같은 책, 49~53쪽.

그런데 평범해 보이는 유승무의 불교사회학 정의에는 특별한 내용이 포함되어 있다. 위의 인용문에 나타나 있는 연기법적 관계에 대한 언급이 바로 그것이다. 이는 고정된 실체인 행위 주체들 사이의 상호작용을 연구하는 것이 아니라, 유동적인(즉, 무상한) 행위 주체들이 상의상관相依相關하거나 상즉상입相卽相入하여 나타나는 우연적이고 창발적인 관계를 연구 대상으로 삼아야 한다는 것을 의미한다. 다만 이러한 생각이 불교사회학의 연구 대상을 구체화하는 과정(특히 『불교사회학』 제2장)에서는 상세히 논의되고 있지 않다.[39] 그러나 이것을 큰 흠결로 지적하기는 어려울 것 같다. 불교에 대해 깊이 있는 이해의 수준에 도달하지 못한 상태에서 기존의 사회학적 전통을 기준으로 불교사회학을 규정할 수밖에 없었던 유승무의 초기 사유 속에서 불교사회학의 연구 대상으로 연기법적 관계를 포착한 사실을 높이 평가하는 것이 더 타당해 보인다.

연기법적 관계에 대한 사유는 이후 유승무의 불교사회학 연구에서 일종의 화두처럼 지속되는 것으로 보인다. '상즉상입의 불교사회학'(2004년)을 거쳐 연기체 개념(2007년)으로 논의의 맥락이 이어지면서 연기법적 관계를 불교사회학의 틀 안에 결합하기 위한 시도가 계속된다.[40] 이러한 문제의식은 『불교사회학』에도 반영되어 있다. 이는 책 제4부의 제목을 '연기체 사회학을 향하여'라고 붙이고 관련 논문을 수록하고 있는 것에서 확인할 수 있다.

상즉상입을 거쳐 연기체 사회학에 이르는 사유의 전개 과정에서 유승무는 불교사회학의 개념적 지평을 넓히게 된다. 유승무는 불교사회

---

39 유승무가 불교사회학의 개념을 정의하고 연구 대상과 연구방법론을 논의함으로써 불교사회학 성립의 이론적 토대를 세우는 작업을 시작한 것은 1998년 무렵이다. 이 시기의 유승무는 혼자서 '맨땅에 헤딩하는' 무모한 도전을 하고 있었기에 논의의 내용이 상대적으로 치밀하지 못한 한계를 드러낸 것으로 이해해야 할 것이다.

40 유승무, 「상즉상입의 불교사회학」, 『동양사회사상』 10, 동양사회사상학회, 2004a, 33-58; 유승무, 「한국 불교와 근대적 사회제도의 만남」, 『불교학연구』 18, 불교학연구회, 2007, 41-64.

학 연구에 매진하는 과정에서 불교를 통해 서구 사회학의 한계를 넘을 수 있다는 확신을 갖게 되었고, 이는 불교사회학을 불교에 관련한 사회적 현상에 관한 연구로 한정하는 것이 아니라 불교에 토대를 둔 일반 사회학 이론의 정립까지 그 영역을 확장하는 인식의 전환을 가져왔다. '연기체 사회학'이라는 개념을 사용하는 것에서 그런 인식의 전환을 찾아볼 수 있다. 그러나 이러한 인식의 전환을 반영한 불교사회학의 재정의는 『불교사회학』은 물론이고, 그 이후의 논문에서도 명확히 드러나지 않고 있다.[41]

이러한 비판적 인식 위에서 불교사회학을 재정의할 필요가 있다. 불교라는 종교와 관련된 사회적 현상으로 연구 대상을 한정하는 기존의 불교사회학 정의는 불교사회학의 연구 영역을 불교에 토대를 둔 일반 사회학 이론 정립이라는 과제까지 확장하기에는 적합하지 않다. 오히려 관점의 차원에서 새로 접근하는 것이 필요해 보인다. 관점의 차원에서 보면 기존의 불교사회학 정의는 사회학적 관점으로 불교와 관련된 사회적 현상을 연구하는 학문이라고 이해할 수 있다. 이렇게 볼 때, 기존의 정의로 불교를 기반으로 하는 일반 사회학 이론 정립이라는 과제를 불교사회학의 영역에 담아내기는 쉽지 않음이 잘 드러난다.

불교사회학은 '불교적 관점에 기반을 둔 사회학 연구Sociology based on Buddhist perspectives'로 정의할 수도 있다. 이 경우 '불교와 관련한'이라는 연구 대상의 제약 조건에서 벗어날 수 있다. 나아가 서구중심적 혹은 기독교중심적 관점에서 전개되던 다양한 사회학 연구들과 달리 새로운 관점의 사회학적 설명이 가능해진다는 긍정적 효과도 기대할 수 있을 것이다. 물론 유승무도 『불교사회학』의 영문 제목을 'buddhist sociology'나 'sociology of Buddhism'이 아니라 'buddhist sociology of Buddhism'으

41 불교사회학 개념을 재론할 적절한 기회를 찾지 못했기 때문이라고 생각한다.

로 정하면서 불교적 관점의 필요성을 인식하고는 있다. 유승무는 『불교사회학』 제8장의 첫 번째 각주에서 'buddhist sociology'는 사회현상을 불교사상으로 재해석하는 학문으로, 'sociology of Buddhism'은 불교를 사회학적으로 연구하는 학문으로 규정한다. 그리고 불교적 관점에서 불교를 사회학적으로 연구한다는 의미로 불교사회학을 'buddhist sociology of Buddhism'이라고 정의했음을 밝히고 있다.[42] 다만 당시까지도 불교사회학에 대한 유승무의 인식이 불교라는 연구 대상을 넘어서는 것에 대해서는 명확한 입장이 서지 않았던 것으로 여겨진다.

3) 연구방법론에 관한 쟁점

불교사회학을 정립하고 전개하는 과정에서 연구 대상을 설정하는 것 못지않게 중요한 과제가 바로 연구방법론을 분명히 하는 것이다. 이 문제의 중요성을 유승무도 명확히 인식하였기에 일찌감치 관련 논의를 정리한 바 있다.[43]

사회학적 연구방법론은 논리 구성을 위한 방법과 자료 수집 및 분석을 위한 방법으로 구분할 수 있을 것이다. 일반적으로 전자의 대표적 논의는 연역법이나 귀납법 등이고, 조사 방법이라고 범주화할 수 있는 후자의 주요 내용은 설문조사, 면접, 통계적 일반화 등을 들 수 있다. 『불교사회학』 제3장에서 유승무가 논의하고 있는 불교사회학의 연구방법

42 유승무, 앞의 책, 182쪽.

43 1994년에 조계종 종단개혁에 관한 논문을 발표한 이후, 유승무는 승려들의 정치의식, 베버의 불교 이해, 불교청소년복지 등 단편적인 종교사회학 논문을 발표하다가 1998년 「불교사회학의 성립조건(Ⅰ)」과 「불교사회학의 성립조건(Ⅱ)」라는 연작 논문을 발표하면서 본격적인 불교사회학 연구를 시작하게 된다. '성립조건(Ⅰ)'이 연구 대상의 설정과 관련되고, '성립조건(Ⅱ)'는 연구방법론을 정리하는 것이었다.

론 가운데 조사 방법과 관련한 내용은 사회학적으로 새롭지는 않다. 제2장에서 구체적으로 제시한 연구 대상별로 적합한 기존의 사회학적 조사 방법을 정리하고 있기 때문이다. 다만 불교사회학의 고유한 논리 구성을 위한 철학적 전제를 불교 교리의 차원에서 검토하고 있는 점은 매우 인상적이다. "불교와 사회학이 창조적으로 만나기 위해서는 사회학적 방법이 불교 이해에 원용되기도 해야 하지만 불교도 사회학 방법론의 발전에 기여할 수 있어야 한다."[44]는 전제 속에서 불교의 존재론, 인식론, 당위론을 살펴보고 있다.

존재론과 관련해 주목하고 있는 것은 연기법이다. 불교의 연기법은 모든 존재는 고정된 실체가 없이 오로지 다른 존재와의 상호의존적 현상 속에서만 존재한다고 주장한다. 이는 기존 사회학의 논의와 다른 시각을 제공한다.

> "연기법적 인간 이해에서는 인간의 사회적 행위가 결정적인 의미를 갖는데, 인간의 행위는 선행 행위만이 아니라 그 행위를 하는 인간의 특성이나 그 행위가 이루어지는 환경과 같은 수많은 요인들에 의해서 결정된다. 불교에서는 특정한 행위를 하는 인간조차도 원인과 조건의 결합 관계의 작용 과정 속에 있을 뿐만 아니라 그 행위 역시 수많은 원인과 조건의 결합 과정의 일부이기 때문이다. … 이러한 시각은 사회적 행위를 사회의 기본 단위로 간주했다는 점에서는 비슷하지만 이성을 가진 주체의 중심성까지도 해체하고 있다는 점에서는 다르다. 또한 오감을 통해 접촉하는 모든 자연현상까지도 사회적인 것의 원인과 조건으로 간주한다는 점에서 인간 사이의 상호작용 행위를 파악하는 상호작용론적

---

44 유승무, 앞의 책, 66쪽.

시각이나 교환론적 시각과도 다르다. … 모든 존재는 연기법적 관계로 얽혀 있기 때문에 사회현상은 '사회적인 것'만으로 존재한다. 따라서 불교는 사회의 본질에는 관심이 없고 오로지 당시의 역사적 조건의 규정성 속에 있는 사회적 현상을 해결하는 데에만 관심이 있다. … 이는 사회 현상을 개인을 넘어선 사회적 차원에서 이해하고 있다는 점에서 사회발생학적 시각이나 사회실재론적 시각과 유사하나, 사회의 실체성을 인정하지 않는다는 점에서 매우 다르다."[45]

불교에서는 연기적 존재를 있는 그대로 인식하기 위해서는 수행을 통해 주관적 편견의 근원들을 극복해야 한다고 강조한다. 이러한 불교의 인식론을 유승무는 다음과 같이 정리하고 있다.

> "인간은 안, 이, 비, 설, 신, 의라는 여섯 가지 감각기관을 통해 그에 상응하는 대상을 직접적으로 경험하고 그 경험에 기초하여 귀납적으로 추론하는 방식을 통해 연기의 법칙을 깨달을 수 있다. … 안, 이, 비, 설, 신에 의한 직접적인 경험은 그 자체로 자명한 지식이 될 수 있으나, 의의 대상은 마음의 상태에 따라 다르며, 의의 대상의 하나인 '번뇌의 원인들'은 수행을 통해 마음이 최고 경지의 고양 상태에 이를 때 비로소 인식될 수 있다. … 그러한 번뇌의 원인을 이해할 때 주관적 편견의 원천인 번뇌가 극복되며, 수행을 통해 마음을 다스림으로써 마음의 작용이 막힘이 없을 때 비로소 연기의 법칙을 경험했다—이를 체득되었다거나 깨달았다고 한다—고 할 수 있다."[46]

---

45 유승무, 같은 책, 67~68쪽.
46 유승무, 같은 책, 69~70쪽.

그리고 이런 불교의 인식론이 "이해사회학적 방법이나 현상학적 방법의 방법론적 장점을 포함하면서도 다른 한편으로는 주체와 대상을 분리하지 않을 뿐만 아니라 대상 세계를 한정하지도 않는다"[47]는 점에서 방법론적으로 의미가 있음을 지적한다.

이어서 팔정도가 한계에 봉착한 사회학 방법론의 대안 모색에 기여할 수 있음을 논의한다. 유승무에 따르면, 정견과 정사유를 통해 경험주의적 인식론을 공유하면서 정어·정업·정명 등의 단계에서 주관적 지식의 객관화에 도달할 수 있으며, 정정진·정념·정정의 단계에서 존재의 실상을 여실하게 파악할 수 있다고 한다. 이러한 팔정도의 가르침은 합리성의 제약에서 벗어날 수 있게 해주고, 존재와 당위를 총체적인 연관 관계로 이해할 수 있게 해준다는 점에서 존재론과 인식론, 당위론이라는 방법론의 세 측면을 하나로 묶고 있다고 설명하고 있다.[48]

이상의 논의를 통해 불교의 가르침이 기존 사회학 방법론의 한계를 극복할 수 있는 요소들을 품고 있음을 확인할 수 있다. 그러나 유승무는 이를 통해 불교사회학의 고유한 방법론을 전개하지는 않고 있다. 그 논의를 진전하고 심화하는 것이 후학들의 과제일 것이다.

그렇다면 유승무가 확인한 불교의 방법론적 함의는 어떤 방향으로 나아갈 수 있을까? 이와 관련해 우선 고려해야 할 것은 재정의한 불교사회학의 개념이다. 불교사회학을 불교적 관점에 기초한 사회학 연구라고 정의할 때, '불교적 관점'은 일종의 도구적 의미를 갖게 된다. 즉, 불교적 관점이 불교사회학 방법론의 요체가 된다는 것이다. 유승무가 검토한 존재론, 인식론, 당위론의 핵심에는 연기법이 자리하고 있다. 연기법을 사회과학적 맥락에서 이해하면 '관계론'이라는 개념으로 번역할 수 있을 것

47 유승무, 같은 책, 70~71쪽.
48 유승무, 같은 책, 71~73쪽.

이다. 물론 불교적 관계론은 독립된 실체들 사이에서 이루어지는 상호작용을 상정하는 기존의 사회과학적 관계론과는 본질적으로 다르다. 불교적 관계론은 고정되지 않고 끊임없이 다양한 조건들의 결합 속에서 존재하는 주체들이 상즉상입하고 상의상관하는 연기적 관계를 기반으로 하기에 구성적이고 과정론적인 관계론이 될 것이다. 이는 불교적 관점의 기본 속성이 관계적이고 구성적이며 과정론적임을 의미한다. 다시 말해 불교사회학은 사회적 현상을 관계적이고 구성적이며 과정론적으로 인식하고, 이해해야 한다는 것이다. 이러한 불교사회학의 방법론은 사회실재론과 사회명목론의 한계를 극복하는 관계론적 접근의 근거를 제시한다는 점에서 기존의 사회학에 의미 있는 공헌을 할 수 있을 것이다.

그렇지만 관계론적 접근을 경험적으로 가능하게 하는 조사방법론을 개발하고 발전시키는 부분에서는 여전히 한계가 있다. 물론 사회연결망 분석과 같은 기존의 조사방법론이 존재한다. 그러나 기존의 조사방법론들은 기본적으로 고정된 실체로부터 자료를 수집하고, 그를 통해 얻은 결과를 연구 대상의 실체적 특성으로 이해한다는 점에서 연기법적 관계라는 불교사회학적 방법론과 결을 달리한다. 이 간격을 메우거나 뛰어넘을 수 있는 조사방법론의 개발은 여전히 향후 과제로 남아 있는 셈이다.

4) 연기체 개념에 관한 쟁점

연기체 사회학은 앞에서 언급했듯이 불교사회학에 대한 유승무의 인식 지평이 확장되면서 제기하는 불교적 관점의 일반 사회학 이론을 지칭한다. 연기체 사회학을 제기하는 문제의식의 출발점은 서구에서 형성되고 발전한 사회학 이론이 동양 사회의 특수성을 온전히 설명할 수 없기에 동양사회의 내재적 관점에서 사회학 이론을 발전시켜야 한다는 것이다. 이러한 유승무의 문제의식은 베버의 동양사회론에 대한 비판적 검토 과정에서 싹을 틔우고 동양사회사상학회 회원들과의 학문적 교류 속에서 깊어졌다고 생각한다. 그런데 연기체 사회학은 단순히 오리엔탈리즘을 극복한 동양적 사회학 이론을 의미하지 않는다. 불교의 가르침은 동양 사회에만 제한적으로 적용되는 것이 아니다. 연기법이라는 존재의 성립 근거는 동양과 서양을 가리지 않는다. 유승무가 말하는 '불교를 통해 서구 사회학의 한계를 극복할 수 있다는 확신'은 불교를 통해 모든 사회에 적용할 수 있는 일반 이론을 구성할 수 있는 가능성을 확인했다는 의미이다. 따라서 연기적 관계를 토대로 하는 일반 사회학 이론을 연기체 사회학으로 명명한 것이다.[49]

> "불교에는 고정불변의 실체란 존재하지 않으며 오로지 생성, 변화, 과정만 존재할 뿐이다. 이러한 관점에 따르면 모든 사회적 현상은 연기법적 결합체, 즉 '연기체'이며, 이러한 관점으로 불교사회학적 연구를 시도하는 것은 '연기체 사회학'의 가능성을 모색해 보는 것이 될 것이다."[50]

위의 인용문에서 보듯이 유승무는 연기체 사회학을 연기체의 관점으로 시도하는 불교사회학적 연구라고 정의하고 있다. 그렇다면 연기체 사회학의 핵심 개념이라고 할 수 있는 연기체는 어떻게 정의하고 있을까?

> "연기법적 관점이란 모든 현상을 상호의존적으로 발생한 그

49 다만 유승무가 추구하는 불교적 관점의 일반 사회학 이론이 최종적으로 연기체 사회학이라고 명명될지는 유동적이다. 최근 유승무는 연기체 사회학이라는 개념보다는 '연기사회론'이라는 개념을 더 자주 사용하고 있기 때문이다. 이는 유승무의 이론적 관심이 엘리아스에서 루만으로 이동한 것과 관련이 깊다.

50 유승무, 앞의 책, 182~183쪽.

무엇으로 이해하려는 관점이며, '그 무엇'은 다양한 요인들의 결합물이다. … 이를 조작적 차원에서 '연기법적 결합체'라 명명하고 이를 두 개 이상의 요인들이 결합하여 형성되는 사회적 관계, 사회조직 및 사회집단, 사회현상 등을 지칭하는 한정적 의미로 사용하고자 한다."[51]

또한 "불교적 관점에서 둘 이상의 요인이 결합되어 만들어지는 사회를 파악할 수 있는 개념적 도구"[52]이자, "다양한 제도들의 상호변용 및 상호모순적인 요소들이 상호의존적으로 결합함으로써 발생한"[53] "연기법적 산물"[54]이라고 설명하고 있다.

이러한 연기체 개념은 엘리아스가 주장한 결합체 개념이 다차원적이고 다양한 요소들의 상호 변용이나 상호의존성을 설명하는 것에 약점이 있음을 고찰한 후, 불교의 연기사상을 통해 이 한계를 극복하고자 고안한 개념이라고 할 수 있다. 다만 연기체 개념은 연기법과 동일한 개념은 아니라고 한다. 불교의 연기법이 고정된 실체라는 개념을 부정하는 반면, 학문적 논의를 위해 연기체 개념은 최소한의 고정성을 충족시키는 실체화된 개념이라는 것이다.[55] 따라서 유승무가 제시하는 연기체 개념은 연기법적 관계를 포착하고, 기술하기에 한계를 보일 수밖에 없다.

그런데 연기체를 연기법적 관계에서 상호의존적으로 발생한 산물이라는 고정적 실체가 아니라 상호의존적인 관계망으로 규정하면 어떨까? 연기체를 고정적 실체로 정의하면 불가피하게 유동적인 과정성에 대한 설명을 포기할 수밖에 없다. 그러나 연기체를 상호의존적 관계망으로 인

51 유승무, 같은 책, 207쪽.
52 유승무, 같은 책, 209쪽.
53 유승무, 같은 책, 209~210쪽.
54 유승무, 같은 책, 208쪽.
55 유승무, 같은 책, 209~210쪽.

식하게 되면 관계망 내부의 동태적 과정을 드러낼 수 있다는 점에서 개선의 여지가 있다. 다시 말해, 연결망의 관점을 도입함으로써 개별 요인들이 관계망 내에서 점유하는 위상과 관계의 변화라는 역동성을 포착할 수 있고, 고정된 실체가 아닌 유동적 존재로서의 연기체적 특성을 드러낼 가능성을 확보할 수 있을 것이다.[56]

연기체 개념의 한계는 유승무 본인도 이미 인지하고 있다. 이러한 한계를 극복하기 위해 최근 유승무가 검토하고 있는 것은 체계론적 접근이다. 특히 루만의 체계이론에 주목하고 있다. 유승무는 불교의 연기법이 루만의 체계이론을 이해하는 데에 매우 유용하며, 루만의 이론에서 보이는 한계를 극복할 수 있는 논리와 개념이 불교에 풍부하게 내장되어 있다고 생각한다. 그런 맥락에서 연기체라는 제한된 개념이 아니라 연기법적 체계로 사회를 설명하고자 하는 연기사회론에 대한 구상을 내비치고 있다. 『마음사회학』의 제3장에서 검토하고 있는 '마음구성체'에 대한 논의에서 그런 구상의 일단을 찾아볼 수 있다.[57] 다만, 루만의 체계이론에 대한 불교사회학적 논의가 아직은 본격화되지 않았기에 구체적 논의는 조금 더 기다려야 할 것 같다.

5. 맺음말

이 글은 유승무의 연구 성과를 중심으로 한국에서 불교사회학이라

56 박수호, 「종교정책을 통해 본 국가-종교간 관계: 한국 불교를 중심으로」, 『한국학논집』 39, 계명대학교 한국학연구원, 2009, 192~193쪽.

57 유승무 · 박수호 · 신종화, 『마음사회학: 마음과 사회의 동행』, 한울엠플러스, 2021.

는 생소한 연구 분야가 어떻게 형성되었는지를 비판적으로 검토하고자 하였다. 이를 위해 먼저 한국 불교사회학의 형성을 둘러싼 환경적 요인을 살펴보고, 유승무의 학문 세계를 조망하는 논의를 거친 후에 『불교사회학』에서 제기되는 몇 가지 쟁점들을 검토하였다.

한국 불교사회학의 형성을 둘러싼 환경적 요인을 살펴본 결과, 사회학계에서는 불교사회학의 형성을 자극할 수 있는 토대가 거의 구축되지 않았던 반면, 불교계에서는 긍정적인 분위기가 퍼져 있었음을 알 수 있었다. 다만, 불교에 대한 사회학적 연구에 관심이 커지고 있었음에도 불교사상의 실천적 측면에 논의가 국한되며 본격적인 불교사회학 연구로 이어지지는 못했다는 한계도 확인할 수 있었다.

유승무의 학문 세계는 석·박사 학위 취득과 이후 발표한 연구논문을 중심으로 간략하게 조망하였다. 그 결과는 다음과 같이 요약할 수 있다. 유승무는 1991년부터 매년 평균 2.75편 남짓 꾸준히 논문을 발표해 왔으며, 불교사회학과 마음사회학 분야에 연구 관심을 집중하고 있다. 이러한 유승무의 연구 관심이 일반 사회학자들의 그것과 다소 상이하지만, 그의 연구 생산성과 영향력은 일반 사회학자들에 비해 높은 것으로 나타났다. 유승무의 연구 관심은 산업노동 분야에서 불교사회학으로 전환한 후, 마음사회학으로 확장하고 있으며, 동양사회사상학회를 중심으로 일군의 연구자들과 꾸준히 상호작용하며 연구를 심화하고 있다. 또한 불교사회학을 중심으로 현대 한국사회와 관련해 폭넓은 연구 관심을 유지하고 있다. 이렇게 볼 때, 불교사회학은 적어도 현재까지 유승무의 학문적 근간이라고 평가할 수 있을 것이다.

이어서 유승무의 불교사회학 분야 연구 성과를 대표하는 『불교사회학』에서 제기된 주요 쟁점들을 불교사회학의 개념 정의, 연구방법, 연기체 개념 등으로 나누어 살펴보았다.

유승무는 불교사회학 논의를 시작한 초기에는 불교사회학을 불교와 관련한 사회적 현상을 사회학적 방법으로 연구하는 학문으로 인식하고 있었다. 이 과정에서 불교사회학의 연구 대상으로 연기법적 관계를 포착한 사실은 매우 중요하다. 연기법적 관계에 대한 사유는 이후 불교사회학 연구에서 지속적으로 발전하였고, 이를 통해 불교사회학 개념을 불교적 관점에서 불교를 사회학적으로 연구하는 것으로 발전시킬 수 있었다. 다만 불교를 통한 일반 사회학 이론의 정립이라는 인식의 확장이 이루어졌음에도 불구하고, 이를 반영한 불교사회학 개념의 재정의는 아직 이루어지지 않고 있다. 이러한 비판적 인식 위에서 이 글에서는 '불교적 관점에 기반을 둔 사회학 연구'로 불교사회학을 재정의할 것을 제안하였다.

연구방법과 관련해서는 유승무가 연기법을 중심으로 불교의 가르침이 기존 사회학 방법론의 한계를 극복할 수 있는 요소들을 품고 있음을 정치하게 논의했지만, 불교사회학의 고유한 방법론을 전개하지는 않았음을 확인하였다. 이러한 한계를 극복하기 위한 대안의 하나로 이 글에서는 불교적 관점이 불교사회학 방법론의 요체가 되며, 연기법에 토대를 둔 불교적 관계론이 불교적 관점의 핵심임을 지적하였다. 그리고 불교사회학은 불교적 관계론에 근거하여 사회적 현상을 관계적이고 구성적이며 과정론적으로 인식하고, 이해해야 한다고 주장하는 동시에, 관계론적 접근을 경험적으로 가능하게 하는 조사방법론을 개발하고 발전시키는 부분에서는 한계가 있음을 지적하였다.

마지막으로 유승무가 불교사회학 연구를 위해 고안한 연기체 개념이 연기법적 관계에서 상호의존적으로 발생한 산물로 정의됨으로써 무상한 연기법적 관계를 포착하고, 기술하기에 한계가 있음을 확인하였다. 그리고 유동적 존재로서의 연기체적 특성을 드러낼 수 있도록 연기체를 상호의존적인 관계망으로 정의할 것을 대안으로 제시하였다.

이제 유승무의 불교사회학 연구 성과들을 평가하고, 불교사회학의 향후 과제들을 제시하는 일만이 남아 있다.

유승무가 조계종 종단개혁과 관련한 불교사회학 논문을 발표한 지 30년이 흘렀다. 지난 30년 동안 불교사회학은 '듣지도 보지도 못한' 학문에서 종교사회학 분야의 한 모퉁이에 어엿하게 자기 자리를 만들 수 있었다. 유승무의 평대로 기독교사회학 일색이던 종교사회학 분야에서 불교사회학은 여전히 비주류 신세를 면하지는 못하고 있지만, 학술대회나 연구 프로젝트를 기획할 때 구색을 갖추기 위해서라도 합류시켜야 하는 연구 분야로서의 위상은 확실히 인정받고 있다. 불교학계에서도 불교사회학은 응용불교학 혹은 실천불교학 분야의 대표적인 연구 분야로 인정받고 있다. 이처럼 관련 학문 분야에서 불교사회학이 존재 가치를 인정받게 된 가장 결정적 이유는 꾸준하게 이어진 유승무의 연구 성과들이 축적되었기 때문이다. 이것은 단순히 관련 논문들이 증가한 것 이상의 의미가 있다. 어쩌다 한 번, 우연히 불교에 대한 사회학 논문 한 편이 발견된 것이 아니라, 30년 동안 불교사회학 관련 논문이 매년 발표되고, 사회학계나 불교학계 어디에선가 불교사회학 논문에 관한 토론이 이어질 수 있었음을 뜻하고, 그것이 가능한 연구자 집단이 형성되었음을 의미한다. 유승무 혼자 거친 광야에 서 있는 것이 아니라 함께 밭을 일굴 동료들이 곁에 모여 있는 것이다. 문제의식을 공유하고, 지속적인 토론을 통해 학문적 발전을 도모할 수 있는 연구자 집단의 형성은 이제 막 자리를 잡은 불교사회학의 성장을 위해 꼭 필요한 과제였다. 유승무는 그런 연구자 집단의 구심점이자 리더로서의 역할을 충실히 수행하였다.

유승무가 발표한 불교사회학 논문들 각각에 대해 평가하는 작업은 별도의 기회가 있기를 기대한다. 다만 이 글에서는 나름의 총평으로 대신하고자 한다. 유승무의 불교사회학 논문들은 불교계 내부의 사회적 현상, 불교와 사회의 상호작용, 불교사상의 사회이론적 검토 등 스스로 불교사회학의 연구 대상으로 분류한 모든 영역을 망라하고 있다. 동시에 사회갈등, 사회운동, 근대성, 노인, 불평등, 정치, 경제, 교육, 여가, 노동, 행복 등 다양한 사회학적 주제들을 폭넓게 다루고 있다.[58] 이 각각의 논문들이 저마다 관련된 불교사회학적 논의의 출발점이 된다는 점에서 불교사회학의 연구 주제와 지평을 설정하는 기준을 제시하고 있다고 해도 과언이 아니다. 또한 각각의 논문들은 대체로 해당 논문이 다루고자 하는 사회학적 주제와 밀접하게 관련된 불교사상을 검토하고, 그 내용을 기준으로 사회현상에 대해 비판하고 대안을 모색하고 있다. 이러한 글쓰기 방식은 불교사회학 연구의 표준 스타일로 자리매김하고 있다는 점도 강조될 필요가 있다. 마지막으로 유승무의 불교사회학 연구는 불교와 사회학의 양 측면을 균형 있게 다루면서 사회이론적 함의를 도출하기 위한 논의를 게을리하지 않는다. 이런 노력을 통해 그의 논문들은 불교적 관점의 일반 사회학 이론을 구성하기 위한 밑바탕이 되고 있다는 점을 지적해야 할 것이다.[59]

유승무는 『불교사회학』을 출판하면서 자신의 연구가 씨앗이 되어 언젠가 불교사회학이라는 기름진 황무지가 옥토로 변해 풍성한 결실을 거둘 수 있기를 기대했다. 그의 연구가 불교사회학의 씨앗이 되었다는 것은 누구도 부인할 수 없다. 남아 있는 것은 황무지를 옥토로 바꾸고, 풍성한 결실을 거둘 수 있도록 경작하는 일이다. 앞에서 유승무와 연구 관심을 공유하고 있는 일군의 연구자 집단이 생겼음은 언급하였다. 힘든 농사를 더 이상 유승무 혼자 짓지 않게 된 점은 분명 다행한 일이다. 그러나 경작해야 할 황무지에 비해 농부는 턱없이 부족하다. 이를 해결하기 위해서는 불교사회학을 전공하는 연구자의 규모를 늘리고, 연구 역량을 강화할 수 있는 인프라를 구축해야 한다. 안정적으로 불교사회학 연

58 참고문헌에 수록된 논문들의 제목만 살펴보아도 연구 주제의 다양성을 확인할 수 있다.

59 현재를 기준으로 본다면 유승무가 지향하는 불교사회학적 일반 사회이론은 체계론적 특성을 가진 연기사회론이 될 것이라고 예상할 수 있다.

구에 전념할 수 있는 사회적, 경제적, 학문적 구조를 만들어야 한다. 또한 연구자의 규모를 확대하는 과정에서 출가자와 재가자의 양적 균형에도 신경을 써야 한다. 불교사회학의 주요 연구 대상 가운데 하나인 승가공동체 내의 사회적 현상은 재가 연구자의 접근이나 이해가 제한되기 때문이다.

아직은 기틀을 다지는 과정 가운데에 있는 한국의 불교사회학이 사상누각이 되지 않도록 관련 연구자들의 분발을 촉구한다.

‘마음사회학’의 사회학적 성과와 전망

정승안

'마음사회학'의 사회학적 성과와 전망

정 승 안

1. 들어가며

오늘날 철학하는 사람들이나 인문학, 사회과학을 포함해서 한국사회에 일고 있는 열풍은 통섭, 융합, 소통과 같은 통합적인 학문연구에 대한 관심의 증가로 확인된다. 4차 산업혁명의 시대를 맞이하면서 주류로 받아들여져왔던 이른바 '과학적인 방법'이라는 틀과 한계를 넘어서기 위한 노력과 시도들이 학문간 학제간 연구의 관심으로 이어지고, 복합학문의 영역에서 조명하고자 하는 것은 어쩌면 자연스러울지도 모르겠다. 이러한 논의들은 동양사상과 사회과학을 서로 대립적으로 바라보는 것이 아니라 상호보완적, 융합적, 학제적인 논의에서 바라보고자 한다.

최근 들어 동양사상과 사회과학과의 만남을 시도하고 있는 연구자들에게서도 많은 성과들이 도출되고 있다. 대표적인 연구자들의 논의를 살펴보는 것으로 논의에 들어가 본다면, 동양의 전통적인 인식논리를 삼수분화의 논리에서 고찰하는 우실하의 논의가 대표적이다. 오리엔탈리즘을 넘어서 동북아의 공통문화체계가 있다는 사실에 주목하며 고고학적 근거를 통해 동북아시아 공통의 문화분모를 삼수분화의 논리로 설명하고자 시도한다. 이를 통해 제시되는 '홍산문화'를 우리 문화의 원류로 조망하며, 오늘날의 현재적 문화와 인식의 논리적 근거로 이끌어오려는 시도들은 문화의 정체성과 관련하여 많은 문제제기를 던져준다.[01] 홍승표의 논의들은 주로 현대문명에 대한 비판적인 흐름에서 고찰하고 있다. 오늘날 현대사회 위기의 근원이 현대문명이 근거하고 있는 자본주의의 속성으로 인한 문제이며, 물질중심의 문명과 인식논리들이 근본적인 문제라는 것이다. 그러므로 인간소외와 삶의 고통을 해결하기 위해서는 인식의 대전환이 필요하다고 주장한다. 이를 위한 이론적 대안으로 노자와 장자의 논의들에 주목한다. '갈등'과 '대립'이라는 야만적인 시대의 한계를 넘어서기 위해 '사랑의 사회학'을 통해 새로운 문명대안을 제시할 수 있다는 그의 논의에서는 낭만적이면서도 현대사회와 문명위기의 근본적인 원인에 대한 성찰적 모색이 필요함을 느낄 수 있다.[02] 유교적 관점에서의 논의들에도 주목할 필요가 있는데, 이영찬의 논의가 그것이다. 그는 한국의 사회사상의 기저에서 작동하고 있는 원천적인 사유로서의 유교적 인식과 틀에 대한 논의들을 사회학적인 개념과 틀의 연계를 통해 정치하게 분석한다. 또한 사회학적 범주와 유교적 논의와 연계되는 지점들을 비교하며 제시되는 유교사회학의 이론적 논의들은 이른바 동양사상과 사회학의 이론적 만남의 대표적인 사례를 보여주고 있다. 우리는 여기서 유교의 사회이론적 가능성을 충분히 발견할 수 있을 것이다. 이러한 전통적인 사회학의 개념과 범주, 연구대상들을 유교적 논의로 확장하여 시도한 논의는 앞으로 이어질 수많은 유교와 사회학의 만남을 시도하는 이들의 시금석이 될 것이다.[03] 여기에 불교적 논의가 빠질

---

01 우실하(1997), 『오리엔탈리즘의 해체와 우리문화 바로읽기』, 우실하(1998), 『전통문화의 구성원리』, 우실하(2012), 『3수분화의 세계관』, 우실하(2007), 『동북공정 너머 요하문명론』, 우실하(2019), 『요하 문명과 한반도』 등의 많은 저서가 있다.

02 홍승표(2014), 『주역과 탈현대 문명』. 홍승표(2018), 『노자와 탈현대 문명』, 홍승표(2020), 『사랑의 사회학』 등의 저서가 대표적이다.

03 이영찬(2001), 『유교사회학』, 이영찬(2008), 『유교사회학의 패러다임과 사회이론』 등이 대표적이다.

수 없다. 사실상 사회사상의 보고라 할 수 있는 불경들 가운데서도 사회사상의 가능성은 무궁무진하게 찾아볼 수 있다. 유승무는 불교사상들 가운데에서도 불교와 사회와의 만남에 주목하는 논의들에 주목해왔다. 이른바 연기법으로 설명되는 존재들 사이의 관계성, 상호인과성의 실상과 변화에 주목한 논의, '연기체'적 관점을 사회학과 연계시키고자 시도들이 그것이다.[04] 화엄사상의 '상즉상입相卽相入'의 개념을 통해 연기체 사회학이라는 영역을 개척함으로써 불교사회학의 고유한 영역을 마련하였다는 것은 대단한 성과임에 틀림없다. 유승무는 이러한 논의들의 성과위에서 이제 '마음'이라는 주제로 한발 더 나아간다. 동양과 서양의 이른바, 철학하는 이들에게 가장 많은 논의의 대상이었던 것이 바로 마음을 둘러싼 논의였다는 점을 고려한다면 불교와 사회와의 만남을 시도했던 논의가 천착할 대상이 마음으로 이어지는 것도 자연스럽다. 철학하는 이들의 전유물이라고 평가받았던 '마음', 이 마음과 사회와의 역동적인 관계에 대한 이론화를 시도하는 유승무의 논의는 사회학이론계에 새로운 파문을 일으킬 수 있는 주제임에 틀림없다. 인식과 사유의 주체로서의 마음을 넘어선 '마음과 사회와의 동적인 상호작용'에 대한 논의는 마음연구가 지닌 무한한 가능성과 확장성의 기초가 될 수 있을 것이다. 여기서는 이러한 유승무의 마음사회학의 주된 논의와 흐름을 따라가며 정리하는 수준에서 접근해보고자 한다.

04 유승무(2010), 『불교사회학』, 유승무(2021), 『마음사회학』 등의 저서가 있다.

2. 유승무의 사회학적 주제와 연구관심

1) 베버의 감정, 벨라의 동양사회론, 루만의 소통이론에 대한 관심

베버의 종교사회학에 대한 논의와 '동양사회론'에 대한 비판적 관심으로 시작했던 유승무의 학문적 관심은 당대 사회학계의 주된 논의와 연계된다. 한국적 사회학적 전통을 찾겠다며 서구에서 유입된 사회학에 대한 비판적 성찰과 대안 모색이 한창이던 80년대 후반의 한국사회과학계의 성찰과 맞물리며 새로운 길을 모색하는 계기가 된 것으로 보인다. 한국 사회의 급변기를 대학원에서 보내며 가졌던 정치경제학적 관심은 마르크스주의와 노동계급에 대한 연구관심으로 이어지고, 불교종립대학인 중앙승가대학에 재직하게 되면서 베버와 벨라의 논의에 대한 관심으로 옮겨간다. 그는 베버를 후하게 평가한다. 베버는 서구 고전사회학자의 대열 중에서는 보기 드물게 포괄적이고 이론적 시각에서 동양사회를 분석한 사상가이며 그의 유교-도교 및 불교-힌두교에 관한 연구는 현대 중국학과 인도학의 발전에 지대한 공헌을 한 업적으로 간주되고 있다(전성우, 1992:17)는 평가에도 흐름을 같이하였다. 이러한 맥락에서 동양사회를 사회학적으로 탐구함에 있어서 유승무는 '베버의 동양사회론'에 대한 비판적 관심을 불교를 중심으로 한 한국에서의 종교와 사회의 영역으로 연구를 확장하고자 하였다. 이후 그의 관심과 논의는 인간사회의 보편적 현상으로의 갈등에 대한 관심에 주안점을 두었다. 무엇보다도 주된 관심은 '종교갈등'의 영역이었다. 종교와 사회와의 만남에서 자연스럽게 두어졌던 관심이었던 것으로 보인다. 그는 갈등현상을 종교현상에 대한 관심과 분석이라는 일반적인 연구관심으로 확장하면서 베버와 로버트 벨라의 종교사회학적 연구를 주된 연구의 이론적 자원으로 받아들였다. 특히 벨라의 종교사회학적 관심에 주목하였는데, 벨라의 동양사회론에서 아시아의 전통적 종교들이 서구 근대가 가져온 충격에 대해, 왜 보수적인 방식으로만 대응했는지 그리고 동양에서의 사회적 결과의 의미에 대해 설명할 수 있다는 사실에 기여하는 바가 크다고 보았다. 그러나 벨라의 동양사회론이 일정한 한계도 지니고 있었다고 비판적으로 평가한다. '이론적 차원에서 베버를 극복하지 못할 뿐만 아니라, 일본 이후 비약적 경제발전을 이룩하고 있는 아시아 사회의 현실을 설명하지 못한다'는 한계도 내포하고 있다는 지적이 그것이다. 그럼에도 불구하고 "동양사회의 변동에 대한 종교사회학적 연구가 드물다는 점을 고려하면, 벨라의 동양사회론은 아시아 사회의 변동(근대화)에 대한 후속연구를 자극하기에 충분하다"(유승무, 2015:105)고 보았다. 벨라의 논의에 대한 탐색에서 이론적 자원으로서 그는 벨라의 '마음의 습속habit of the heart'개념에 주목(유승무, 2015:108-109)하였다. 이와 관련된 연구관심의 확장된 연장선상에서 마음사회학의 새로운 관심과 도화선이 시작된 것으로 보인다.

유승무는 베버의 '동양사회론'이나 맑스의 '아시아적 생산양식'론에 대한 연구를 통해, 베버가 서구사회의 내재적 특성을 잣대로 삼아 서구와 동양을 비교했듯이, 동양사회의 내재적 작동원리에 근거해 두 사회를 비교하고자 시도한다. 이를 위해 동양의 전통적 사유체계와 문화적 축적의 심층기저에서 작동하고 있는 '마음'이라는 개념을 발굴하게 되었다는 것이다.

2) 유승무의 불교사회학, 마음사회학의 기초

한국의 사회학이 자생적 전통을 갖추지 못하고 서구에서 수입한 학문에 의존하고 있다는 사실과 더불어 한국의 근대화나 서구화 과정에서 한국의 전통적인 사유양식에 대한 부정적인 평가와 이미지가 강화되어 왔다. 한국인의 의식의 심층에서 작동하고 있는 사회사상에 대한 연구에 대한 사회학자들의 관심이 없었다는 유승무의 인식과 연구 관심은 기본적으로는 종교사회학적 전통에 서 있다. 그의 이러한 관심은 서구적 관점에서의 동양사회에 대한 기본적인 관점들에 회의하며 그 한계성을 절감하고 불교와 사회, 불교사회학의 틀에 관심을 두고 연구하는 방향으로 나아간다. 그 성과물로 등장한 것이 『불교사회학』이다. 그는 불교와 사회의 연기법적 접근이라는 주요한 학문적 성과를 정리하며 이른바 한국에서 최초의 『불교사회학』의 영역을 개척하였다.

모든 존재나 현상을 고정불변의 실체가 아닌 연기체緣起體로 인식할 필요가 있다는 그의 관심은 연기적 시각에 기초한 상즉상입相卽相入의 사회학적 가능성에 대한 탐색에 주력하고 이를 이른바 '합심주의적 종교성'(유승무, 2013:272-273)이라 명명하였다. 이러한 합심주의적 종교성은 불교와 유교의 마음 개념의 산물로써 동양인의 사회적 태도의 형성뿐만 아니라 동양사회의 발전(혹은 저발전)의 조건이기도 하지만 그것을 이해할 수 있는 내재적 잣대로 설정할 수 있다는 것이다. 이러한 근거를 불교의 핵심경전인 화엄경의 핵심원리, 상즉과 상입의 원리의 결합을 통해 화엄철학의 총체성을 그대로 드러낼 수 있다는 것이다. '상즉相卽'이 절대와 현상의 동일성 또는 상호동일성을 의미한다면, '상입相入'은 모든 존재의 상호 투영성 또는 상호원인성을 의미한다.[05] 사물이나 사건들 사이의 상즉상입의 상태를 가장 분명하게 보여주는 것이 바로 사사무애법계事事無碍法界[06]이다. 이러한 상즉상입의 원리에 따라 사건이나 사물을 이

---

05 화엄경 제3조인 법장(法藏)은 『화엄일승교의분제장』의 마지막 부분에서 건물과 건물의 부분들과의 유비를 통해서 상즉과 상입을 종합시키고 있는데, 육상원융의(六相圓融義)에 관한 설명이 그것이다. 육상은 총상(總相), 별상(別相), 동상(同相), 이상(異相), 성상(成相), 괴상(壞相)을 말한다.

06 사사무애법계(事事無碍法界)는 사법계(事法界)와 이법계(理法界), 이사법계(理事法

해할 경우, 인간과 사회가 각각 자율적인 독립성을 유지하면서도 상호 융섭하는 관계에 놓이며, 불교와 사회와의 관계 역시 마찬가지(유승무, 2010:190)라는 것이다. 유승무는 이를 "상즉상입의 불교사회학"이라고 명명하고 있다. 더 나아가 유승무의 사회학적 관심은 불교사회학과 유교적 사회학의 연계를 마음을 중심으로 하나로 꿰뚫고자 시도하는 것으로 나아간다.

> 불교에 따르면 나의 마음과 다른 사람의 마음 사이의 합심의 공통기반 역시도 불성(혹은 부처의 마음)이다. 불교에서 합심의 대상이 타인 및 사물로 확대되는 까닭이다. 그리고 모든 존재가 상호의존적으로 발생하여 상즉상입하고 있다는 불교의 연기법에 따르면, 합심화의 정도는 인간 집단 및 사회의 통합뿐만 아니라 사회발전의 물질적 발전의 척도로 간주되기에 이른다. 그 결과 합심화는 인간의 완성을 넘어서서 문명사회의 조건이자 척도가 되었다. 물론 유교의 수신제가치국평천하도 동일한 이치이다(유승무, 2013:271-272).

> 불교의 수행이든 유교의 수양이든 그 궁극적 목적지는 외적 자극에 휘둘리지 않을 부동심, 즉 본래의 불성 혹은 천성과 합심된 마음이다. 그러나 혹은 그렇기 때문에 사회 전체의 차원에서 볼 때, 사회진보의 관건은 '이러한 합심의 상태를 사회구성원들이 얼마나 공유하는가?'이다.(유승무, 2013:271).

界) 다음에 오는 법계연기(法界緣起)의 궁극적 단계이다. 사법계는 사건과 사물이 서로 다른 독립된 대상으로 드러나는 차이성의 세계이고, 이법계란 사건과 사물이면의 추상적인 보편원리가 발견되는 동일성의 세계이며, 이사무애법계는 원리에 의해 사건이 이루어지고 사건을 통해 원리가 드러나는 차이성과 동일성이 공존하는 세계를 말한다(유승무, 2010:189).

마음에 대한 이러한 일관된 접근과 천착은 동양의 사회사상에 대한 사회학적 탐색을 주된 관심으로 하는 동양사회사상학회의 학문적 흐름과도 궤적을 함께 한다. 유교·고대사·노장에 대한 논의들에서 불교의 자리를 비워놓을 수는 없었겠지만 공통된 관심을 가진 연구자들의 학문적 통섭과 상호작용들이 지닌 학문적 소통이 기여한 바가 컸기 때문이다. 학문과 사상사, 이론사가 개인의 선호도와 분리되어 설명되기 힘든 이유이다.

3) 니콜라스 루만의 논의를 통한 이론적 확장

사회체계이론의 유명한 이론가로 알려진 독일의 사회학자 니클라스 루만(Niklas Luhmann, 1927-1998)의 이론적 논의에서 유승무는 새로운 가능성을 만난다. 법, 경제, 정치, 예술, 종교, 환경, 매스미디어를 망라하는 수많은 논문과 저서들을 접하면서 이를 '사회의 사회Die Gesellschaft der Gesellschaft'로 체계화된 논의는 유승무의 마음과 사회의 만남의 주된 매개체가 되었다. 무엇보다도 루만은 1960년대 실증주의 논쟁 이래로 가장 주목받은 인문사회과학논쟁으로 알려진 저 유명한 '하버마스-루만 논쟁'의 당사자다. 루만은 아리스토텔레스 이후 지금까지의 서구적 인식론을 구유럽적 사고라고 비판하고 그것을 극복하기 위해서는, 인식론적으로는 불교나 도교와 유사한 최근 자연과학의 성과 즉 괴델의 '불완전성의 원리', 하이젠베르그의 '불확정성의 원리', 아인슈타인의 '상대성 원리', 스펜서 브라운의 '형식의 법칙' 외에도 최근 생물학이나 뇌과학 등의 성과를 적극적으로 반영하는 새로운 인식론이 요청된다고 주장하고 있다(유승무, 2018:62). 유승무는 이러한 루만의 논의에서 더 나아가 사회를 연기체로서 규정하는 일은 니콜라스 루만의 '소통으로서의 사회'개념을 재구성함으로써 해결하고자 할 수 있다고 본다.

> 루만에게 있어서 사회적인 것은, 사회적인 것을 의식이나 사유의 산물로 간주하는 구유럽적 관찰형식과는 달리, 결코 인간의 의식으로 환원될 수 없는 것이다.[07] 루만이 자기준거적 자기생산auto-poiesis이라 불렀던 이것은 소통 혹은 사회적인 것이 사회적 체계내부에서만 발생할 뿐임을 의미하며 동시에 체계와 환경은 각각 서로 소통할 수 없음 즉, 불통不通할 수밖에 없음을 뜻한다. 따라서 모든 체계는 작동상 폐쇄체계이며, 작동(혹은 운동)은 오직 체계 경계 내부에서만 지속될 뿐이다. 이는 사회적인 것이 체계내부에서만 생성됨(현상됨)을 말해준다(유승무, 2018:67).

니콜라스 루만n.Luhmann이 말하는 구유럽적 사유의 세 가지 인식론적 장애(인간으로 구성되는 사회, 지리적 구분, 그리고 주체-객체 이분법)를 극복할 뿐만 아니라 시간적 고정성(t=0)마저도 극복할 수 있는 장점을 가지고 있다고 이해한다. 이러한 루만의 논의를 통해 불교와 사회의 상즉상입은 '인간과 사회의 상즉상입'이나 '경제와 정치의 상즉상입', '마음과 사회의 상즉상입' 등으로 무한하게 확장하여 적용가능 할 것이라 판단한다. 그는 이러한 다양한 확장가능성을 지닌 루만의 논의와의 만남을 통해 동양사상적 관점에서의 사회관과 서구 현대사회학의 절묘한 만남이 이루어질 수 있다고 판단한다. 루만의 논의와 한국적 사회이론과의 연계가능성에 대한 다양한 탐색작업을 시도하고 있는 것이다.

---

07 사회적인 것은 절대로 개별 의식에 완전히 환원될 수 없다. 사회적인 것은 의식안으로 완전하게 들어가지도 않는다. 그리고 사회적인 것은 상이한 개인들의 의식내용들의 합으로서 파악될 수도 없고, 의식내용을 합의의 영역으로의 환원으로는 더더욱 파악될 수 없다. 사회적인 것의 경험과 그 이상으로 사회적인 의미연관의 실천적 실행은 언제나 이러한 환원불가능성에서 출발한다(Luhmann, 1985)(유승무 위의 글 p67에서 재인용).

4) 마음을 다루는 연구들과 유승무의 마음사회학의 이론적 원천

유승무는 마음과 관련한 기존연구의 경향과 흐름들에 대해 꼼꼼하게 살펴보고 비판적으로 조망하고 있다. 특히, 최근 사회학계의 감정사회학에 대한 관심(바바렛, 2007, 2009; 일루즈, 2010, 2013)들과 한국사회의 다양한 사회현상들을 감정사회학의 관점에서 조명하는 김왕배(2013), 김홍중(2013), 박형신, 정수남 등의 연구에 대한 논의들에서 제기하고 있는 연구들이 '일시적 흥분(집단적 열광)'이나 분노와 두려움, 불안 등 단발적인 감정에 주로 초점을 맞추고 있을 뿐 장기지속의 관점에서 사회관계망이나 사회구조의 저류에 흐르는 마음의 소통양식을 파악하는 데는 이르지 못하고 있는 것으로 판단(유승무외, 2013:2)한다. 이에 대한 비판을 통해 "이성, 감성, 의지로 환원되지 않을 뿐만 아니라 그 각각의 작용만으로는 온전히 설명하고 이해할 수 없는 동아시아의 고유한 사회성을 '마음'의 토대 위에서 새롭게 규명하고자 한다. 나아가 '마음'을 축으로 작동하고 구축되는 동아시아적 사회성을 고유의 사유체계와 삶의 궤적을 통해 재구성하고자 한다"(유승무외, 2013:3). 이는 김홍중의 『마음의 사회학』에서 시도했던 것처럼, 마음을 지식과 사회의 관계를 통해 살펴보는 지식사회학의 논의에서처럼 마음과 사회의 관계도 이러한 맥락에서 탐구할 필요가 있다고 본다. 이러한 논의들은 좀 더 구체적으로 오늘날 한국사회에서 작동하고 있는 학연, 지역, 혈연과 같은 연고주의도 집단과의 합심이란 문화적 코드code가 여전히 이어지고 있는 용례(유승무외, 2013:23)로 볼 수 있다는 것이다.

그는 근본적으로는 불교의 연기체적 세계관과 서구 근대적 기원의 합리주의의 관계는 어울리기 힘들 것으로 보았지만, 불교의 '상호인과율'이 루만의 '사회체계'이론과 공통점을 지니고 있다고 보고 있다. 더 나아가 연기적 세계관과 마음개념 및 합심사회를 좀 더 깊이 천착하는 것을 통해서 그 안에 내포되어 있는 근대적 합리주의와의 공통분모를 찾아내고자 한다. 마음은 이성, 감성, 의지 등을 포함할 뿐만 아니라 삶에서 마주치는 모든 사회적 관계를 반영하고 있기 때문(유승무, 2014:334)이라는 것이다. 그러므로 이러한 과정을 통해 마음사회학의 개념을 도출할 수 있다는 것이다.

> 이성과 감성만으로는 온전히 설명할 수 없었던 사회관계의 빈틈을 메울 수 있는 사회학적 개념으로 '마음'을 발굴해냈다. 소통의 새로운 구성요소로서 '마음'과 '합심'개념을 재발견하여 경험적으로 실증했다. 본심과의 합심이나 상황반전을 위한 합심 등 새로운 소통영역을 제시함으로써 관련 논의의 지평을 확장하고 있다(유승무외, 2013).

3. 마음과 사회의 실증적 논의

유승무의 한국적 사회학에 대한 탐색은 '마음'을 줄기로 해서 전형적인 '합심사회'로서의 전근대 조선사회에 대한 실증적 연구를 시도하는 것으로 나아간다. 이를 통해 한국적 사회학과 사상사의 궤적을 탐구하고자 한다. 이른바 '마음과 사회의 동행에 대한 학문'으로서의 마음사회학이라는 큰 줄기의 실증적 탐색을 시작할 수 있을 것이라는 것이다.

1) 성호 이익의 '상의상관적 합심성'

한국 최초의 사회학자로서 성호 이익을 설정하는 것이 대표적이다.

성호 이익(1681-1763)이 성호학파의 비조로서 그는 유학은 물론 불교, 노장사상, 심지어는 서학까지도 섭렵하여 자신의 독창적인 심학을 개척했을 뿐만 아니라 당대의 사회현실에 대해서도 예각적으로 반응한 조선판 사회학자였다(유승무, 2017:61-93)고 그는 주장한다. 성호이익의 논의들은 18세기 조선사회를 사회학적으로 실증하고 있는 토착적 사회학의 전범이라 불러도 무방할 정도로 풍부한 사회학적 내용으로 가득 차 있다[08]고 보고, '성호 이익을 사회학적으로 적절히 재구성한다면 그 결과는 '조선후기 한국사회학'이라 칭하기에 손색이 없을 것'이라고 평가하고 있는 것이다. 성호 이익에게서는 세 가지 유형의 합심성이 있는데, '의리지심과의 합심성', '미물과의 합심성','사회적 약자와의 합심성'을 발견할 수 있으며, 다른 한편으로는 이 세 가지 유형이 마치 '합심성의 삼각뿔'처럼 상의상관적 관계를 가지고 있다(유승무, 2017:79)는 것이다. 이러한 마음은 당대의 사회구조적 모순에 대한 답답한 마음울결, 鬱結을 해결할 필요성으로 나아갔다는 성호이익의 관점은 오늘날의 현대사회에서 우리가 당대에 느끼고 있는 현실인식의 답답함, 현실대응의 답답함과도 충분히 연계될 수 있는 지점이 있다하겠다.

2) 함허 득통의 '종교의 사회적 기능'에 대한 논의

심학에 대한 가능성의 모색을 불교계에서도 다양하게 시도하고 있는데, 여말선초[09]를 살았던 함허당 기화 득통(1376-1433)에 대한 논의가

---

08 서구 근대의 산물인 사회학의 세례를 받지 않았음에도 불구하고 [성호사설]에는 사회학이론, 사회학적 시각 및 방법론, 신분 계층론, 사회구조, 사회변동 등을 진단하는 개념들을 풍부하게 담고 있는 개념상자에 다름아니다(유승무, 2017:64).

09 득통은 나옹(혜근)-자초(무학)-득통(기화)로 이어지는 조선초 선문법통의 핵심적 인물이며 한국불교의 대표 선승으로 평가받고 있는 인물이다.

그것이다. 당시대를 살았던 득통이 사회의 기능체계로서 종교 특히 불교에 대한 사회적 기대 즉, 구성원들의 심성을 기능체계로서 종교 특히 불교에 대한 사회적 기대에 주목하였다는 것이다. 득통의 논의에서는 구성원들의 심성을 선하게 만들어 줌으로써 사회통제 효과 및 사회질서 유지의 기능을 수행할 수 있다는 내용을 담고 있다는 점에서는 종교사회학적 저술 내지 마음사회학적 저술로도 읽힌다(유승무, 2018:45). 이렇듯 득통을 한국의 마음사상적 특성을 가장 잘 반영하고 있는 사상가로 주목하고 있다. 득통이 사회문제에 대한 불교적 해법과 그 특수성, 즉 인간의 심복心服가능성을 잘 드러내고 있는 바, 이것은 현대사회에서도 적용가능한 마음의 종교가 갖는 사회적 기능이자 역할이라는 것이다. 오늘날의 종교의 사회적 기능에 대한 모색은 종교와 사회의 관계성에 대한 종교사회학의 핵심적인 주제이기도 하다는 사실을 고려한다면 득통이 지녔던 당대의 불교의 사회적 기능과 인식에 대한 현대적 조망은 충분한 종교사회학적 의미가 있다 하겠다.

4. 이른바 마음사회학의 주된 관심은 "마음과 사회와의 동행"

1) 유승무의 마음사회학은 왜 의식이 아니라 마음에 주목하는가?

사회학은 이른바 하이픈-, Hyphen sociology라고 불리어왔다. 유교나 불교문화권에서의 마음은 해당 사회와 긴밀하게 영향을 주고받으며 그 논의를 이어왔다. 근대성의 형성과 함께 유입된 프로이트류의 심리학적 접근이 마음에 대한 주된 영향력을 행사하며 자리잡았음에도 불구하고 여전히 한국사회에서는 마음사회학이라는 영역이 구축되지 못했다. 유승무가 심학心學을 한국 지성사의 주맥이라고 보았을 때, 의식과 사회에 비해서는 마음과 사회를 선택하는 것이 바람직하다고 보았던 이유이다.

> 유교와 불교로 대표되는 동아시아의 전통적 사유체계는 마음에서 출발해 마음으로 돌아가는 사유체계의 궤적을 갖고 있다. 또한 마음은 우리의 일상생활 곳곳에 스며들어 주체로, 객체로 혹은 조건과 맥락으로 폭넓게 활용되고 있다. 따라서 마음은 동아시아 문화의 토대를 이루는 중요한 요인으로 규정할 수 있다(유승무외, 2013:7).

이렇듯 동아시아의 전통적 사유체계의 기저에는 마음이 자리하고 있다. 유교와 불교는 세계를 관계의 산물로 이해한다. 모든 존재를 무아와 무상의 관점에서 이해하는 불교는 존재 자체의 본질이나 실체를 부정하는 대신, 모든 현상을 원인과 조건의 관계에 기초한 연기의 산물로 인식한다. 유교는 자연과 규범세계를 일관되게 관통하는 추상적 보편원리道, 理가 세계를 구성하고 주재함으로써 인간은 세계의 총체이자 모든 관계를 아우르고 있는 만물의 근원인 천天과 무관하게 살 수 없다는 천인상관天人相關의 세계관을 제시한다(금장태, 2002; 이희평, 1993)는 논지와도 상통한다. 그러므로 근대 이전의 한국인의 사유구조에 깊이 뿌리박고 지속적으로 영향을 미쳐온 사회사상을 심학의 흐름과 연계하며 고찰했을때에야 오늘날 현대인의 심성구조와 마음에 대한 구조와 양상에 대한 근본적인 이해가 가능하다는 것이다.

2) 이론적 자원으로서의 루만의 논의에 대한 비판적 성찰

마음사회학에서는 사회와 분리된 마음이 아니라 구체적인 사회현실과 동행하는 마음, 마음과 분리된 사회가 아니라 구체적인 마음과 동행하는 사회, 그리고 동행 그 자체의 역동성을 탐구하고자 한다. 루만의 이론적 논의에 대한 평가는 다음의 인용문에서의 논의를 들여다보는 것이 나을 것 같다.

> 이를 위해 마음(혹은 의식)과 사회의 관계라는 차원에서 보면, 훗설의 현상학은 의식의 내외를 배타적으로 구분한 다음 의식 외부를 철저히 배제하고 있는 바, 이는 그의 이론이 이분법적 틀을 한 치도 벗어나지 못했음은 물론 의식결정론적 한계 혹은 관념론적 한계를 내장하고 있음을 의미한다. 바로 이 지점에서 우리는 그 반대편의 사회이론가, 즉 훗설을 징검다리 삼아 사회적 체계의 소통(작동)을 분석하는 데 성공한 것으로 보이는 루만의 사회이론을 검토할 필요성을 느낀다. 루만에 따르면 사회적 체계 내부에서 작동하는 소통은 인간이나 그의 이성 및 합리성 여부와는 아무 상관없이 자기준거적으로 재생산될 뿐이다. 루만은 자신의 대표 저서인 『사회체계론』의 7장 서두에서 인간과 사회적 체계 사이의 관계를 다음과 같이 깔끔하게 정리한다: "우리는 사회적 체계들이 살아있는 인간들은커녕 심리적 체계들로 구성되는 것이 아니라는 것을 출발점으로 삼는다 … 이러한 작동(사회적 체계의 자율적인 요소적 작동)에서는 소통들이 관건이다. 이러한 작동들이 바로 소통이다. 역으로 심리적 과정 자체, 다시 말해 의식과정들은 관건이 아니다." 이렇듯 소통은 오직 사회적 체계인 사회에만 존재하며 사회외부

에는 소통이 존재할 수 없다. 그렇기 때문에 루만의 소통이론에 따르면 체계와 체계 사이 혹은 인간과 타자 사이에는 소통이 존재할 수 없다. 게다가 루만의 체계/환경-차이 도식에 의거할 때 사회적 체계와 인간 사이의 소통문제를 상호작용으로 설명하는 것은 범주의 오류에 빠진다. 결국 루만의 이론 설계도에서 전통적 의미의 주체 자리에는 작동상 닫힌 자기준거적 소통체계가 위치하고 전통적 의미의 객체 자리에는 소통체계의 환경이 들어선다. 따라서 인간은 소통의 주체가 아니라 소통의 외부환경에 속한다. 이에 대해서도 다만 루만은 사회적 체계와 심리적 체계는 물론 사회적 체계인 현대사회의 다양한 기능체계들도 구조적으로 연동되어 공진화하면서 각자 자신의 독자적이고 자율적인 소통을 통해 자신의 체계를 자기준거적으로 재생산해 나간다고 주장한다(유승무·최우영, 2018:9-11).

사회적 의미와 구조적으로 의미관련성을 지니고 있는 사회적 체계나 심리체계들이 구조적으로 연동되어 공진화하고 있다는 루만의 논의는 현대사회의 사회적 체계들도 이렇게 저마다의 자기준거적 재생산을 통해 작동하고 있다는 논의로 이어지고 있다고 본다. 그러나 유승무는 루만의 이러한 논의에 대한 맹목적 순종이 아니라 그 한계에 대한 비판을 통해 비판적으로 수용하고 있다. 결국 루만에게 있어서 인간은 사회체계의 환경으로만 받아들여지기 때문이다. '마찬가지로 타자는 자아의 환경이며 자아는 타자의 환경일 뿐이다. 인간과 사회는 물론 인간과 인간조차도 소통이 불가능하다'(유승무·최우영, 2018:10). 이러한 측면에서 루만의 이론은 소통을 또 하나의 존재자인 체계내부에서만 작동하는 것으로 설정하였기 때문에 한계를 지닌다고 비판한다. 결과적으로 존재자로서 체계 속의 소통은 존재자 밖의 소통 혹은 존재자들 사이의 소통, 즉 존재자 밖 존재의 소통을 결코 다루지 못하고 있다는 것이다.

루만의 사회이론은 체계와 환경을 비타협적으로 분리한 다음 사회적 소통에서 환경을 철저하게 배제하고 있으며, 그러한 점에서 '이분법적 틀의 구속을 벗어나지 못하고 있을 뿐 아니라 체계 결정론의 한계마저 내장하고 있는 셈'이라는 지적은 유승무의 마음사회학적 논의에서 중요하게 고려해야 할 지점이다. 그는 여기서 한발 더 나아가 대안제시를 시도한다. 이러한 서구 사회이론의 형이상학적 이분법을 극복할 수 있는 대안으로서 '대칭삼분법'에 주목한다.[10] 이에 따르면 대대적 양자는 대립적 차원을 포함하면서도 동시에 안팎의 구분이란 차원에서는 하나의 단위에 포함된 통일체Einheit이다. 여기서는 양자가 내부적 차원에서는 갈등적 관계에 놓이지만, 단위 외부와의 대립 상황에서는 동일한 이해선상에 놓인다. 이를 통해 태극의 큰 일원이나 제 3지대는 서구 이분법에 전제된 배중율로 인해 배제되거나 사상된 대상이나 현상을 존재 그대로 불러내어 설명할 수 있고, 그러한 점에서 이분법적 사회이론의 한계를 극복할 수 있는 대안논리를 함축하고 있다(유승무·최우영, 2018:11)는 것이다. 이러한 중도(중도中道)를 가능하게 하는 일종의 이법으로서 연기법을 이론구성의 기본 틀로 활용한 새로운 사회이론, 즉 연기사회론을 제시함으로써 직접적으로는 삼분법에 부합하는 사회이론을 구성해 보고자 하며, 간접적으로는 이분법적 사회이론의 극복가능성을 밝히고자 시도하고 있다. 여기에서 유승무의 마음사회학적 논의의 이론적 의의가 충분히 드러난다.

---

10 여기서 대칭이란 대대적 관계를 가진 양자(兩者)를 의미하며, 삼(三)은 그 양자 각각의 내부에 포함된 상징수, 즉 천부경 등에서 기수(基數)나 성수(聖壽)로 여기는 삼을 의미한다. 조작적 차원에서 태극이나 접합 구조에 깃든 대칭삼분구조란 음과 양의 대칭(혹은 이분二分)에 다가 큰 일원, 즉 안팎 구분에서 얻어진 일분(一分)이 합쳐진 구조 혹은 대대적 양자(이분)의 절합에 의해 생겨난 제 3지대(즉 일분)을 포함한 구조를 의미한다(유승무 · 최우영, 2018:10).

3) 마음의 습속(習俗), 마음과 사회와의 만남

일반적으로 심리를 연구하는 사람들은 개인의 내면에 천착한다. 결과적으로 내면에 갇혀있는 폐쇄성을 가지고 대상세계를 바라보기 마련이다. 감정은 마음의 일부분이 드러난 것일 뿐이라고 유학에서는 논한다. 인의예지仁義禮智와 같이 네 끄트머리四端로 표출되어 나온다는 것이다. 유가의 사단이나 유식학에서의 심층의식, 즉 제1능변을 내포하지 않은 표피적 차원이란 점에서 감정은 심층의식으로서의 마음에 비할 바 못된다. 이에 반해 이성은 합리적이다. 이성적인 사유나 마음은 합리성으로 치환되기도 한다. 이러한 철학적인 논의들에 비해 동양사상에서 다루는 마음의 개념은 대부분 총체적이다. 이에 따라 나타나는 마음에 대해 '이성의 산물도 아니고 이성으로 환원되는 것도 아니다'고 본다. 우주 전체와 하나로 등치될 수 있는 불교적 세계관에서의 마음이 대표적이다. 이성의 산물도 아니고 합리적으로 설명되지도 않는다. 그러므로 유승무는 이러한 불교의 '연기법적 관점은 현상학과 루만의 사회이론을 결합하여 새로운 사회이론을 구성할 수 있는 가능성을 제공한다'고 보고, 이러한 관점에서 마음에 대해 개념 정의하고 마음의 습속이라는 관계성의 측면에 주목하여 이론적 구상을 이어나간다.

> 마음에 대해 삶의 여정에서 부딪히는 모든 만남 즉 "맞迎, 待+남生을 이해하는 것이야말로 인류의 삶의 보편적 요구였기 때문이었을 것으로 추론한다. 바로 이 지점에서 '맞迎, 待對' 혹은 '만남'을 아는 놈者, 즉 "맞迎, 待對'+앎知"의 체體가 무엇인가를 밝혀야 한다는 요구가 발생한다. 그렇다면 그 놈者 혹은 그 체體는 무엇일까? 이와 관련하여 필자는 마음의 고어 'ᄆᆞᅀᆞᆷ'에 주목한다. 만약 그 고어가 '맞아서 알다'는 의

> 미에서 유래하였다면 '마음'이란 말이 이미 연기 혹은 연생의 요소들의 만남 혹은 연기(혹은 연생) 그 자체를 그 만남과 동시에 즉시 아는 자者였음을 지시하고 있는 셈이다. 바로 그렇기 때문에, 차이와 그 반복을 통해 만나는 대상들과의 관계성을 알게 된 마음에는 호불호와 같은 일종의 '마음의 습속the habit of the heart'-불교에서는 이를 망상 또는 집착이라 부르고 루만은 반복에 의한 형식으로 명명한다-이 생겨나게 될 뿐만 아니라 동시에 바로 그 마음의 작동을 관찰하여 전변시키는 것이야말로 자신의 삶을 일신시킬 수 있는 유일한 가능성(혹은 잠재성)일 수밖에 없다. 굳이 일체유심조一切唯心造를 언급하지 않더라도 불교가 마음을 만물의 주재자主宰者로 간주한 까닭이 여기에 있다(유승무, 2018:48-49).

이러한 논의는 유교에서도 마찬가지이다. 하늘로부터 부여받은 성품天命之謂性에 대한 논의에서처럼 천부적인 본성은 누구나 지니고 있지만 대외적인 자극에 대해 수신하며 절제하며 중화中和의 도리를 지향해 나가야 한다고 본다. 남송南宋대에는 주자학적 관점에서 성리학에 발달하며 심통성정心統性情의 논리가 형성되었는데 이는 불교의 형이상학으로부터 많은 영향을 받았다는 것은 주지의 사실이다. 주자는 이러한 '심통성정心統性情'의 개념을 확립하고, 감정을 통괄하는 것이 인간의 마음이라고 판단하였다. 이는 조선의 성리학자들에게도 그대로 이어져 이기론理氣論으로 꽃을 피웠다는 것은 익숙하게 알려진 내용이다. 결국 유교철학의 핵심논리는 '하늘로부터 품부받은 자신의 마음속의 심성心性과 심정心情의 관계를 어떻게 설정할 것이냐'는 것이 결정적인 주제였다. 이러한 논의는 심성과 성정, 합심주의적 종교성의 논의로 이어지기에 사회구조와 마음의 관계도 천착할 수 있다는 논리로 자연스럽게 이어진다.

> 심성과 심정은 상즉상입相卽相入할 뿐만 아니라 상즉상입이 오랫동안 반복적으로 진행되면서 행위자의 내면에 다소 규칙적이고 구조적인 특성을 갖는 습관習慣이 형성되고 그것도 태도로 현상하지만, 바로 그 '례禮'가 조변석개하는 시時와 정情을 중시할 수밖에 없었던 까닭이다. 결국 합심주의 종교성은 심성心性과 심정心情의 양면성(혹은 이성과 감성의 양면성)을 내포할 수밖에 없다. 게다가 합심주의적 종교성이 사회구조에 영향을 미치기도 하지만 사회구조가 이러한 종교성의 양면성 즉 심성과 심정에 각각 영향을 미치기도 한다(유승무, 2013:273-275).

오늘날 한국사회에서의 복잡한 생활문화와 '마음사회'의 구성은 유례를 찾아보기 어려울 정도로 복합적이다. 이를 설명하기 위한 장치로서 불교적 논의는 현대인의 '마음의 습속'을 잘 드러내준다. 이를 설명하기 위해 유승무는 불교의 불이不二사상과 연계시켜 논의하고자 한다.[11] 불교유식학에서도 마음 그 자체를 연기성을 가진 '마음'개념으로 전제하고 있다. 유식학에서 다루는 의식은 마음의 표피적 일부, 즉 제6식에 해당한다고 본다. 그러나 외부의 대상에 대한 반응성과 관련해서는 눈, 귀, 코, 혀, 몸 등 이른바 전오식前五識에 비할 바가 되지 않는다. 이러한 마음 구성에서 기능하는 역할은 심층의식이자 제1능변으로 일컬어지는 제8식이 근본적이다. 연기를 통한 보편적인 인식으로서의 '아뢰야식'까지 논의하기에는 어려움이 있겠으나 이렇듯 유교와 불교에서의 마음에 대한 논의

11 불이란 선악, 미추, 유무가 둘이 아님을 의미할 뿐만 아니라 부처와 중생이 둘이 아니고 중생의 세계와 부처의 세계가 둘이 아님을 의미한다. 이러한 불이사상에 따르면 이 세상의 모든 대상은 둘이 아닌 것으로 관찰하지 않을 수 없다. 그렇다면 왜 하필 직접 '하나'라 지시하지 않고 '둘이 아니다'라고 언명해야 했을까? 겉으로 드러난 현상은 분명히 둘이지만 존재론적 차원에서는 그 둘조차도 서로서로 상대에게 의지하고 있음을 부정할 수 없기 때문일 것이다(유승무 · 최우영, 2018:16).

들을 아울러 이른바 '마음의 습속'이라는 관계성의 차원에서 마음을 살펴볼 수 있을 것이라는 논의는 오늘날 현대인들의 복잡한 마음의 구조와 편린들을 설명할 수 있는 훌륭한 이론적 자원과 원천이 될 수 있다는 것은 분명해 보인다.

5. 마음사회학의 이론적 모형

유승무는 마음과 사회와의 관계를 '마음사회학'으로 정리하면서, 위에서 살펴본 마음에 대한 개념적 정의와 주요 범주들을 정리하고 이론적 모형과 틀로 제시하고 있다. 이를 통해 마음공동체와 사회변동이론의 관련성에 대한 논의로 나아가고 있다.

1) 마음사회학의 구조와 범주

이론적 차원에서 마음사회학을 논의하기 위해서는 최소한 세 가지 범주의 개념 즉 사회, 마음, 그리고 그 관계 사이의 개념적 구별과 그 연관성을 논의해야 한다. 마음과 사회의 관계를 어떻게 설정할 것인가라는 과제는 마음사회학의 과제이기도 하지만 사회과학 일반의 과제이다. 그러므로 마음사회학에서는 마음과 사회의 상호작용관계를 상호의존성과 상호침투성의 관계(혹은 상즉상입의 관계)로 설정하려고 한다. 구성원의 마음에 대한 사회적 기대와 마음의 사회적 기능 사이의 함수관계와 같은 '마음과 사회의 상호침투'를 이해하는 것이야말로 한국의 사상가와 그의 사회적 실천사이의 역동적 관계를 이해함에 필수적이라는 것이다.

마음사회학에서는 마음이 한국 및 동아시아의 고유한 사유체계와 문화적 축적의 결과물(유승무·신종화·박수호, 2013:1-47)이라고 본다. 무엇보다도 이성과 감성을 포괄하는 총체로서의 마음개념은 '사회관계를 매개하는 핵심적 실체'이며, 마음의 소통으로 이해할 수 있는 합심은 또 하나의 '새로운 의사소통의 단위'라는 것이다. 마음과 합심개념의 용례들을 토대로 하여 마음과 합심에 대한 용례에서 '소통행위'에 주목하게 되는 이유이다. 그러므로 마음의 작동과, 사회의 작동과의 관계는 마음사회학의 주된 연구대상이 될 수 있다는 것이다. 이는 마음을 통한 다양한 형태의 소통, 사회적 소통이 인간의 삶의 조건뿐만 아니라 마음속 의미의 지평이 사회문제에 대한 인식에 직접적으로 영향을 미칠 수 있고, 그렇기 때문에 궁극적으로는 사회문제의 정책적, 제도적 해결책의 추구에도 간접적인 영향을 미치게 됨을 뜻한다(유승무, 2017:91).

2) 마음사회의 이론적 모형과 주요범주

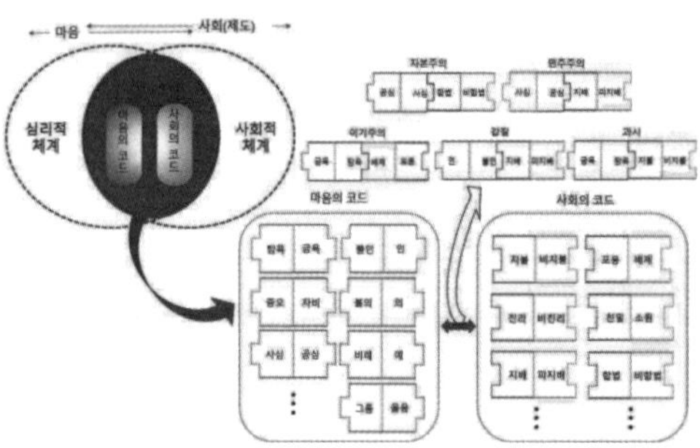

〈그림 1〉 연기사회모형: 마음과 사회체계의 중층의존성(유승무 · 최우영; 2018:14)

마음사회학의 주요범주들을 언어적 구분유형을 소통에서 등장하는 주요 범주와 대비해서 살펴보면, 1) 마음의 주체 2) 마음의 상태 3) 마음의 작용과 관리 4) 마음의 변화 및 작용결과 등으로 분류할 수 있다고 보고 〈그림1〉과 〈그림2〉와 같이 제시하고 있다.

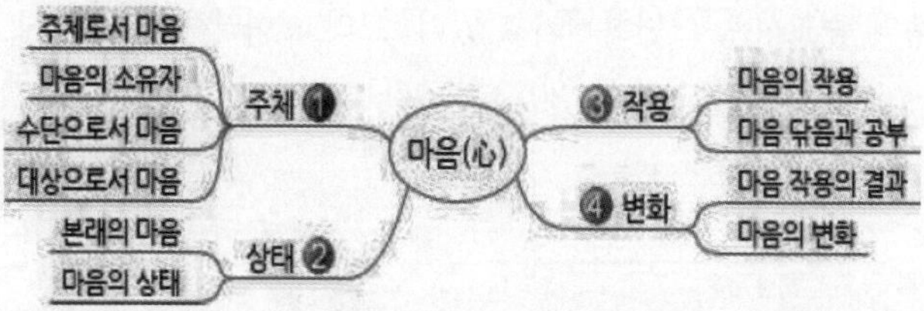

〈그림 2〉 소통연구를 위한 마음(心)의 유형화(유승무 · 박수호 · 신종화, 2013:15)

3) 마음공동체와 사회변동이론과의 연계

마음사회학적 관점에서 마음 구성체 또는 마음 구성체의 변화를 이해한다는 것은 다양한 사회적 관계들의 작동에 대한 이해를 필요로 한다. 이를 위해서는 사회적 관계들의 작동과 동양의 사회사상적 기층에서 작동하고 있는 기氣의 흐름을 이해해야 한다는 논리들과 연계된다.

이를 위해, 마음공동체를 인간차원의 요소, 사회차원의 요소 그리고 마음차원 및 그 매개차원의 요소 등의 요소적 층위에서 설명하고 있다. 이러한 마음영역에 속하는 교집합과 그 속에서 작동하는 역동성을 사회변동이론의 결정적인 조건으로 간주할 수 있고, 그 관찰을 통해서 마음사회의 사회변동을 적절하게 이해할 수 있다(유승무·박수호, 2020:139)는 것이다.

이의 실례로써 합심주의 종교성이 지닌 사회변동론적 함의에 대해, 전근대 동양사회에서는 심성을 중심으로 하는 '합심주의적 종교성'이 강하였으며, 그것이 평신도들의 생활양식은 물론 사회구조에까지도 영향을 미쳤다는 것이다. 그러나 오늘날의 현대사회와 같이 전세계적으로 자본주의적 경제구조로 일원화된 사회적 조건에서는 사회구조적 요인들이 감정에 대한 통제보다는 오히려 감정을 중시하는 문화를 낳고 있으며, 그것이 전근대사회의 심성중시의 합심주의 종교성을 심정(감정) 중시의 합심주의 종교성으로 변화시키고 있다. 그리고 이러한 변화 역시도 합심주의 종교성의 일부(유승무, 2013:275)라는 것이다.

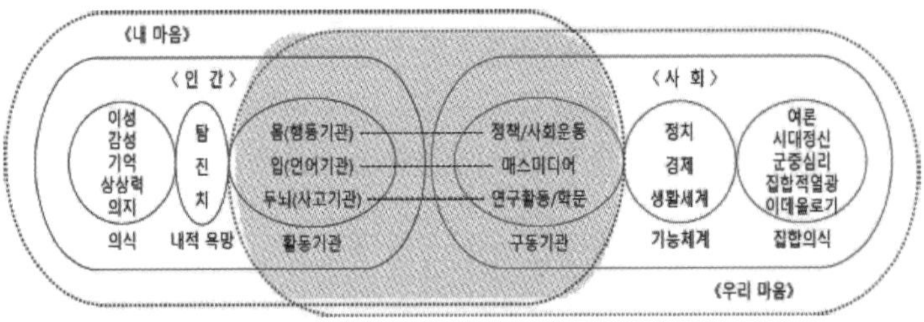

〈그림 3〉 인간적 사회적마음구성체, 한국학논집(유승무 · 박수호, 2020:136).

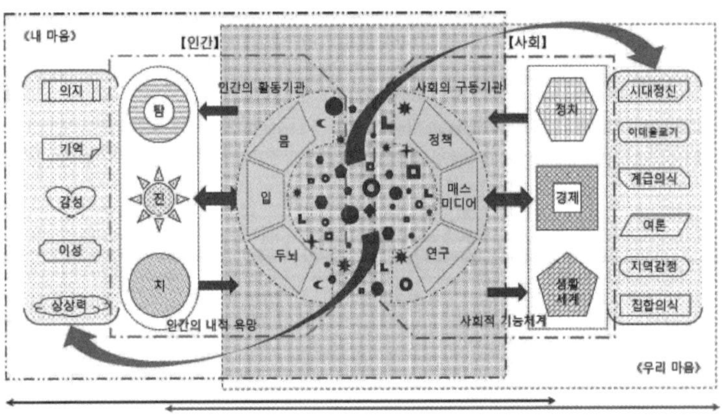

〈그림 4〉 마음 구성체의 역동성(유승무 · 박수호, 2020:149).

이러한 연기사회론은 현상학의 한계와 루만 사회이론의 폐쇄성을 넘어설 수 있는 초월적 이론 에너지가 될 수 있다. 방법론적 차원에서도 연기사회론은 이미 객관성 요구에 충분히 부응하고 있다는 점에서 독자적인 이론적 위상을 차지할 수 있다. 현대사회학이 부분체계들 사이의 관계를 분석하는데 치중하고 있는 현실을 감안해 본다면, 시간 차원의 연기적 시각은 현대 사회학의 협소한 시간적 관점을 과거와 미래로 확장하는데 크게 기여할 수 있을 것이다. 무엇보다도 기존의 해석학적 전통의 기반에서는 '사회적 행위'를 대상으로 간주한다. 이에 반해 '마음과 사회의 동행'에서의 연구관심은 마음을 중요시하는 동양사상적 전통과 사회의 관계에 대해 연기적 관점을 도입함으로써 통시적인 관점에서 '마음'을 이해하고 해석할 수 있는 방법론적 타당성을 부여받을 수 있게 된다는 면에서 긍정적으로 평가해 볼 수 있다.

6. 마음사회학 연구의 이론적 성과와 한계

1) 마음사회학 연구의 성과 및 의의

마음과 합심의 사회학적 분석을 통한 나름의 성과는 많은 측면에서 그 의의성에 대해 평가할 가치가 많다. 먼저, 마음사회학은 연기법과 인간 자신의 마음 사이의 관계를 다루는 사회학으로써 이는 선행되었던 불교사회학의 이론적 논의를 확장하고 있다는 점이다. 불교사회학은 무엇보다도 사회적인 것을 대하는 불교적 논의를 연기법적 관찰형식을 통하여 제시하고자 시도하고 있는 것은 서구사회학적 논의의 한계를 넘어선 동양사상적 관점에서의 대안을 제시하고자 하는 사회학적 논의들이다. 이는 대부분의 종교사회학이 서구적 관심으로 가득한 데 비해, 불교계의 빈약한 연구에 비추어보더라도 그 시도 자체만으로도 충분한 이론적 의의를 지닌다. 나아가 종교사회학적인 논의의 이론적 지평을 확산하는데 크게 기여하고 있다.

둘째, 오늘날 사회이론에서 쟁점이 되고 있는 다양한 주제들 가운데서 인간사회를 구성하는 집합적 실천의 과정이자 산물로써 '마음'이 사회관계의 핵심적 실체라는 점을 밝히고 있다는 사실이다. 이를 통해 사회학연구에서의 마음연구心學에 대한 중요성을 새롭게 환기하고 있는데, 이는 현대문명의 위기의 시대를 살아가고 있는 오늘날, 사회학의 핵심적 관심사와 연구주제의 방향에 대한 중대한 문제제기로 이어지고 있다는 측면에서도 주목할 가치가 있다하겠다.

셋째, 마음사회학 연구에서 '합심'과 같은 개념을 마음과 사회의 설명을 위한 개념적 장치로 제시하고 있다는 점이다. 사회현상을 사회적 사실로써 설명하기 위한 개념과 범주의 중요성을 고려함으로써, 거시적 사회구조와 미시적 마음과의 이분법적 대립이 아닌 만남에 주목하고 있다. 실증적인 개념으로써 설명력을 높이고자 하는 이러한 시도는 '미시와 거시를 통합'하는 통합적 사회이론의 모색과 실증적 사례를 제시하고 있다는 점에서도 충분한 의미성을 부여받는다 하겠다.

넷째, 마음과 사회의 동행이란 관점에서 한국의 전통 사회사상가들에게 시선을 옮기고 있다는 점이다. 한반도 최초의 자생적 사회학자로서 '성호 이익'을 추대하는 것이 대표적이다. 수행성을 지닌 마음이 사회적 관계에 영향을 미치며 불가분의 관계에 있다는 논의는 당대 사회의 구조나 제도뿐만 아니라 사회문제에까지 그 대상과 폭을 확대시킬 수 있다는 측면에서 사상사의 조망을 위한 중요작업이다. 이러한 논의는 함허득통의 논의로도 이어지고 있는데, 앞으로의 지속적인 사상사와 인물사로의 연구대상과 폭이 확장될 것으로 기대된다. 이는 한국적 사회이론의 모색과 한국의 사회사상연구에도 큰 기여를 할 것으로 보인다.

마지막으로, '마음과 사회와의 동행'을 실천적으로 모색하는 장치로서 '소통'에 주목하고 있다는 점이다. 소통을 "뜻이 서로 통하여 오해가 없음"이라는 사전적 의미에서 '생각이나 정보를 주고 받음으로써 서로 다른 개인, 개인과 집단, 집단과 집단이 상호이해하기 위한 노력'(유승무 외, 2013:36)이라는 적극적인 의미에서의 개념 정의를 통해, 소통은 사회적 실천을 통해서 사회적 의미를 획득해야 한다. '소통이 실천을 매개하고 담보하는 토대이자 상호작용 메커니즘이 되어야'하고, "소통이 사회진보를 위한 실천을 이끌어낼 수 있어야 한다"는 주장에서는 사회과학적 접근과 사회진보를 위한 마음사회학의 실천적측면, 마음과 사회와의 동행을 가능하게 하는 장치가 되고 있음을 확인할 수 있다.

2) 마음사회학 연구의 한계와 발전 전망

합리성과 이른바 과학이라는 방법으로 진행되어 온 서구사회학적 전통은 여러 가지 측면에서 많은 한계에 봉착해 있다. 이에 대해서는 근대성과 수많은 '포스트'주의를 중심으로 하는 다양한 논의들로 표출된 바 있다. 이러한 시대적 흐름과 다양한 성찰, 대안 모색의 하나로 제기되는 영역에 '마음'에 대한 사회학적 연구도 포함된다. 전통적인 사회과학에서의 합리성과 이성중심주의로 설명하지 못했던 설명의 빈틈을 '마음'을 통해 설명해 내고자 하는 시도는 '서구적 관점의 기존 사회학이 동아시아 사회를 설명하는 데 있어서 가질 수밖에 없었던 한계를 극복할 수 있을 것으로 기대'될 수 있을 것이다. 그러나 이는 이른바 사회학의 '감정적 전회'라는 비판에서처럼 사회현실에서는 한 걸음 뒤로 물러서는 느낌을 지우기는 어렵다. 더구나 이를 해결하는 개념적 장치로서 설정하고 있는, '합심'을 통해 드러내고자 하는 마음사회학의 범주가 사회현상으로서의 마음을 드러내는 보편성을 획득하기 위해서는 보다 엄밀하고 이론적 정합성을 갖춘 정밀한 추가적인 논의들로 이어질 필요가 있다. 사회관계나 체계와의 긴장과 갈등을 그대로 드러내는 장치로서의 마음사회학의 보다 확장된 하위범주나 개념적 장치들이 좀 더 엄밀한 유기적 상호작동성을 보여줄 필요가 있다는 것이다. 그리고 보다 엄밀한 현실적합성을 드러낼 수 있는 다양한 적용사례를 확보하는 추가 작업들이 이어질 필요가 있다는 생각이다.

둘째, 마음사회학을 논의하기 위해 마음과 사회 그리고 그 역동적인 관계에 대한 이론화 작업이 전개되고 있다. 이는 사회과학의 역사에서도 오래된 고전적 논의의 대상이면서도 중요한 주제였다. 심리학의 전유물로 여겨졌던 주제를 마음사회학에서 다룬다는 그 자체만으로도 충분한 의의는 있겠으나, 사회이론화하는 과정에서 주로 활용하는 이론적 원천은 니클라스 루만N.Luhmann에 지나치게 의존적이다.[12] 물론 루만의 소통이론으로서 설명되는 사회와 심리체계, 체계들의 관계성에 대한 논의나, '일여성Einheit' 등은 전체론적 조망에 기여하는 바가 크다. 그러나 루만의 논의가 마음과 사회의 상호의존성을 잘 드러낼 수 있는 이론적 기반을 갖추고 있다고 해서 루만에게 그 이론적 원천의 공덕을 다 제공하는 것에는 동의가 되지 않는다. 사실상 불교사회학적 관점에서의 마음, 심학心學에 대한 심층적인 논의는 용수龍樹와 중관철학이나 불교논리학의 측면에서도 충분한 이론적 자원을 기대해 볼 수 있다. 유식론唯識論의 사회철

12 유승무는 루만의 체계이론이 탈서구 보편이론적 문제의식이 '최근의 탈식민주의 사회학의 흐름과 궤를 같이한다'고 보며 서구사회학의 전통적인 논의에 대한 비판에 호의적이다. 이와 더불어 끊임없이 '변화하는 환경'과 '작동하는 사회적 체계'의 관계를 변이, 선택, (재)안정화라는 진화론적 개념으로 설명하며 사회적 체계의 작동과 분화를 소통매체의 변화와 연관(유승무, 2020:132)시켜 설명하고자 한다는 데 동의하고 있다.

학적 가능성은 유승무의 『불교사회학』이라는 논의에서 본다면 뒤따라야 할 작업은 아니었을까?하는 생각이다. 연기緣起의 사회학의 인식론적 원천에서 작동하고 있는 아뢰야식阿賴耶識의 사회이론적 논의와의 연계는 루만의 논의보다 더 근본적인 측면을 지니고 있다는 생각이다. 체계와 이어지는 체계와 관계성의 울타리를 더듬는 작업과 근본적인 인식의 깊이를 더해주는 측면에 주목하는 것이 오늘날의 현실에 대한 이론적 가능성과 현실적 의의를 더 잘 드러낼 수 있다고 보기 때문이다.

셋째, 마음사회학의 연구는 그 출발점이 곧 이정표이다. 저자들 역시 "마음구성체와 마음구성체의 변동모형에서 암시된 실천들을 어떻게 모두 실천할 것인가이다. 일견 불가능한 듯하다. 그러나 그것이 오늘을 살아가는 우리의 삶과 사회적 작동의 조건인 한, 우리는 그 불가능에 도전하지 않을 수 없다. 베버의 말로 마무리한다. 불가능에 도전하지 않으면 가능한 것마저도 성취할 수 없다!"(유승무·박수호, 2020:158)고 주장한다. 명쾌하다. 그렇다면 이러한 논의에서는 사실상 연구의 폭을 넓히는 작업도 필요하다는 생각이다. 최근 들어 다양한 이론적 논의에 포함되는 김성국선생의 『하나논리』와 같은 보편이론적 논의가 대표적이다. 루만의 논의를 넘어선 다양한 동양사상과의 만남을 통한 마음과 사회의 보편이론적 가능성을 넓혀가는 방향으로 지향해야 한다는 생각이다.

넷째, 다양한 논의에도 불구하고 '마음'에 대한 사회학적 연구는 세계화시대의 실천적 가능성을 지니고 있다. 연기적 논리를 통해 '다른 사람'과의 의미구성과 소통양상에 대한 분석은 세계화시대의 주요한 주목꺼리이다. 세계화 시대의 사회적 관계에 있어서 '배려의 상즉상입'론은 새로운 시민사회의 덕목으로 충분히 제시될 수 있을 것이다. 이러한 작업은 세계화시대의 보편적 시민사회의 윤리로서 마음사회학 연구가 기능할 수 있음을 보여주는 단적인 사례이다. 아래의 저자가 제시하는 문장에서처럼 그의 연구가 앞으로도 더욱 발전적 전망으로 나아가기를 바라는 마음으로 마무리하고자 한다.

> 행위자가 세계사회의 다른 사람과 어떻게 소통하는가에 따라 그 대상에 대한 의미가 달라질 수 있음을 의미하지만 나와 남을 인식하는 방식에 따라 소통으로서 사회가 달라질 수 있고, 사회의 작동으로서 구성된 의미가 또다시 사회적 소통의 매개로 작용한다면 의미의 새로움은 소통으로서의 사회의 새로움이고 그것은 세계사회의 다른 사람의 삶은 물론 그와 소통하는 한국인의 삶에도 새로움을 더하게 될 것이다. 요컨대 소통으로서 세계사회의 작동과 마음현상으로서 배려는 상즉하는 동시에 상입하는 관계를 갖는다(유승무·신종화, 2016:49-77).

한국적 사회관계론의 모색

-공감과 배려의 사회학을 중심으로

이명호

한국적 사회관계론의 모색

-공감과 배려의 사회학을 중심으로

이 명 호

1. 시작하며

친밀한 관계, 즉 사랑·결혼·연애·가족과 관련된 삶의 조건들이 근본적으로 변화하고 있다. 이는 이혼율 증가, 결혼율 감소, 1인가구 증가 등의 수치로도 확인된다. 이 수치들은 삶의 형태들의 변화, 구체적으로 친족제도의 약화 및 가족구조의 변화를 나타내는 주요한 징후들로 읽힌다.[01] 이러한 징후에 주목한 연구, 즉 친밀성親密性의 구조변동에 주목하는 연구들이 2000년대 이후 현재까지 지속적으로 발표되고 있다.

일반적으로 '친밀성'의 사전적 의미는 '사이가 아주 가깝거나 친한 성질이나 특성'으로 매우 가깝고 친한 사람들 사이에 적용되는 것으로 이해된다. 하지만 친밀성은 사회관계와 맥락에 따라 다양한 유형으로 존재한다. 친밀성은 사람 사이의 관계 기초이며, 사회적 신뢰와 연대의 기초이다.[02] 비슷한 맥락에서 친밀성의 구조변동에 주목하는 연구들은 공

---

01 정학섭, 「친밀성의 위기와 순수지속의 사상적 성찰」, 『사회사상과 문화』 18(3), 동양사회사상학회, 2015.; 김미경, 「친밀성의 구조변동과 가족구조의 변화: 바우만의 문제의식과 루만의 인식론을 통한 접근」, 『젠더와 문화』 10(2), 계명대학교 여성학연구소, 2017.

02 박구용, 「친밀성의 구성과 구조의 전환」, 『대동철학』 (93), 대동철학회, 2020, 164쪽.

통적으로 친밀성이 이제는 부부관계 및 연인관계 등과 같은 특정한 인간 관계에만 적용되는 그 무엇이 아니라고 강조한다. 친밀성은 개인-개인, 개인-집단, 개인-조직, 조직-조직 등 사람이 관여된 모든 차원에 적용되는 관계 윤리의 기초로 이해된다.[03] 이러한 이해는 하버마스의 생활세계와 연결된다. 그는 '사적 영역은 생활 세계의 핵심을 이루며, 사적 영역은 친밀성을 특징으로 하고 친척, 친구, 아는 사람들과 상호작용하면서 다양한 지평에서 서로를 연결한다'라고 주장한다. 즉 사람들은 다양한 사람들이 복잡하게 얽혀있는 생활세계의 관계들 속에서 상호소통하고, 그 소통의 과정에서 서로에 대한 애정을 확인한다. 나아가 사람들은 친밀한 관계를 통해 자유와 인간성을 형성하고 여기서 교양도 확보하고, 확보한 교양을 바탕으로 공적 영역의 담당자로 출현한다.[04] 또한 친밀성은 사람들이 공동체적으로 살아갈 수 있도록 하는 '사회적 감정'이기도 하다. 공동체적 삶이란 개인과 개인, 개인과 사회 간의 사회적 요구와 관계로서 형성되는 것이며, 이 사회적 관계에서 형성되는 친밀성과 헌신(희생, 배려), 유대가 사회적 감정이다.[05] 즉 친밀성은 단순한 개인 간의 감정이 아니라 개인을 넘어선 공동체와 사회를 가능케 하는 '사회적인 것'이다.

현대사회에서 친밀성은 새로운 인간관계 형식이며 동시에 사회적 제도이다.[06] 인간관계 형식이자 사회적 제도로서 친밀성에 적용되는 규범과 관습, 지식이 존재한다. 친밀성의 구조변동과 함께 최근의 논의에서는 친밀성의 사회적 관계성에 적용될 새로운 규범이 부재하다는 사실도 함

03 정학섭, 2015, 앞의 논문, 1쪽.

04 오세근, 「가족 아이덴티티의 새로운 경계로서 친밀성의 사회사상: 최석만 선생의 "보편적 세계인식의 원리로서 가(家)"론의 심화선상에서」, 『사회사상과 문화』 18(4), 동양사회사상학회, 2015, 77-78쪽.

05 이동일, 「묵자의 겸애와 교상리에서 나타난 공동체성」, 『한국학논집』 85, 계명대학교 한국학연구원, 2021, 186쪽.

06 오세근, 앞의 논문, 81쪽.

께 논의된다. 그래서 친밀성과 함께 거론되는 단어는 '위기'이다. 이 연구도 이 지점에 주목하고, 정학섭의 친밀성 논의를 재구성한다. 그는 후기 근대사회에 인간관계의 친밀성과 그 태도가 크게 변화하고 있다고 진단하고 그 변화의 양상을 '위기'로 규정한다. 하지만 현재가 위기인 이유는 친밀성의 구조변동으로 결혼과 가족에 대한 전통적 가치와 이념이 크게 약화하였기 때문이 아니다. 오히려 "인간관계와 친밀성의 위기를 맞아 건강하고 안전한 친밀한 구조 및 제도"[07]를 창출해 내야 하는데 아직은 그러한 가능성이 발견되지 않고 있어 위기이다. 즉 정학섭의 위기의식은 친밀성의 구조변동 그 자체에 기인하지 않으며, 새로운 친밀성을 뒷받침할 제도와 규범의 부재에 기인한다. 그래서 그는 새로운 사회관계론의 근거로서 유학의 가능성을 타진하고, 유학(특히 퇴계)에 기초한 관계론의 정립을 시도한다.

아래에서는 친밀성의 구조변동을 정리하고 그에 대응한 사회관계론을 유가의 사유체계를 통해 모색한다. 그리고 오늘날 발견되는 대표적인 새로운 친밀한 관계인 '썸'을 검토하고, 이 썸 관계를 통해 유가적 사회관계론의 가능성을 살펴본다. '썸'은 불확실한 관계이며 탐색의 관계이다. 하지만 썸도 최근에는 친밀한 관계 중 하나로 인정받고 있다. '썸' 조차도 타지 못하는 자신을 한탄하는 사례도 있다. 이러한 현실에서 이 연구는 썸의 관계가 '그린라이트'를 받아 연인관계로 발전하거나, 혹은 그냥 아는 사이로 종결되더라도, 관계를 맺고 있는 순간에는 상대와의 결속감과 유대감을 강화하고 그러므로 일체감을 느끼는 친밀성을 갖추어야 한다고 주장한다.

07 정학섭, 앞의 논문, 2015, 27쪽.

2. 이론적 논의 검토

친밀성은 사회학의 핵심 주제는 아니지만, 일부 사회학자는 이를 핵심 주제로 다루었다. 대표적으로 바우만은 현대사회의 성격을 '유동성'으로 정리하고 그러한 맥락에서 사람들 사이의 친밀성을 검토한다. 유동성은 상황이 고정되어 있지 않고 끊임없이 변화하고 있음을 묘사한다. 전통사회는 질서와 확실성을 부여하는 규범과 관습적 지식이 전승되며, 전승되는 규범과 관습적 지식은 권위의 토대가 된다. 토대는 사회의 질서와 확실성, 예측가능성을 보장한다.[08] 하지만 근대사회에서 이러한 토대에 의해 뒷받침되는 질서와 확실성, 예측가능성은 더는 가능하지 않다. 바우만은 이를 유체流體를 통해 설명한다. 유체는 끊임없이 모양이 변화한다. 유체는 공간을 채우지만, 이는 '순간'이라는 짧은 시간에만 해당한다. 유체는 고정된 공간을 차지하지 않는다. 유체는 일정한 모습을 유지할 수 없으며 그 모습을 묘사하는 것은 한 장의 '사진'처럼 특정한 순간을 서술할 뿐이다. 유동성으로 그 특성이 묘사되는 사회에서 사람들이 맺는 관계는 고착되어 유지되기보다는 깨어지기 쉽다. 하지만 '관계'는 여전히 서로를 연결하는 고리이며, 사람들에게 안도감을 주기도 하고, 어려움에 부딪혔을 때는 도움을 주기도 한다. 그래서 사람들은 여전히 관계를 맺는다. 하지만 관계를 맺는 데 신중하다. 관계맺음은 부담을 주고 스트레스를 일으키기 때문이다.[09] 이를 바우만은 사람들이 관계에의 몰입, 특히 장기적인 몰입을 위험으로 인식하고 회피한다고 분석한다.[10]

이러한 유동적 근대성과 관계맺음의 어려움은 루만의 친밀성 논의

---

08 백승대, 「현대사회를 보는 바우만의 시각: 탈근대성과 유동적 근대성을 중심으로」, 『대한정치학회보』 16(1), 대한정치학회, 2008, 280쪽.

09 백승대, 앞의 논문, 292-295쪽

10 Baumann, Z., *Liquid life*, Cambridge, England ; Malden, Mass.: Polity, 2005. x

에서도 발견된다. 우선, 루만과 바우만 모두 근대사회에서 개인의 정체성은 주어진 것이 아니라 구성되는 것이라 주장한다. 바우만은 행위자의 존재 양식은 "비결정적이고 유동적이며 뿌리 없는 양상을 보여준다"고 하였고[11], 루만은 근대사회가 기능들로 분화되면서 사람들은 자신의 정체성을 어느 하나만으로 규정할 수 없다고 주장하였다. 사람들은 매 순간 자신이 소속되는 기능체계에 근거하여 정체성을 구성한다. 이와 같은 정체성의 변화를 일으킨 사회체계의 변화는 친밀성의 구조도 변화시켰다. 루만은 대표적인 친밀성 감정인 '사랑'을 하나의 소통 코드로 인식한다. 그는 사회를 다양한 기능체계들의 구성으로 이해하는데, 사랑도 그러한 사회적 체계들의 하나로 이해한다. 그리고 사랑이 사회적으로 어떤 의미로 이해되어왔는지를 추적한다. 사랑의 의미가 이상적 사랑, 열정적 사랑, 낭만적 사랑, 서로 이해하는 문제로서의 사랑 등으로 변화되어왔다고 주장한다.

루만의 친밀성 논의에서 중요한 것은 다음의 두 주장이다. 첫 번째는 사회가 계층체계에서 기능체계로 변화하면서 인격적-개인적 관계인 친밀한 관계가 새로운 사회적 관계로 자리 잡았고 사랑은 바로 그 친밀한 관계에 상징적으로 일반화된 소통 매체로 기능하게 되었다는 주장이다. 두 번째는 열정으로서의 사랑이 개인화가 본격화되기 이전에 생겨났고 개인화 없이는 친밀한 관계가 다른 사회적 관계로부터 자율성을 획득하지 못한다는 주장이다. 루만의 논의에서 친밀성의 핵심은 바로 '개인'에 있으며, 이때의 개인은 인격에 기초해 상대방과 관계를 맺는다는 점이다.[12]

---

11 Baumann, Z., *Intimations of postmodernity*, London ; New York : Routledge : Taylor & Francis Group, 1992, 193-195쪽.

12 루만, 『열정으로서의 사랑: 친밀성의 코드화』, 정성훈 · 권기돈 · 조형준 역, 새물결, 2009, 256-258쪽.

3. 친밀성의 구조변동과 새로운 관계, 썸

1) 새로운 친밀성의 구조와 특성

친밀성은 친밀한 관계를 매개하는 것들을 총괄하는 개념이다. 친밀성에는 사랑과 우정, 배려, 신뢰, 보살핌, 돌봄, 섹슈얼리티 등과 같은 가치들이 다양한 방식으로 결합되어 있다. 이 때문에 친밀성은 매우 다양한 모습을 띠고 있다. 이 다양함들을 관통하는 것은 '가까움'이다. 가까움은 신체적으로는 물리적 접촉과 심리적·정서적 신뢰를 의미한다. 친밀한 관계는 기본적으로 상대와 물리적 접촉하고 싶은, 즉 스킨십과 소통 행위를 통해 상대와 자신이 가까이 있음을 확인하고자 한다. 심리적으로 가까움은 신뢰를 창출하고 기댈 수 있다는 기대감을 일으킨다.[13]

(1) 새로운 친밀성 구조

친밀성의 구조는 사람들 사이의 '가까움'을 형성하는 기제 및 내용과 연결되어 있다. 친밀성의 구조는 구성 주체, 구성 절차로 설명된다. 친밀성의 구성 주체는 가족 단위에서 개인 단위로 전환되었다.[14] 근대사회에서 친밀성의 단위는 '개인'이다. 근대 이전 누구와 관계를 맺고 친밀한 관계를 유지할지는 '가족'을 중심으로 결정되었다. 그러나 이제는 개인의 자율과 자발적 의지에 의해, 즉 내가 가까움을 느끼는 상대방이 누군가에 의해 결정된다. 그래서 가장 내밀한 친밀성을 구성하는 '상대'끼리도 서로 다른 친밀성을 구성한다.

친밀성 구성 절차는 묵시적 교류에서 '합의와 확인'으로 전환되었다.

---

13 박구용, 앞의 논문, 189쪽.

14 박구용, 앞의 논문, 165-171쪽.

관계의 맺음과 유지는 상대방과의 합의와 확인이라는 과정을 거친다. 합의와 확인의 구체적인 절차와 그 정도는 관계의 유형에 따라 다르다. 한국사회에서 연인들은 자신들의 관계를 합의하고 그 시작일을 1일로 확정하며, 결혼을 앞둔 예비부부는 관계 전환을 '프로포즈'라는 절차를 통해 확인하고자 한다.

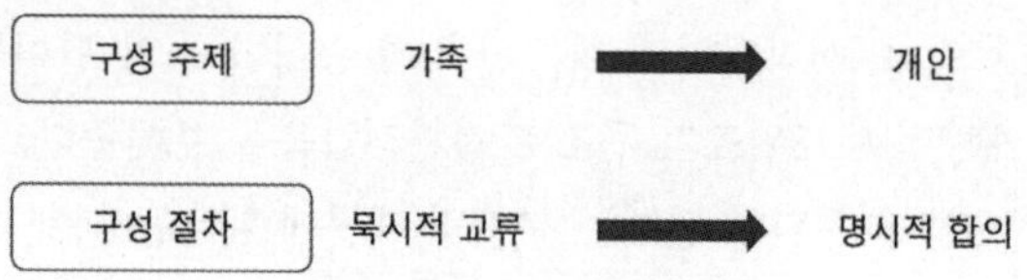

〈그림 1〉 친밀성의 구조변동

(2) 새로운 친밀성 특성

최근의 친밀성에서 보이는 특성은 다음과 같이 정리할 수 있다. 첫째, 친밀성은 총체적 인격의 공유에서 부분적 감정의 교류로 전환되었다. 다양한 기능체계로 분화된 근대사회에서 사람들은 각각의 영역에서 각각의 인격(역할)으로 사람들과 관계를 맺는다. 가족과 맺는 관계, 친구들과의 관계도 다른 공적 영역에서의 관계처럼 하나의 독립된 관계일뿐이다. 더는 전통사회에서처럼 자신의 전인격을 공유하는 관계는 불가능하다.

둘째, 친밀성은 영원히 지속된다는 보장을 받지 못하고 언제든지 종결될 가능성을 내포하게 되었다. 친밀한 관계도 이제는 분절성을 하나의 특징으로 한다. 시간의 관점에서 현대사회에서 영원한 관계는 존재하지 않으며 얼마나 지속 가능한지도 가름하기 어렵다. 관계를 맺고 유지하는 사람들은 시간의 흐름에 따라 만남과 헤어짐을 반복하고 관계의 밀도와 형식도 변화한다. 관계의 친밀성은 이제 사진에 포착된 순간으로

기억되며, 관계의 존재는 사진으로만 입증된다.

셋째, 친밀성은 유일무이한 대체불가능한 관계에서 개방적이고 대체가능한 관계로 전환되었다. 친밀한 관계의 원초적 형식인 가족에서의 관계는 서로를 대체불가능한 존재로 받아들인다. 사랑으로 형성된 친밀한 관계도 강한 배타적 유일무이성을 요구한다. 하지만 이러한 요구와는 별개로 현실사회에서 가족관계와 연인관계의 다양한 대체물과 대체가능성을 확인하고 있다. 어장관리와 환승연애, 환승이별 등의 단어들은 친밀한 관계도 개방적 네트워크의 구조로 전환되었음을 보여준다.

이처럼 오늘날 친밀한 관계는 부분적(때문에 때로는 파편적) 감정을 교류하며 단절의 가능성을 인정하며 다른 그 무엇으로 대체가능한 관계이다.[15] 이러한 친밀성 구조와 특성을 수용한다면, 관계에 적용되는 새로운 규범이 아직 구축되어 있지 않다는 사실을 인정해야 한다.

2) 새로운 관계, 썸

우리는 친밀성의 구조가 개인이 구성 주체이며 상호주관적으로 합의가 필요한 관계로 전환되었다는 점을 확인하였다. 이러한 구조를 가진 친밀한 관계는 부분적 감정을 교류하고, 단절의 가능성을 인정하며 현재

---

15 친밀성의 대체가능성을 드러내는 가장 명증하면서도 뼈아픈 사례는 청년세대의 '관계포기'이다. 소위 'N포'라는 명칭 속에서 포기되는 것들은 연애와 결혼, 친구관계, 출산 등 친밀성과 관련된 전통적 영역들이다. 사회가 강제하는 삶의 조건으로 청년세대들은 친밀성 자체를 다른 무엇으로 '대체'할 것을 강제 받고 있다. "출산 · 연애 · 결혼을 포기한 세대라고 불렀다죠? 꼭 해야 하는 것들을 포기하다니 꼭 해야 하는 것들을 포기하다니 우리 청년들 너무 불쌍하다는 건데, 저는 다르게 보거든요. 이제는 '못해서' 불쌍하다고 느끼는 것보다, '나는 안 하기'로 선택한 거고 내가 행복하기 위해서는 다른 것이 필요하다는 선언과 요구, 스스로 행복해질 수 있는 요소에 대한 고민들이 많아 보입니다."(최서윤 · 이진송 · 김소희, 『미운 청년 새끼』, 미래의 창, 2017, 21쪽).

와 다른 그 무엇으로 언제나 대체가능한 관계이다. 이러한 새로운 구조를 반영한 새로운 친밀한 관계 중 하나가 '썸'이다. 썸은 영어 something에서 파생된 단어로 국어사전에는 "아직 연인관계는 아니지만 서로 사귀는 듯이 가까이 지내는 관계"로 정의되어 있다.[16] 트렌드 지식사전에는 "서로 좋아하고 자주 연락하고 데이트는 하지만 사귀지는 않는 애매모호한 관계"로 정의되어 있다. 관심 가는 상대와 호감을 확인하고 데이트하면 '썸을 타다'라고 표현하며 사귈 것 같은 남성과 여성을 썸남, 썸녀라고 부른다.[17]

애매모호함으로 이해되는 썸은 그래서 선택장애, 불확실성, 밀당, 보류 등과 연관되어 있다. 친밀성의 구조가 변화하여 이제 연인관계에서도 부분적 감정의 교류, 단절가능성, 대체가능성을 인정해야 한다. 연인관계가 그러함에도 그 관계로의 발전을 선택하는 것은 온전히 개인의 몫이다. 게다가 관계의 구성도 개인의 몫이다. 이러한 측면에서 썸은 새로운 친밀성 구조에 대한 적응 양식이다. 썸은 오랜 시간 지속되고 상대적으로 안정적인 친밀한 관계가 더는 불가능한 현실에서 젊은 세대들이 찾은 혹은 새롭게 구성한 관계유형이다. 썸에 주목하는 담론과 썸을 묘사하는 대중문화도 이 지점에 주목한다. 썸은 연애를 포기한 세대의 어쩔 수 없는 선택도, 이기적이며 책임감 없는 관계맺음을 나타내는 현상이 아니다.[18]

---

16 daum 국어사전(고려대한국어사전; dic.daum.net/word/view.do?wordid=kkw000666487&supid=kku010578485)

17 daum 백과사전 트렌드 지식사전3(100.daum.net/encyclopedia/view/54XXX 1090191)

18 양동욱·김경례, 「대학생들의 '썸 문화'에서 나타나는 전략적 선택과 양가적 행위성」, 『젠더와 문화』 10(1), 계명대학교 여성학연구소, 2017. 87쪽.

(1) 부분적 감정의 교류

오늘날은 친밀한 관계에서 총체적 인격을 공유하지 않는다. 따라서 연인관계가 확정되기 이전 단계에서 자신이 상대방에게 '호감'이 있다는 사실을 드러내는 일은 쉽지 않다. 썸을 타는 두 사람 모두 일정 기간(단계)까지 자신의 마음은 들키지 않으면서도 상대방의 마음을 확인하기를 원한다. 그러나 자신에 대해 상대방이 갖는 호감의 정도나 깊이를 정확하게 확인하기 어렵다. 이후에 논의하게 될 '불확실성', 즉 확신이 없는 상태가 썸의 주된 특성인 이유이다. 같은 이유에서 썸 관계를 유지하는 기간에는 두 사람은 상호작용을 하더라도 그 과정에서 자신을 깊게 노출하지 않는다. 상대와의 관계 수위를 조절하거나 마치 가면을 쓴 것처럼 자신의 실제 모습을 감춘다.[19]

> 자기의 마음을 완전히 주려고 하지 않고, 어느 정도 만들어 놓은 나를 보여주는 느낌… 상대방이 내 이런 모습을 보고 싫어하면 어떡하지? 그런 게 있는 것 같아요.[20]

> 뭔가 아직 완전히 이 오빠한테 나의 모든 걸 알려주기 싫은 느낌? 그리고 나의 좋은 면만 지금 알았으면 좋겠다는 의무감? 그리고 어차피 만약에 진지해지면 어차피 다른 것들은 알게 되는 게 당연한 거 같아서 굳이 썸 타는 단계에서 나의 모든 걸 까발리고, 막 나의 뭐 나만의 문제들을 얘기하고 그러진 않는 거 같아요. 거의 표현을 그렇게 잘 안 하고 그냥 막 오늘 재밌었던 거. 어제 재미. 약간 이런 위주 대화를. 취미, 관심사 이런 거?[21]

---

19 양동욱 · 김경례, 앞의 논문, 95-97쪽

20 양동욱 · 김경례, 앞의 논문, 97쪽.

21 안혜상, 「신자유주의시대 청년시대 친밀성의 재구성, "섬"」, 서울대학교 석사학위논

> 처음에 누군가를 만나고 호감이 생기면 상대에게 잘 보이기 위해 가장 좋은 모습을 연기한다. 하지만 실제로 알고 보면 완전 평범. 이러한 차이를 어떻게 해야 하나.[22]

> 누군가를 사귀게 되면 나의 개인적인 것을 공개해야 하고 상대방이 그것에 대해 나에게 지적이나 간섭하는 것이 싫어요. 어느 정도 자유를 원하는데, 그게 어렵다는 것을 알기에 연애를 기피하게 됩니다. 어쩌죠?[23]

대학생들을 대상으로 하는 연구 중에 바로 이 '자기노출'의 어려움으로 인해 대학생들이 썸이라는 모호한 관계를 넘어서는 지속적인 관계 맺기에 어려움을 겪는다는 보고가 있다.[24] 〈연애의 참견〉과 같은 연애 상담 프로그램이 장기간 인기를 유지하고, 최근 〈스트레인저〉, 〈나는 솔로〉, 〈체인지 데이즈〉, 〈돌싱글즈〉와 같은 연애 리얼리티 프로그램들이 인기 있는 이유이다.

(2) 단절가능성

썸은 연인관계로의 발전을 전제하지만, 그 과정에 '실패'도 존재한다. 이러한 측면에서 썸은 이중의 단절가능성을 염두에 둔 관계이다. 썸은 이제는 당연하게 인정되는 연인관계의 헤어짐을 상정하며 동시에 썸관계 자체의 단절가능성도 상정한다. 대학생의 연애 경험에 관한 연구에 의하면, 현재의 연인관계를 오래 유지하기 위한 노력보다는 관계의 끝을

문. 2017, 66쪽.

22 이은주, 「대학생의 연애 경험을 통한 사회적 관계 맺기에 관한 연구」, 『한국가족관계학회 학술대회 자료집』 한국가족관계학회, 2017, 65쪽.

23 이은주, 앞의 논문, 65쪽.

24 이은주, 앞의 논문, 65쪽.

먼저 의식하고 연애를 하는 상황이 다수 존재하는 것으로 조사되었다.[25]

청년들의 '썸'을 신자유주의 시대라는 관점에서 분석한 안혜상은 썸 경험이 있는 11명과 인터뷰했는데 그중 7명이 다수와 썸 경험이 있거나 현재 그러한 관계를 유지하고 있었다. 이들이 다수와 썸을 타는 이유 중 하나는 썸 관계(그리고 연인관계)의 단절가능성이었다. 일례로 민준(26)은 대학 동기 2명과 '썸'을 타고 있다. c와는 주로 밥, 술, 영화의 데이트를 자주 하고, d와는 카페에서 공부의 목적으로 만난다. 둘 다에게 호감이 있고, 연인관계로 발전하여 잘 안 될 경우 친구들 사이가 애매해질 것 같아 관계의 발전을 회피하고 있다.[26]

주목되는 점은 단절가능성이 청년들에게 '자유로움'으로 받아들여지고 있다는 점이다. 대부분의 썸은 연인관계로 발전하기 전에 상대방에 대한 자신의 마음, 그리고 자신에 대한 상대방의 마음을 확인하는 '감정적 교류'라는 의미를 담고 있다. '무엇인가 있기는 한데 그것이 무엇인지 아직은 확실하지 않은' 상황에서 선택하는 관계의 양식이다. 그래서 썸은 "누군가는 확신을 하면서 사귈 가능성으로 나아가려고 하고, 누군가는 영 아닌데 하면서 발을 뺄 수 있는"[27] 자유로움이 보장된 관계이다.

> 그 사람도 뭐 만나고 나한테 얘기만 안 해주면은 되지 않겠나. 그 다음에 저도 그 사람한테 얘기만 안 해주면 되지 않겠나. 약간 이런 정돈거죠. 썸이라는 건 사실 동시에 생길 수도 있잖아요. 뭐 예를 들어. A랑도 좀 어느 정도 설레고, B랑도 어느 정도 설렌다면은.[28]

---

25 이은주, 앞의 논문. 66쪽

26 안혜상, 앞의 논문, 107쪽.

27 양동욱 · 김경례, 앞의 논문, 94쪽.

28 안혜상, 앞의 논문, 197쪽.

또한 단절가능성이 고려되어, 만남에 큰 비용을 사용하지 않으며 비용은 반반씩 지출하는 양상을 보인다. 더치페이는 남성이 여성을 위해 데이트 비용을 지출하는 기존 규범에서 벗어나 독립적이고 평등한 규범 형성이라는 점에서 긍정적인 측면도 있다.

> 무조건 더치페이해요. 썸 타고 있을 때는, 소개팅으로 처음 만난 자리가 아닌 이상 거의 더치로 할 것 같아요. 연애할 때는 어느 정도 경제력이 있는 사람이 6대 4 혹은 7대 3으로 조금 더 내는… [29]

> 돈이나 시간적 투자를 최소로 하죠. 왜냐하면 잘 안될 수도 있잖아요.[30]

일부 연구에서는 젊은 세대들이 썸이 아무것도 아닌 관계로 붕괴할 수도 있다는 '가능성' 때문에 경제적 투자를 최소화하는 것으로 분석한다.[31] 하지만 더 깊은 이면에는 서로에게 부담을 줄임으로써 관계를 유지하고, 이를 통해 친밀성도 지속하고자 하는 젊은 세대의 분투가 담겨 있다고 생각된다. 가벼운 관계라도 관계의 지속을 통해 서로를 향한 이해와 친밀감은 더 커지고 관계는 성숙해지기 때문이다.[32]

(3)대체가능성

대체가능성은 단절가능성이 그렇듯이 부정적인 뉘앙스를 띄며, 다소

---

29 양동욱 · 김경례, 앞의 논문, 98쪽.

30 양동욱 · 김경례, 앞의 논문, 98쪽.

31 양동욱 · 김경례, 앞의 논문, 97쪽.

32 Sternberg, R., "Triangular Theory of Love". Psychological Review. 93(2), 1986.

간의 윤리적 비판도 동반된다. 이는 대체가능성을 의미하는 일상언어가 '어장관리'와 '양다리', '환승' 등이라는 점에서 확인된다. 국어사전에는 어장관리가 '마치 사귈 것처럼 대하면서 자신의 주변 이성들을 동시에 관리하는 태도나 형태를 비유적으로 이르는 말'로 정의되어 있다. 사전적 정의에서처럼 '전혀 호감이 없지만, 호감이 있을 수도 있는 것처럼 행동하는 태도'만으로 제한되지 않는다. '호감은 있지만 진지한 연인으로 발전하고 싶은 생각은 없는 경우' 혹은 '자신은 호감이 없는데, 상대방이 호감을 표현하고 다른 사람과 사귀는 것은 안타까워 잡고 있는 경우', '스스로가 어장관리를 하고 있다는 인식이 없는데, 상대방을 혼란스럽게 만드는 경우' 등 다양한 유형이 현실적으로 가능하다.

> 너가 먹이처럼 던진 문자 몇 통과
> 너의 부재중 전화는 날 헷갈리게 하지
> 너의 미모와 옷 입는 스타일로 미루어 보았을 때
> 너의 어장의 크기는 수족관의 scale
> 단지 너 하나 때문에 경쟁은 무척 험하고도 아득해
> I wanna be your boy friend not one of your 생선
> 허나 너에겐 늘 누군가가 옆에 있어
> 이럴 때일수록 내 이미지를 위해선
> 그저 쏘 쿨한 척 하는 게 최선임을 알기에[33]

어장관리 당하는 남자의 심정을 노래한 빈지노의 'Aqua Man'은 자신을 '물고기'로 비유한다. 아쿠아맨은 '자신의 썸'이 유일무이한 관계가 아니라 '수족관' 크기의 어장에서 관리되는 여러 대체물 중 하나라는 사실을 알고 있다. 그런데도 쿨한 척 힘든 '경쟁'을 이어간다. 또한 김연우

---

33 https://www.melon.com/song/detail.htm?songId=30515341

의 '어장관리'라는 곡은 어장관리 결말의 한 버전을 이야기한다.

> 말하자면 이런 느낌 첨인데
> 말하자면 이런 적은 없는데
> 요즘 나 헷갈려 점점 더 깊어져
> 내 곁에 그녈 두고 파
> 한번 만나볼래 우리 같이 볼까
> …
> 우린 좋은 친구잖아
> 난 정말 너희 둘이 좋아[34]

자신이 어장관리 당하고 있다는 사실을 인지하지 못하고 있던 남자는 친구에게 자신이 썸 타고 있음을 '자랑'한다. 나아가 이 썸 관계가 운명이라 생각하고 관계를 연인관계로 발전시키기로 결심한다. 그래서 썸녀에게 '사귀자'라는 명시적 합의 절차를 시작한다. 하지만 대답은 '우린 좋은 친구잖아'라는 거부로 돌아온다.

친밀한 관계는 서로에게 대체불가능한 존재이기를 기대한다. 하지만 현대사회의 개방적 네트워크 체계에서는 언제든지 대체가능하게 되었다. 이는 친밀한 관계에서의 불확실성을 초래한다. '썸' 관계가 젊은 세대들 사이에서 확산된 가장 큰 이유는 어쩌면 바로 대체가능성에 기인하다. 자신의 역할이 누군가에 의해 대체될 수 있다는 두려움을 안고, 나의 존재의 불확실성을 받아들이는 과정에서 고통과 스트레스를 받는다. 2014년 썸 열풍을 일으켰던 장기고와 소유의 '썸'에도 이는 잘 표현되어 있다.

---

34 https://www.melon.com/song/detail.htm?songId=31068419. 포털사이트 다음에서 어장관리를 검색하면 22건의 노래가 검색된다. 이는 어장관리가 젊은 세대의 주된 이슈임을 말해준다.

가끔씩 나도 모르게 짜증이나
너를 향한 맘은 변하지 않았는데
혹시 내가 이상한 걸까
…
이게 무슨 사이인 건지 사실
헷갈려 무뚝뚝하게 굴지마
연인인 듯 연인 아닌 연인 같은 너
나만 볼 듯 애매하게 날 대하는 너
때로는 친구 같다는 말이 괜히 요즘 난 듣기 싫어 졌어
…
분명하게 내게 선을 그어줘
자꾸 뒤로 빼지 말고 날 사랑한다 고백해 줘[35]

화자가 짜증 나는 이유는 상대가 '나만 본다'라는 확신이 없기 때문이다. 그래서 '썸'의 화자는 상대방에게 명시적 합의를 요구하지만, 명시적 합의가 이를 보장하지는 못한다.

4. 유가의 사유체계로 설명하는 새로운 사회관계론

1) 새로운 친밀성에 적용되는 규범

앞서 우리는 친밀성의 구조가 개인이 구성 주체이며 상호주관적으로 명시적 합의가 필요한 관계로 전환되었다는 점을 확인하였다. 이러한 구

35 https://www.melon.com/song/detail.htm?songId=4433490

조를 가진 친밀한 관계는 부분적 감정을 교류하고 단절의 가능성을 인정하며 나와 상대 모두 언제든지 대체가능한 관계라는 점을 확인하였다. 더불어 새로운 친밀성의 구조를 보여주는 대표적인 관계 형식으로 '썸'을 검토하였다. 새로운 친밀한 관계 속에서 많은 청년이 어려움을 겪고 있으며, 대중매체는 다양한 연애 리얼리티 프로그램과 대중가요로 이를 포착하고 표현하고 있다는 사실도 확인하였다.

정학섭도 친밀성의 구조변동과 사람들이 겪는 어려움을 포착하고 이를 '위기'라고 진단한다. 그리고 위기 극복, 즉 '건강하고 안전한 친밀성의 구조'를 구축하기 위해 유가의 사유체계를 검토하였다.[36] 다시말해서 친밀한 관계가 붕괴하지 않고 잘 유지되기 위한 사상적 기초로서 정학섭은 극기복례克己復禮, 충서사상忠恕之道, 측은지심惻隱之心, 상경여빈相敬如賓 등을 제시한다. 이를 새로운 친밀성의 특성과 연결지어 약술하면, 극기복례는 부분적 감정의 교류에 의해 이기적 마음 극복을 위한 공경, 충서사상은 분절을 염두에 둔 배려, 측은지심은 대체가능성을 인정하며 서로를 온전히 대하는 마음이라는 의미를 가진다.

첫째, 총체적 인격을 공유하지 않는 관계에서 사람들은 상대방이 자신의 이익만을 추구하는 '폐쇄적 개인주의' 성향이 있다고 생각하기 쉽다. 자기중심적인 폐쇄적 개인주의를 극복하는 방법으로써 정학섭은 극기복례를 제시한다. 이때 극기복례는 상대방을 공경과 정성으로 대함으로써 해당 관계에서는 서로가 공경과 정성으로 상호작용하고 예의를 갖추어 상호존중 하는 태도이다.[37] 그래서 그는 극기복례를 사랑[仁]이라고 설명한 공자의 설명을 인용한다.

---

36 정학섭, 앞의 논문, 2015, 1쪽.

37 정학섭, 「친밀성의 구조변동과 Friendship의 성격: 유가사상의 관점」, 『사회사상과 문화』 19(4), 동양사회사상학회, 2016b, 51-53쪽.

안연顔淵이 '사랑이 무엇입니까'하고 물으니, 공자께서 '자기의 사욕私慾을 이겨 예禮에 돌아감이 사랑하는 것이다. 하루라도 사욕을 이겨 예에 돌아가면 천하가 사랑으로 귀착歸着한다. 사랑하는 것은 자기 자신에게 달려 있으니, 어찌 남에게 달려 있겠는가.'라고 말씀하셨다.[38]

주자는 이 구절을 "사랑하는 것은 마음의 덕을 온전히 하는 것이고, 마음의 온전한 덕은 천리이나 인욕에 파괴되지 않을 수 없다. 그러므로 사랑을 하는 자가 반드시 사욕을 이겨 예에 돌아가면 일마다 천리여서 본심의 덕이 다시 내 몸에 온전하게 된다."라고 설명한다.[39] 더 이상 총체적 인격이 만나지 않는 관계에서 사람들은 자기 자신의 개인적인 이익과 만족, 욕심만을 추구하려는 유혹에 빠지기 쉽다. 그래서 일부는 상대방을 종속시키거나 지배하려는 태도를 취하기도 한다. 극기복례는 이러한 태도를 경계하고 지양한다.

둘째, 단절과 질적 변화를 피할 수 없는 관계를 인정한다면 우리는 충서의 태도로 상대를 대해야 한다. 충서에 대해 정학섭은 주자의 설명을 길게 인용한다.

자기 마음을 지극히 다하는 것이 충忠이며, 자기 자신의 마음 잣대로 써 타자를 대하는 것이 서恕이다. 공자의 한 가지 이理가 혼연하여 널리 응하고 곡진하게 마땅함은, 비유하건대 천지가 지성무식至誠無息하여 만물이 각기 제 나름대로의

38 『論語』顔淵편 1장, 顔淵問仁子曰克己復禮爲仁一日克己復禮天下歸仁焉 爲仁由己而由人乎哉(번역은 정학섭의 논문(2015; 2016a; 2016b; 2017)에서 인용함. 이 경우 인용 출처를 따로 표기하지 않았음).

39 『論語』顔淵편 1장, 朱子集註, 爲仁者所以全其心之德也. 蓋心之全德莫非天理 而亦不能不壞於人欲. 故爲仁者 必有以勝私欲而復於禮 則事皆天理 而本心之 德復全於我矣.

> 역할을 다하는 것과 같다. … 지성무식이란 도道의 본체이니 만수萬殊가 일본一本인 것이요, 만물이 각기 제 나름대로의 역할을 다한다는 것은 도의 용用이니, 일본이 만수가 되는 것이다. 이같은 관점에서 볼 때, 일이관지의 실제를 볼 수 있다. 혹자가 말하기를 '중심中心이 충이 되고 여심如心이 서가 된다'고 한 것도 뜻이 통한다.[40]

위 인용문에서 주자는 마음을 보편적 이치[天理]로 남김없이 채우고[忠]이를 남에게 베풀어 가는 것[恕]이라고 설명한다. 또한 정자程子는 "충서忠恕는 일이관지一以貫之이니, 충이란 천도天道요 서란 인도人道이며, 충이란 무망(無妄)이요 서란 충을 이행하는 것"[41]이라고 주장한다. 즉 충서란 '한결같이 진실한 마음으로 상대방(타자)의 상황이나 조건을 헤아려 그 처지를 배려하고 보살피는 것'이다.[42] 친밀한 관계에서 자기 마음을 진실하게 하고 그 진실한 마음으로 상대방을 배려하는 태도가 곧 충서의 마음에 따른 태도이다. 이를 정학섭은 '공경과 섬김 친밀성'이라고 명명하고, 이를 서로를 손님 대하듯이 공경하는 것이라고 설명하였다.[43]

셋째, 측은지심은 관계의 대체가능성을 인정하고 모든 관계의 상대방을 보편적 가치로 대해야 한다는 의미를 담고 있다. 측은지심은 익히 알려져 있듯이 사단의 하나로서 인간이 본래 가지고 있는 보편적인

---

40 『論語』 里仁편 15장에 대한 주자의 집주. 盡己之謂忠推己之謂恕而已矣者 竭盡而無餘之辭也. 夫子之一理渾然而泛應曲當譬則天地之至誠無息而萬物各得其所也. 自此之外固無餘法而亦無待於推矣. 曾子有見於此而難言之故借學者盡 己推己之目以著明之欲人之易曉也. 蓋至誠無息者道之體也萬殊之所以一本也. 萬物各得其所者道之用也一本之所以萬殊也. 以此觀之一以貫之之實可見矣. 或曰中心爲忠如心爲恕於義亦通.

41 『論語』 里仁편 15장에 대한 주자의 집주. 忠恕一以貫之忠者天道恕者人道. 忠者無妄恕者所以行乎忠也.

42 정학섭, 앞의 논문, 2015, 15쪽.

43 정학섭, 「부부 가족의 섬김 친밀성에 대한 유가사상적 성찰」, 『한국학논집』 64, 계명대학교 한국학연구원, 2016a, 7쪽.

심성이다. 특히 측은지심은 타인의 불행에 대해서 같이 아파하는 도와주고 싶은 마음이다. 어떤 사람이 고통스러워하고 추위와 배고픔에 허덕이거나 생사의 위험에 직면한 것을 보았을 때, 사람이라면 누구나 참을 수 없는 불안한 마음이 일어난다. 바로 이 '참을 수 없는 불안한 마음'이 인심仁心이며 모든 사람이 선천적으로 본래 가지고 있는 선한 본성이다.[44]

이 '타고난 착한 마음'이 우리가 상대방과 상호작용하며 교류하는 친밀성의 바탕이 되어야 한다. 이러한 감정과 정서가 특정 영역과 상황에서 적절하게 작동하면 친밀한 관계를 형성할 수 있다.[45] 대체불가능한 유일무이성이 아닌 대체가능성의 네트워크 체계에서 관계를 맺는 사람들에게 상대방을 향한 마음의 감정과 그 확장은 이 선한 본성에 기초해야 한다. 맹자가 "내게 있는 사단四端을 넓히고 가득 채워 나가면 마치 불이 처음 붙고 샘이 처음 솟아나듯이 일어난다. 정말로 넓히고 가득 채워 나가면 사해四海를 보존할 수 있지만 그렇게 하지 못할 경우 부모조차 섬길 수 없다."[46]는 바로 관계에서 상대방에게 갖추어야 하는 배려를 의미한다.

이처럼 유가의 사유체계를 기반으로 정학섭은 부분적 감정을 교류하는 관계에서는 자신의 이익과 욕심만을 추구하기보다는 공경의 마음으로 예를 다하는 극기복례의 관계 윤리를, 관계의 단절과 성격 변화가 상존하는 관계를 염두에 두고 언제나 공경의 마음을 다해서 상대방을 배려해야 한다는 충서의 관계 윤리를, 나와 상대 모두 언제나 다른 누군가로 대체 가능한 현실에서 모든 사람을 항상 본래의 착한 마음으로 대

44 채인후, 『맹자의 철학』, 천병돈 역, 예문서원. 2010, 56쪽.

45 정학섭, 앞의 논문, 2015, 20쪽.

46 『孟子』 公孫丑 上편 6장. 凡有四端於我者, 知皆擴而充之矣, 若火之始然, 泉之始達. 苟能充之, 足以保四海; 苟不充之, 不足以事父母.

하기를 기대하는 관계 윤리를 대안으로 제시하였다.

이러한 관계 윤리가 적용되는 관계는 민주적 관계이고, 오래 지속가능하고sustainable, 진정으로 공정하고 평등한fair and equal 관계로 정리된다. 이는 가장 친밀한 관계 중 하나인 부부관계에서도 마찬가지이다. 그래서 친밀성이 건강하게 지속가능하고 상호 공경하는 부부관계에서도 상대의 지위와 역할이 다양하다는 사실을 인정한다며, 친밀성의 이일理一, 분수론分殊論의 관점을 수용해야 한다고 주장한다.[47]

2) 물아일체적 친밀성

친밀성이 위기에 봉착한 현대사회에서 관계에 적용할 수 있는 윤리/규범을 유교의 사유체계에 근거해서 3가지로 제시하였다. 극기복례는 '상대를 향해 폐쇄적이고 지나치게 이기적인 자아를 초극하여 관계 윤리를 회복하는 것', 충서지도는 '견고하고 한결같은 마음을 언제나 마음의 중심에 두고 서로를 지향하는 마음과 그 지향을 하나가 되게 하는 것', 측은지심은 '타자를 향해 차마 그렇게 하지 못하는 공감과 헤아림의 마음과 태도'로 정리하였다.[48] 이러한 윤리적 태도를 지닌다면 오늘날 후기 근대사회를 살아가는 사람들의 친밀성이 붕괴되지 않고 균형을 찾을 수 있을 것이라 기대를 담고 있다.

---

47 정학섭, 앞의 논문, 2016b, 33-34쪽.
48 정학섭, 앞의 논문, 2015, 27-28쪽.

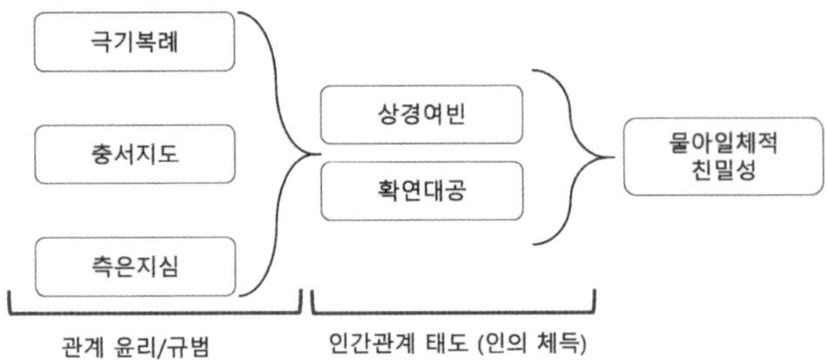

〈그림 2〉 유가적 사유체계에 근거한 물아일체적 친밀성

이러한 3가지 윤리적 태도는 곧, 인仁을 체득한 상태이다. 인仁으로서 친밀성의 구조변동에 대응하고 있다. 이때 새로운 사회관계론을 지향하는 정학섭의 해결 방향이 전통을 향하지는 않는다는 점에 주목해야 한다. 일례로 그는 전통의 복원보다는 부부관계, 연인관계 등에서 '공정하고 평등한 민주적 관계'를 지향한다.[49] 앞서 언급한 세 가지 관계 윤리는 상경여빈相敬如賓과 확여대공廓然大公의 태도로 현실화되어 나타나며, 이러한 관계 태도에 의한 친밀성을 물아일체적 친밀성으로 설명한다.

'상경여빈相敬如賓'은 상대를 손님처럼 존중하고 귀하게 여기는 태도이다. 유교에서 가장 친밀한 관계로 상정되는 부부관계에서도 서로를 존중하는 태도가 필요하다. 이를 위해서는 극기복례의 태도와 충서지도, 측은지심의 진정성에 기초해야 한다. 퇴계도 갓 혼인한 손자에게 보낸 편지에서 부부관계에 대해 조언하며 손님처럼 공경할 것을 조언하였다.[50]

상경여빈의 또 다른 측면은 확연대공廓然大公의 태도이다. 확연대공은 널리 사물에 사사로운 마음이 없이 공평함을 의미하며, 성인의 마음을

49 정학섭, 앞의 논문, 2016b, 7쪽.

50 정학섭, 「사물의인화의 Friendship과 친밀성의 전이」, 『사회사상과 문화』 20(4), 동양사회사상학회, 2017, 19-20쪽.

배우는 학문하는 태도를 뜻한다. 이를 친밀한 관계에 적용하면 확연대공의 태도는 "친밀성의 구조변동으로 빚어진 자폐적 고립과 폐쇄적 사고를 탈각하고 극단화된 개인주의를 벗어나려는 태도"이다.[51] 이는 퇴계가 이달(李達)과 이천기(李天機)에게 답한 편지에서 확인되듯이 사람들은 경을 통해 삼라만상에 내재한 이(理)를 확인하며, 자신에게 내재한 이도 스스로 확장하여 외면과 내면에 이끌리지 않고 안팎을 구분하지 않는 인의 체득과 실천이 가능하다.

> 군자의 마음이 툭 트여 매우 공정할 수 있는 것은 그 성을 온전히 하여 안팎의 구분이 없기 때문이며, 외물이 오면 순응할 수 있는 것은 한결같이 그 이치를 따라 피차의 구분이 없기 때문입니다.[52]

인간관계에 적용하면, 확연대공하고 상경여빈한 태도를 통해 관계를 맺고 있는 상대를 존중하는 마음으로 상대와의 결속과 유대감을 강화한다. 이는 곧 물아일체적 관점으로 이어진다. 확연대공의 태도에서 언급한 '천지만물은 본래 나와 한 몸天地萬物爲一體'이라는 문구가 이를 뜻한다. 퇴계는 황중거에게 답하는 편지에서 인仁을 정호의 용어를 통해 설명하고 있다.

> 인仁이 천지 만물과 더불어 일체가 되고, 측은지심이 사해四海에 널리 퍼지고 우주에 가득 찰 수 있는 이유입니다. 그러나 이것은 허공에 떠 있는 물사가 아닙니다. 사람에게 있는

51 정학섭, 앞의 논문, 2015.

52 『退溪全書』 권13, 書, 答李達李天機. 君子之心 所以能廓然而大公者 以能全其性而無內外也 所以能物來而順應者 以一循其理而無彼此也.(번역은 한국고전종합DB에서 인용).

> 강자는 중추中樞가 되는 총뇌처總腦處이므로 이 물사는 이 속에 가득 차서 천하의 큰 근본이 됩니다. 일정한 모양도 없고 안팎이 없기 때문에 이 속에 가득 채워져 있는 마음은 바로 만물을 일체로 하고 사해에 널리 퍼진 마음이니, 강자 밖에 따로 만물을 일체로 하고 사해에 널리 퍼진 마음이 있는 것이 아닙니다.[53]

이는 자기 자신 안에 우주만물, 그리고 상대가 나 자신과의 관련 속에서 이미 내재되어 있음을 전제로 한다. 이처럼 인을 체득하고 이를 실천한 친밀성은 '물아일체적 친밀성'이라 할 수 있다.[54]

> 성학聖學은 사랑을 추구하는 데 있는 것이니 모름지기 이 뜻을 깊이 체득해야 한다. 그래야만 천지 만물과 더불어 일체가 됨을 알 수 있다. 그래야 사랑을 실현하는 공부가 비로소 친절하고 맛이 있어서 망탕莽蕩)하여 (천지 만물이 자신과) 교류가 없는 염려를 면할 수 있다. 또한 만물을 자기로 여기는 병통도 없게 되어 마음이 덕이 온전하게 될 것이다.[55]

퇴계는 사랑을 추구함으로써 물아일체의 인식으로 나아가고, 물아일체적 인식을 통해 사랑의 실현을 제대로 할 수 있게 된다고 설명한다. 여기에서 물아일체는 나와 천지만물이 일체를 이룬다는 의미이다. 유교

---

53 『退溪全書』 권19, 書, 答黃仲擧. 仁者 所以與天地萬物爲一體 惻隱之心 足以普四海彌六合也 然這也不是 懸空底物事 人有腔子 乃其爲樞紐總腦處 故這箇物事 充塞在這裏爲天下之大本 由其無方體無內外 故充塞在這裏底心 卽是體萬物普四海底心 非外腔子而別有箇體萬物普四海底心也.(번역은 한국고전종합DB에서 인용).

54 정학섭, 앞의 논문, 2017, 113쪽.

55 『聖學十圖』 第二西銘圖. 蓋聖學在於求仁 須深體此意. 方見得與天地萬物爲一體. 眞實如此處 爲仁之功 始親切有味 免於莽蕩無交涉之患. 又無認物爲己之病 而心德全矣.

에서 하늘은 아버지, 땅은 어머니를 일컬으며, 하늘과 땅 사이에 내가 작은 존재로 위치한다.[56] 이러한 인식은 하늘/땅-인간의 관계를 부모-자녀의 혈연적 가족관계로서 인식하는, 인간관계의 친밀성에 대한 사유체계를 드러낸다. 이러한 사유체계에서 자아는 개체로서의 자아일 뿐만 아니라 모든 인간 및 만물과 친밀성의 관계를 맺는 존재로서의 자아이다.[57] 그래서 퇴계는 『서명』이 "나와 천지와 만물이 그 이치가 본래 하나인 까닭을 반복하여 밝히고 있는 것"[58]이라고 주장한다. 천지, 인간, 만물의 존재는 그 기질의 다양성에도 불구하고 하나의 이치一理로 관통한다. 이처럼 하나의 이치로 관통할 수 있는 이유는 자아와 만물이 차이를 인식하고 소통하며 일체감을 획득하는 물아일체를 통해 실현할 수 있기 때문이다.

이때 중요한 것은 인식의 주체가 '자아(개인)'라는 점이다. "이치를 궁구하고 궁구해 나가면 쌓이고 깊이 익숙해져서 자연히 마음이 점차 밝아지고 의리의 실체가 점차 눈앞에 나타나게 된다."[59]하는 데서 확인된다. '그 속에서 노닐기'와 '마음이 점차 밝아지고'의 주체가 자아이다. 자아는 고정되어 있지 않다. 인식의 주체인 자아가 외부세계에 어떻게 반응하느냐에 따라 작용 권력이 커지기도 하고 작아지기도 한다.[60] 관계의 주체는 '자아', 상대가 아니라 '나'이다. 이는 상호주관성을 인정하고 상호작용을 인정하는 것과는 무관하다.

물아일체적 친밀성은 자아와 상대방 사이의 소통과 연대를 가능하게 한다. 하지만 부분적 감정 교류와 단절가능성 및 대체가능성이 존재

---

56 『西銘』 乾稱父坤稱母 予茲藐焉乃混然中處.

57 정학섭, 앞의 논문, 2017, 27쪽.

58 『退溪全書』 권7 西銘考證講義. 橫渠此銘 反覆推明吾與天地萬物 其理本一之故.

59 『退溪全書』 권14 書, 答李叔獻. 別紙 如是窮來窮去 積累深熟 自然心地漸明 義理之實 漸著目前.

60 신태수, 「퇴계 독서법에 있어서 자아와 우주의 관계」, 『한민족어문학』 (62), 한민족어학회, 2012, 7-9쪽.

하는 관계에서 관계 그 자체에 집착하면 자아는 상대에 종속될 가능성이 크다. 퇴계의 물아일체론적 친밀성은 자아의 우주화를 통해 이를 극복한다. 이理의 능동성에 근거하여 자아는 세상(사회)을 향해 나아가고 하늘의 뜻을 향해 뻗어나간다.

5. 결론을 대신하여

오늘날 친밀성은 사회관계의 기초라는 의미도 지니고 있으며, 사람과 사람 사이의 친밀성 지향과 그 성격은 한 사회의 미래를 가늠하는 지표이기도 하다. 그래서 친밀한 관계의 붕괴는 곧 '존재 의미의 사라짐'을 뜻한다. 친밀한 관계에서 서로는 상대방에게 소중한 망루이며, 견고한 성채이다.[61] 따라서 친밀성의 구조를 살피고, 적용되는 규범을 검토하는 작업은 중요하다.

이 글은 '썸'을 친밀성의 구조변동 과정에서 나타난 새로운 관계로 상정한다. 썸은 연인관계로 발전하기 이전 단계라는 의미를 넘어서 새로운 유형의 친밀한 관계라는 의미를 지니고 있다. 그 의미 탐색을 위해 대중과 언론 특히 젊은 세대들에 의해 발견되어 '썸'이라는 명칭을 부여받는 이유에 주목하였다. 최근의 친밀성은 부분적 감정만을 교류하고 언제든지 단절가능한 관계이며, '나'는 상대에게 유일한 존재가 아니며 다른 누군가에 의해 대체 가능한 존재이다. 썸은 관계의 안전성과 지속성, 유일무이성을 추구하지 않는다.

61 정학섭, 앞의 논문, 2015, 28쪽.

썸 관계로 대표되는 새로운 친밀한 관계는 많은 어려움을 동반한다. 끊임없이 변화하고 재구성되는 관계와 단절가능성 및 대체가능성을 알고 있음에도 관계에 헌신해야 하며, 그 헌신을 상대방에게 요구할 수 없다는 사실은 그 자체가 고통과 스트레스이다. 나아가 이 친밀한 관계에 참고할 수 있는 규범과 지식, 관습은 아직 정립되지 않았다. 어려움에 부딪히면 스스로 관계를 끊임없이 재구성해야 하는 주체는 '나(자아)' 개인이다. 이 친밀한 관계를 벗어난 생활은 불가능하다. 그래서 연애 상담을 받고 코칭을 의뢰하며 타인의 연애를 관찰한다. 이는 새로운 친밀성에 적용될 규범의 부재에 따른 현상이다.

본 연구는 새로운 친밀성에 적용될 관계 윤리와 관계 태도를 유가적 사유체계에 근거한 정학섭의 논의를 재구성하여 제시하였다. 그는 오늘날 우리가 접하고 있는 친밀성 위기를 극복하는 새로운 친밀성으로 물아일체적 친밀성을 제시한다. 이는 우주만물이 하나의 이치를 공유하며 공유할 수 있다는 생각에 토대한다. 나와 우주의 내재한 이치를 따르는 태도는 인仁의 실현이며, 이는 상대를 손님처럼 존중하며 공정하고 공평하게 대하는 태도로 드러난다. 이를 위해서는 사사로운 감정과 이익, 욕심을 예로 극복하고 한결같이 진실한 마음으로 상대를 배려하며 보편적 선한 본성에 근거하여 대하는 관계 윤리도 필요하다. 이러한 태도와 윤리는 성인과 군자로 명명되는 일부 고차원적인 사람들에게서만 가능한 것이 아니다. 인간이면 누구나 실천 가능한 윤리이다.

MZ 세대에게 유학은 탈윤리 시대의 대안이 될 수 있는가?

양선진

MZ 세대에게 유학은 탈윤리 시대의 대안이 될 수 있는가?

—

양 선 진

1. 들어가는 말

2020년까지 15~40세의 인구 비율은 세계 인구의 33%를 차지한다고 한다. 인구 노령화에 따라서 인구 비중에서 큰 부분을 차지했던 베이비붐 세대가 노령화되면서 인구에서 차지하는 비중이 줄어드는 점을 고려하면 2040년에는 15세~40세 이전의 시대가 전 세계 인구에서 차지하는 비율은 50% 이상을 차지할 전망이다.[01] 15세~40세 사이의 출생자들은 1980년대 초~2000년대 초 출생한 `밀레니얼 세대'와 1990년대 중반부터 2000년대 초반 출생한 'Z세대'로 구성되며 이들을 통칭해서 신조어로 'MZ 세대(밀레니엄+Z세대)'라고 부르기 시작한 시기는 최근이다.[02] MZ 세대는 기존 X세대와 Y세대와는 다른 세대이다. 2022년 현재 이들은 10대 후반에서 30대의 청년층을 의미한다. 한국의 통계청에 따르면, 2019년 기준에서 10-30 세대는 국내 전체 인구의 약 1700만명이며 34%를 차지한다고 한다.[03] 인구가 노령화되면 될수록, MZ 세대들, 즉 한국

---

01 https://terms.naver.com/entry.naver?docId=6084621&cid=42107&categoryId=42107.

02 https://ko.wikipedia.org/wiki/MZ%EC%84%B8%EB%8C%80, 검색일2022년09월05일

03 홍상현. (2021. 6. 19). [MZ세대 대해부①] MZ세대, 그 들은 어떻게 탄생했나. 투데이신문.

의 10대, 20대 그리고 30대들은 시대적 흐름의 중심을 이루고 사회의 중심 역할을 담당할 것이며 사회적 트랜드의 중심이 될 것이다. 예를 들면, MZ 세대들이 가는 곳은 핫플레이스가 되고 이들이 소비하는 것은 트랜드가 된다.

세대란 영어로 'generation'이며 의미는 '공통의 체험을 기반으로 하여 공통의 의식이나 풍속을 전개하는 일정 폭의 연령층'이다.[04] 한 세대는 생각하고 느끼는 방식에서 공통된 부분이 있음을 의미한다. 따라서 세대가 같다는 것은 동일 세대가 공유하는 공통된 가치관과 세계관이 존재한다는 것을 의미하며 세대가 다르다는 것은 다른 세대와 생각하는 가치관과 세계관의 차이가 존재한다는 것을 의미한다.

예를 들면, 소소하지만 확실한 행복의 줄임말인 '소확행'이라는 신조어가 유행하기 시작한 것은 2018년 전후이며[05] MZ 세대라는 신조어가 등장한 시기도 비슷하다.[06] MZ 세대의 나이는 10-30 세대이며 기성세대와는 또 다른 가치관과 세계관을 갖고 있다. MZ 세대가 한국 사회의 중심적인 가치관과 세계관을 형성하는 주류 세대들이라면, 이들이 구축하는 세계는 어떤 사상적 근거에 기초하며 이들에게 동양 사상은 어떤 의미가 있으며 동양 사상, 특히 왕양명(王陽明, 1472-1529)의 사상이 현대 사회의 탈윤리적 병폐를 치유할 해결책으로 적합한 것인지 성찰해보고자 한다.

---

04 https://terms.naver.com/entry.naver?docId=795026&cid=46634&categoryId=46634.

05 https://www.joongang.co.kr/article/25027643

06 https://blog.naver.com/korra3/222694371238 (2021년05월09일 검색)

2. 디지털 사회와 개인주의

MZ 세대는 아날로그적 사회에서 디지털 사회로의 전환에 친숙한 세대이며 인터넷과 휴대폰은 MZ 세대들의 수족과도 같다. analog는 '닮음·비유'란 뜻의 그리스어 analogia에서 나왔다. 곧 아날로그는 '수 다루기의 흉내 내기'란 뜻이며 "수를 간접적으로 다루는 방식"이다. 아날로그 기계의 대표적인 예는 저울이다. 디지털은 "수를 직접 다루는 방식"을 의미하며 디지털에서 digit은 '숫자'를 뜻한다. 디지털식 기계의 대표적 예는 컴퓨터다.[07] 디지털의 기원은 아날로그 세상이다. 아날로그 세상은 물질로 구성되었으며 물질의 최소 단위는 원자atoms다. 아날로그 세상은 실재 세계가 주도하는 현실의 세상이다. 디지털은 0(꺼짐) 아니면 1(켜짐)이라는 이진법의 각종 조합을 통해서 물질세계 중심의 아날로그의 연속적인 실재 세계를 0과 1이라는 단절적 신호의 디지털의 세계로 전환한다. 디지털 신호를 구성하는 비트는 컴퓨터를 움직이는 기본 단위다. 비트, 즉 0과 1로 이루어진 데이터의 최소 단위이자 정보를 구성하는 기본 단위가 지배하는 디지털 세계는 아날로그의 물질과 달리 색깔도 없고 무게도 없는 비물질적인 가상세계이다.[08]

MZ 세대는 Wi-Fi의 보급과 함께 인터넷 사용이 대중화되면서 어릴 때부터 디지털 매체인 스마트폰을 자신들의 몸처럼 여기며 소셜미디어SNS에 친숙한 세대이다. 이들은 아이폰이 출시된 2007년과 한국에 갤럭시 폰이 대중에서 보급된 2010년부터 학창 시절을 보낸 세대이다. 스마트폰이 대중화되기 시작하면서 한국의 세대는 스마트폰 세대 이전과 이

07 http://legacy.h21.hani.co.kr/section-021021000/2002/10/021021000200210160430015.html

08 [네이버 지식백과] 아날로그와 디지털 (디지털 데이터, 정보, 지식, 2013. 2. 25., 백욱인)

후로 구분될 수 있다. 10대 후반에서 30대의 청년층은 휴대전화기, 인터넷 등 디지털 환경에 친숙하다.

디지털 환경에 익숙한 MZ 세대의 소통 수단과 매체는 스마트폰을 통해서 가능하다. MZ 세대는 스마트폰을 통해서 디지털 환경인 시공간적 제약을 초월해서 다른 문화의 사람들과 소통하면서 다른 나라의 문화와 접촉의 빈도가 증가하면서 다른 문화를 스스럼없이 받아들이는 세대이다.[09] 그들은 스마트폰을 매개로 세계와 소통하면서 세계인과 정보를 공유하고 공감대를 형성하는 경계 이탈 및 탈경계의 세대이다.

20세기 중반에 탄생한 Y세대[10]는 컴퓨터와 인터넷에 친숙하지만, 데스크톱에 기반을 둔 정보사회의 세대라면, 20세기 후반에 탄생한 MZ 세대는 어린 시절부터 스마트폰과 Wi-Fi에 기반한 인터넷 사용에 친숙하며 물리적, 시공간적 한계를 받지 않는 편재성(유비쿼트)와 이동성(모빌리티)에 기초한 초연결사회에 사는 세대이다.[11] 21세기 인공지능과 빅데이터 및 사물인터넷이 발달한 디지털 기반 사회에서는 가상이 현실보다 앞서 존재하며 현실의 시공간과 가상의 시공간이 혼재한다.[12]

프랑스 철학자인 미셸 세르(Michel Serres, 1930-2019)는 스마트폰을 늘 손안에서 놓지 않고 엄지손가락으로 세계와 소통하는 세대라고 해서 엄지세대La petite poucette』(2012)라고 명명하였다.[13] 세르는 엄지 세대가 바로 진정한 의미의 개인이 탄생하였다고 주장한다. 역사적으로 보면, 개인이란

09 홍상현. (2021. 6. 19). [MZ세대 대해부①] MZ세대, 그 들은 어떻게 탄생했나. 투데이신문.

10 Y세대는 제2차 세계대전 이후 1946~1965년 사이에 출생한 베이비붐 세대의 자녀 세대를 말한다. (네이버 지식백과의 시사상식사전 참조)

11 일반적으로 1980년대 초~2000년대 초 출생한 밀레니얼 세대와 1990년대 중반~2000년대 초반 출생한 Z세대를 통칭하는 말이다. (네이버 지식백과의 시사상식사전 참조)

12 양선진,「네트워크 존재론의 시대」,『퇴계학논집』, 영남퇴계학연구원, 2018, 459-490쪽.

13 Serres, M. *La Petite Poucette*, Paris: Le Pommier, 2012,

존엄한 존재라는 의미에서 개인이 탄생하였고 모든 권력과 구속에 벗어나려는 움직임은 바로 종교개혁의 결과이다. 데카르트의 코기토에서부터 모든 선입견과 편견에서 독립적인 생각하는 개인이 시작되었다고 주장하지만, 진정한 의미의 개인이 등장한 것은 바로 최근의 일이다. 정보 독점권을 지녔던 대중매체mass media로부터 독립된 개인이 정보 권력을 형성할 수 있는 배경에는 SNS라는 독립 매체가 큰 역할을 하였다.[14]

MZ 세대는 국가주의가 강렬한 기성세대와 다르게 개인주의를 더 선호한다. 그들은 과거의 사회적인 질서와 위계를 강조하기보다는 상호성에 기반을 둔 관계를 강조하는 세대이다. 그들은 기성세대와 달리, 다른 사람들과 똑같은 사고보다는 나만의 '개성'을 강조하는 세대이다.

기성세대는 아날로그 세대이며 아직 컴퓨터가 자신의 삶에서 큰 비중을 차지하지 않는 시대이다. 1990년 컴퓨터가 등장하면서 등장한 세대가 바로 Y세대이다. 그들은 디지털 기기에 거부감이 낮지만, Z세대와 달리 모바일 세대가 아니라 컴퓨터 즉 데스크톱에 익숙한 세대이다. SNS에 기반한 MZ 세대의 개인들에게 공간적 거리는 문제가 되지 않는다. 이들은 SNS를 통해서 정보를 습득하고 지식을 가질 수 있으며 이들의 친구는 동일 공간 속에 거주하는 이웃이 아니라 사회연결망 안에서 지식과 정보를 공유하는 사람들이다. MZ 세대의 개인들은 동질적 공간에 거주하는 사람들과 교류하고 연대하면서 형성된 소속감과 친밀감의 한 형태인 민족적 관념이나 이데올로기에는 무관심하고 가상공간 안에서 교류하는 개인들과 더욱 강한 연대감을 느낀다. 이들은 동질적 국적이나 출

14 Serres, M. *Pantopie, ou le monde de Michel Serres. De Hermès à Petite Poucette* (avec Martin Legros et Sven Ortoli), Paris: Le Pommier, 2014, pp. 336. (새로운 [정보] 기술은 새로운 개인들이 기다리던 도구다. 이 개인들은 그들보다 많이 아는 제 3자들이 부재한 가운데 서로 관계를 맺고 만남을 조직할 도구를 필요로 한다. 역사상 개인이 과거의 전통적인 기관과 견줄 정도의 과학과 정보와 의사결정력을 가진 적은 없었다. [...] 이것이 디지털 혁명이 가능케 한 것 중 하나다)

신 지역에 대한 소속감과 정체성을 형성하는 폐쇄성보다는 이질적 집단에 대한 개방성이 강하다.

MZ 세대은 국경이라는 지역적 공간의 틀을 초월하며 공간 중심의 문화 역시 초월한다. 그들은 조직과 국가에 충성하기보다는 자신들과 공감대를 형성하는 집단에 강한 연대 의식을 갖는다. 기성세대의 연대 의식이 반영구적이고 경직되었다면, MZ 세대가 갖는 연대 의식은 유연하며 일시적이다. 기성세대는 균질적 공간성이 매우 중요하다고 생각하기 때문에 지역적 소속감, 국가에 대한 충성을 의미하는 애국심이 매우 중요한 세대였다면, MZ 세대의 소속감은 일시적이다. 그들은 공간을 초월해서 다양한 관심에 따라서 커뮤니티를 자주 이동한다. 그들의 지속적 연대 의식은 언제든지 깨질 수 있으며 변할 수 있다고 판단하기 때문에 공동체를 위한 희생은 큰 의미가 없다고 보며 조직이나 공동체보다는 '자기 자신'이 가장 소중하며 의미의 최소 단위라고 생각하기 때문에 공동체에 대한 소속감보다는 개인주의가 가장 소중한 가치로서 역할을 한다.

MZ 세대와 전혀 다른 기성세대는 공간중심적 사고에서 기원한 기존 질서와 전통을 유지하고 보존하는 데 관심을 두고 과거 지향적 가치가 지배적이다. 기성세대는 컴퓨터 세대가 아니다 보니 공간적 사고에 직접적인 영향을 받아서 지역주의, 국가주의에 기반을 둔 사고 체계를 갖고 기존 체제와 전통을 보존하고 유지하려는데 관심을 지닌 보수주의적 성향이 있다면, 기성세대의 다음 세대인 X세대[15]는 아날로그 사회에 친숙하면서도 컴퓨터의 등장과 함께 컴퓨터 기반의 디지털 사회의 등장에 힘들

15 무관심 · 무정형 · 기존 질서 부정 등을 특징으로 하는 1965년~1976년 사이에 출생한 세대이다. (네이버 지식백과의 시사상식사전 참조) X새대와 Y세대의 명확한 연령별 차이를 논할 수는 없다. 일반적으로 X, Y 세대는 MZ세대와 대비해서 사용되고 있다.

게 적응한 세대이다.[16] X세대는 아날로그 사회의 기반인 사회 체제를 유지하려는 보수적 측면과 함께 디지털 사회를 경험하면서 기존 체제를 변화시키려는 진보적 성향을 보인다. 그들은 기존 사회 제도와 사상의 변화를 추구한 세대라고 할 수 있다. 기성세대와 X세대는 모두 기존 정치와 경제에 대한 양극적 입장(진보주의/보수주의, 시장주의/반시장주의)의 하나를 선택하는 데 관심을 둔다.[17]

X세대는 기성세대처럼 공간 중심적 사고에서 완전히 벗어난 세대가 아니므로 공간적 한계와 특성에서 기원한 사고 체계에서 완전히 벗어난 세대가 아니며 이데올로기가 여전히 지배하는 세대이다. 기성세대가 정치적 보수주의가 지배하는 세대라면, X세대는 정치적 진보주의가 지배한 세대이다. 기성세대가 전통 사회의 기존 질서의 특성과 의미를 찬미하며 사상과 정치 이데올로기에 관심을 두는 세대가 지배적이라면, X세대는 기존 질서를 붕괴하려는 경향이 있으며 대안으로 새로운 질서를 세우려는 정치 및 경제 이데올로기가 지배하는 세대이다. 그러나 MZ 세대는 정치적 이데올로기나 경제적 단일한 이분법적 이데올로기의 이념적 틀에서 벗어나서 자신들의 삶과 직접적인 관계가 없는 부분, 즉 기존의 이분법적 거대 담론macro discourse에 기초한 정치와 경제적 제도에는 그다지 관심이 없다. 그래서 전통적 범주에서 보면, MZ 세대는 진보도 보수도 아니며 시장주의자도 반시장주의자도 아니다. MZ 세대는 기존의 정치적 신념(자유민주주의/사회민주주의)과 경제적 신념(자본주의/공산주의)의 거대 담론적 틀로는 설명할 수 없는 세대이다.

그들은 구태의연한 과거의 균질적이며 단일한 이분법적 도식에 근거

16 양선진, 「공간적 사고에서 시간적 사고로의 전환 - 왕양명과 베르그손의 사상을 중심으로-」, 『동양철학』, 한국동양철학회, 2017, 95-123쪽.

17 손정희, 김찬석, 이현선, 「MZ세대의 커뮤니케이션 고유 특성에 대한 각 세대별 반응 연구 -MZ세대, X세대, 베이비붐세대를 중심으로-」, 『커뮤니케이션디자인학연구』, (사)한국커뮤니케이션디자인협회 커뮤니케이션디자인학회, 2021, 203-216쪽.

한 정치적 신념에 자기 자신을 희생하거나 자신을 가두려고 하지 않는다. 그들은 지역과 국가의 공간성을 초월해서 삶을 영위하려는 경향 때문에 유사한 지역과 국가라는 공간적 균질성에 기반한 문화에 기반한 정치적이며 경제적 문화에 적응하려고 하지 않는다. 그들은 기존의 문화를 파괴하고 정치적이고 경제적 문화를 새롭게 창조하는 세대이다. 기성세대가 볼 때, MZ 세대의 정치적 신념과 문화는 탈이데올로기처럼 보이며 자신들의 이익에만 관심을 두는 천박한 실용주의자처럼 보이지만 실상은 기존의 정치적이고 경제적 이데올로기로는 설명할 수 없을 뿐이다. 예를 들면, 효 사상은 기성세대에게는 사회 보존과 질서 유지 차원에서 매우 유의미한 도덕적 신념이지만 MZ 세대에게 사회 체제의 유지로서의 효 윤리란 단순히 기성세대의 수직적 관계를 유지하고 옹호하려는 구태의연한 전통 사상처럼 보일 수 있다. 기성세대가 볼 때, MZ 세대의 윤리는 마치 개인의 이익과 관련된 부분만을 윤리라고 인정하는 것처럼 보일 것이다. 대표적인 예시가 개개인들의 삶에서 직접적인 관련이 있는 공정fairness, 즉 정의justice로운 분배에 대한 논의가 MZ 세대에게 중요한 윤리적이며 정치적 문제가 되는 이유이다.[18]

MZ 세대가 사회적 중심적 역할을 하는 시대는 아날로그 문명사회에서 디지털 문명사회로 전환되는 시대이다. MZ 세대가 중심이 되는 사회는 기존의 거대 담론 중심의 경제적 이데올로기와 국민국가 이데올로기, 및 가족 개념이 흔들리고 새로운 문명의 기초가 새롭게 형성되는 세대이다. MZ 세대가 한국 사회의 중심 역할을 하는 시대가 온다고 곧 이데올로기의 붕괴, 이념의 붕괴 그리고 윤리의 붕괴라고 단정할 수 없으며 오히려 새로운 이념과 윤리의 시작을 의미한다.

18 "공정"이란 문제는 단순히 MZ세대만 관심사항은 아니지만 정치에 무관심한 MZ세대의 특별한 관심 사항이다.

3. 윤리성의 회복과 새로운 윤리 제시

MZ 세대는 부모 세대와 달리, 자신과 직접적인 관계가 없는 이데올로기적 논쟁의 사회 문제에 관심을 보이지 않고 개인적 관심 영역과 관련된 부분에만 관심을 두고 다른 사람의 행동을 모방하기보다는 자신의 취향과 기호에 집중하는 미시 담론micro discourse 중심의 개인주의적인 성향을 보이며 미래보다는 현재를 중시하는 경향이 강하다.

MZ 세대는 초연결성에 근거한 디지털 사회에 살고 있다. 아날로그의 연결망은 하나의 연결선이 다른 연결선을 선형적linéaire으로 연결하며 일방적인 일대일 대응이며 인과적 관계를 기반으로 중심이 있다면, 디지털 연결망은 연결 조직망이 서로 연결되고 뒤엉켜있기 때문에 선행하는 연결망과 후행하는 연결망의 순서를 알 수 없고 중심도 없고 구분할 수도 없다. 아날로그의 소통방식이 수직적이며 인과적이라면, 디지털 소통방식은 상호적이며 가역적이다.

Y세대는 컴퓨터와 인터넷의 보급에 영향을 받지만 가상공간보다는 현실 공간에 지배를 받는 세대이기 때문에 인간과 인간 사이의 정보 교류가 바탕이 되는 정보사회의 세대라고 한다면, 현실 공간보다는 가상공간에 지배를 받는 MZ 세대는 인공지능AI, 빅데이터, 사물인터넷IoT 등 다양한 매체에 의해서 소통하고 정보를 교류하면서 인간과 인간 사이뿐만 아니라 인간과 사물을 연결하는 초지능 사회 및 초연결사회에 익숙한 세대이다.

아날로그 사회의 중심 매체인 대중매체는 송신자와 수신자가 구분되며 일방적이며 선형적이다. 대중매체의 송신자는 정보를 제공하는 원인이 되고 중심이 되며, 수신자는 정보의 결과를 받고 소비하는 주변이 될 뿐이며 정보의 차원에서 보면, 정보의 송신자가 정보를 제공하면 수

신자는 정보를 소비하는 비가역적 특성이 있다. 정보의 권력 차원에서 보면, 일방적인 일대일 대응이며 인과적 관계만이 존재한다, 디지털 사회의 중심 매체인 사회연결망인 SNS는 송신자와 수신자가 명확히 구분되지 않으며 정보가 일방적인 것이 아니라 판형적(tabulaire) 특성이 있다. 판형적이란 정보의 송신자와 수신자가 일방적으로 결정되는 것이 아니라 정보를 상호 교류하고 소통하는 다면적이며 정보의 송신자가 다시 수신자가 될 수 있으며 정보의 수신자가 다시 송신자가 될 수 있는 가역적 특성이 있으며 정보 권력 차원에서 일방적이지 않고 중심도 없으며 상호교환적인 특성이 있다. 따라서 정보의 중심이 존재하지 않으며 정보의 송신자와 수신자가 결정적이지 않고 상호의존적인 특성이 있다.[19]

디지털 중심 사회에 사는 MZ 세대는 그들을 구속하는 사회 규율로서 기존의 보편적 윤리를 수용하기 힘들다. 이런 이유에서 사회의 중심 윤리를 강조하는 현대 디지털 사회의 중심적 역할을 하는 MZ 세대는 거대 담론에서 탄생한 근대윤리이론들에 대해서 불편한 마음이 생길 수밖에 없다. 사회적 행복의 기준을 양적인 다수결에 따라서 해결하려는 최대 다수의 최대 행복을 주장하는 공리주의적 입장, 즉 다수결의 논리 앞에서 소수의 개인이 무력해지는 논리는 그들에게 적합한 윤리가 될 수 없으며 인간의 보편적 도덕법칙에 근거한 윤리를 강조하는 칸트의 의무론적 윤리적 입장, 즉 개인의 구체적 경험의 맥락과 경험을 간과한 상태에서 평균적 인간의 보편성만을 강조하는 논리도 개인의 개성을 무시하기 때문에 그들에게는 부적합하다.[20] 근대 사회의 거대 담론에 대한 거부

---

19 Serres, M, *Hermès I. La communication*, Paris: Éditions de Minuit, 1969

20 칸트는 미적 체험에서도 무관심성 또는 무사심성이라는 개념을 통해서 개개인의 미적 체험을 부정하고 보편적 미적 체험을 역설하였다. (우리의 미학자들이 칸트의 편을 들어, 미의 마력 안에 심지어는 실오라기 하나 걸치지 않은 여성의 서 있는 모습마저도 '무관심하게' 볼 수 있다고 지치지 않고 주장한다면, 그들의 허튼 짓을 약간은 비

감이 있는 MZ 세대는 인간의 구체적 삶의 맥락을 강조하면서 근대의 강압적 사상과 윤리에서 해방될 것을 강조하는 니체(Friedrich Wilhelm Nietzsche: 1844-1905)에 열광하는 것도 이런 이유일 가능성이 있다.

> "일반적으로 금욕주의적 이상이 인간에게 그렇게 많은 의미를 지니고 있다는 사실, 그 안에는 인간 의지의 근본 사실, 즉 인간 의지가 지닌 공허의 공포가 표현되어 있다: 인간의 의지는 하나의 목표가 필요하다. - 내 말을 이해했는가?... 전혀 모르겠습니다! 선생님! 그럼 처음처럼 시작해보자.'[21]

니체는 근대의 철학이 개인에 기초해서 철학적 입장을 근거 짓는다고 했지만, 실제로 근대의 철학적 담론은 인간의 보편적 이성에 기초한 보편성의 철학이자 보편성의 윤리였다고 지적하면서 특히 근대 개인의 구체적 삶의 목적과 의미가 추상적인 금욕주의적 이상에 정초하면서 인간 개개인의 구체적 삶의 양태와 의미 및 특성을 간과한 윤리관이라고 지적하면서 개개인들의 다양성과 차이점을 부정하는 금욕주의적 윤리관이 아닌 개개인의 구체적 삶의 맥락과 특성 및 다양한 면을 인정하자는 차원에서 새로운 철학을 제시하였다. 니체는 금욕주의적 윤리가 삶의 의지적 특성을 지나치게 간과하고 개개인들의 삶의 다양성과 차이점을 부정하는 철학이라는 점에서 비판한다.[22]

개인주의적 경향이 강하고 개성을 중시하는 MZ 세대는 개인의 관점

웃어도 좋을 것이다.『도덕의 계보』, 박찬국 옮김, 아카넷, 2019, 463쪽.)

21 니체,『도덕의 계보』, 박찬국 옮김, 아카넷, 2019, 451쪽.

22 니체는 개인적 생의 본질인 권력의 의지를 부인하는 금욕주의를 강력히 비판한다. (니체, 같은 책, 134쪽.)

perspectivism을 강조하는 니체의 사상를 좋아한다.[23] [24] 칸트철학은 개인을 발견한 종교개혁의 산물로 등장한 철학이지만 칸트의 개인이란 개개인들의 질적 특성과 개성을 간과한 동일성과 보편성의 개인이라는 점에서 양적 개인주의라고 할 수 있고 진정한 개인, 즉 개성이 강한 MZ 세대에게 적합하지 않다.[25] 니체는 개개인들의 차별성과 개체성을 인정하고 존중하는 철학이라는 점에서 나름대로 의미가 있다고 지적한 사회학자이자 철학자가 바로 짐멜(Georg Simmel: 1858-1918)이다.

사회학과 철학이 분업 관계를 이루면서 상호 보충적인 관계에 있다는 견해를 지녔던 짐멜은 사회적 관점에서 칸트철학을 연구한 이후에 문화철학적 관점과 생철학적 관점에서 니체에 관해서 연구를 진행하였으며 생철학의 중심에 있는 베르그손도 관심을 두고 연구하였다. 이러한 연구 결과가 바로 『개인의 법칙(1913)-윤리학의 원리에 관한 시론-』이다.[26] 베르그손과 니체 모두 개개인들의 개성과 차별성 및 개체성을 강조한 철학자들이다. 짐멜이 보기에, 칸트가 주관적 개인의 개별성과 차별성, 즉 질적 개인의 차별성을 간과하고 개인을 양적 차원에서 인간의 공통성인 객관성과 보편성만을 강조하였다면, 베르그손과 니체는 개인의 차별성과 개체성을 존중한 개인의 질적 특성을 인정한 질적 개인을 인정하였다. 이와 유사한 맥락에서 도덕적 판단 주체로서 개인을 강조하고 개개인들의 특성을 삶의 맥락에 따라서 인정하고 다양한 개인들의 삶을 인정하자는

---

23 "'진리'는 없다."(같은 책, 114쪽)거나 "[정신, 이성, 사유, 영혼, 의지, 진리를 포함해서] 모두가 다 소용 없는 허구들이다."(302쪽)(프리드리히 니체. 2001-2005.『니체전집』. 김정현 · 백승영 · 이진우 외 옮김. 서울: 책세상.)

24 대중문화의 중심 수비 계층이 바로 MZ세대이기 때문에 MZ세대와 니체를 연결 및 관련시켜서 이해할 수 있다. (최진아,「대중문화의 허무주의 현상에 대한 비판적 연구 - 니체의 근대문화비판을 중심으로-」,『니체연구』, 한국니체학회, 2009. 참조)

25 짐멜은『개인의 법칙(1913)-윤리학의 원리에 관한 시론-』라는 저술에서 칸트의 철학이 양적 개인주의적 차원에 머물면서 질적 개인을 간과하고 있다고 지적한다.

26 짐멜,『개인의 법칙(1913)-윤리학의 원리에 관한 시론-』, 김덕영 옮김, 길, 2014.

사상과 윤리학을 전개한 동양 철학자가 바로 왕양명(王陽明: 1472-1528)이다.

> 묻기를 양지는 하나일 뿐입니다...어떻게 각자가 스스로 이치를 보면서도 같지 않습니까? ....선생님께서 말씀하시기를 성인이 어찌 죽은 격식死格에 구속될 수 있는가? 큰 요지가 같은 양지에서 나왔으니 각자 다양한 입장과 학설을 갖는다고 해로운 것이 있겠는가? 만약 뜰의 대나무가 같은 가지와 마디에서 나왔다면, 대개 같은 것이다. 만약 가지와 마디에 구애되고 고정된 상태에서 높고 낮음이 크고 작음이 같기를 요구한다면, 곧 조화調和의 묘수가 아니다.[27]

칸트의 윤리학은 인간의 구체적 개성과 차별성을 무시하고 질적 차이를 강조하는 개인에게 정언명령이라는 보편적 윤리 법칙이라는 핑계로 천편일률적으로 적용하려는 것은 개인의 차별성과 개성을 무시하는 죽은 윤리死格이다. 왕양명은 개인들의 도덕적 판단을 존중하는 윤리학이며 다양한 개인들의 삶의 맥락과 의미를 인정하면서 사회가 도덕과 윤리적 기준을 제공해서는 안 되고 개개인의 내면에서 비롯돼야 한다고 주장한 철학이며 개인의 양지良知에서 발현된 윤리는 개인마다 다를 수 있다고 주장한다.

왕양명은 만약 대나무의 가지와 마디가 같은 대나무에서 기원한다면, 가지와 마디가 다르지만, 각각의 다른 부분이 모여서 조화로운 대나무를 형성하는 것과 같은 이치라고 보았다.[28] 개인의 다양한 윤리적 기

27 『傳習錄』, 288조목, 問: 良知一而已: 何以各自看理不同? 先生曰: 聖人何能拘得死格? 大要出於良知同, 便各爲說何害? 且如一園竹, 只要同此枝節, 便是大同. 若拘定(枝枝節節, 都要高下大小一樣), 便非造化妙手矣.

28 『傳習錄』, 293조목, 問: 良知一而已: 文王作彖, 周公繫爻, 孔子贊易, 何以各自看理不同? 先生曰: 聖人何能拘得死格? 大要出於良知同, 便各爲說何害? 且如一園竹, 只要同此枝節, 便是大同. 若拘定(枝枝節節, 都要高下大小一樣), 便非造化妙手矣. 汝輩

준이 나타난다고 해서 무질서와 윤리적 혼란을 초래하는 것이 아니라 조화調和와 질서를 형성한다고 주장한다. 이런 점에서 왕양명의 윤리학은 개개인의 윤리적 기준에서 출발한 다양성을 인정하면서 동시에 개인의 삶의 여건과 조건에서 자신의 사적인 욕심에서 행동하는 것이 아니라 자신 내부의 양지의 목소리에 따라서 행동한다면 참된 윤리적 행동이 가능하다는 윤리학이다. 왕양명의 윤리학은 이런 점에서 MZ 세대에 적합한 윤리학이 될 수 있다. MZ세대는 진정한 의미의 개인주의를 경험한 세대이다. 왜냐하면 이들은 핸드폰을 사용해서 세상과 소통하기 때문에 진정한 개인 미디어를 통해서 세상을 이해하고 소통한다. 그러나 MZ 세대 이전 세대들은 제도적 차원에서 개인주의를 경험하였지만 세상과 소통하는 방식은 기존의 기성처럼 일방적인 대중 매체가 제공하는 정보에 의존적이며 수동적인 세대였기 때문에 진정한 개인의 역할이 미약한 세대이다.

4. 양적 개인주의 윤리와 질적 개인주의 윤리

아날로그 기반의 근대 사회는 정치적 측면에서 자유민주주의가 실현되고 경제적 측면에서 노동의 가치를 인정하는 자본주의가 실현되는 성과를 거두었지만, 근대의 개인은 물질적 쾌락과 현세적 행복만을 추구하는 평준화된 개인들만을 강조하면서 개개인들의 개성과 차별성 및 특성을 고려하지 않는 양적 개인화의 사회가 되었다.[29] 이런 측면에서 니체

只要去培養良知. 良知同, 更不妨有異處. 汝輩若不肯用功, 連笋也不曾抽得, 何處去論枝節.

29 니체가 보기에 근대의 도덕은 자기 자신조차 부정한 도덕이었다.(니체, 도덕의 계보,

와 베르그손의 철학은 나름대로 의미를 지닌다. 니체는 개개인의 개성과 삶의 특성을 고려하지 않는 어떤 이념과 종교적 이데올로기도 무의미하다고 지적한다. 개개인의 질적 특성을 고려하지 않는 양적 개인주의적 바탕의 사회를 민주주의 사회에서 평균화된 시민계급만이 존중되는 법 중심주의[30]의 사회라고 한다면, 개개인들의 개성과 특수성을 존중하고 상황적 맥락의 특성을 고려하면서 개인의 질적 특성을 존중하는 도덕과 윤리 중심의 사회를 양지良知[31]중심의 사회라고 할 수 있다. 법중심주의 사회는 개인들의 개별성과 구체적 삶의 맥락보다는 법의 준수 여부에 따라서 개인을 규정하는 사회이기 때문에 양적 개인주의가 지배하는 사회이며 최소의 도덕만이 지배하는 익명성의 사회라면, 양지 중심의 사회란 근대의 법치주의를 존중하되 법보다는 개개인들의 문화, 역사 그리고 관습 등에서 비롯한 인간성 회복에 근거한 인간의 내면적이며 질적 차원인 양심이 사회의 작동원리로 작용하는 질적 개인주의가 지배하는 사회이다.[32] 인간의 양심이 작동하는 사회는 사회적 제도 및 구속에서 벗어나려는 사회적 관행과도 투쟁할 수 있다는 점에서 왕양명의 양지 철학은 사회적 구속과 속박에 항거하는 질적 개인주의의 대표적 사상이다.

박찬국 역, 20쪽) 칸트의 정언명령은 이런 점에서 니체는 근대의 민주주의를 평준화된 인간으로 만든다고 비판한다.

30 법 중심주의란 법만이 사회의 운영 원리로 작동하고 윤리가 개입할 여지가 없는 삭막한 사회라고 한다면, 윤리 중심주의 사회란 법을 존중하는 법치주의(rule of law) 사회를 기반으로 하지만 법보다는 윤리를 강조하고 개개인들의 윤리적 본성에 따라서 행동할 수 있는 여지가 가능한 사회를 의미한다. 근대가 이룩한 위대한 성과인 법치주의를 깎아내리려는 것이 절대 아니다.

31 양지(良知)란 왕양명 사상의 핵심 사상이며 오늘날의 표현으로 바꾸자면 양심이라고 거칠게 얘기할 수 있다.

32 우리 형법 제151조 제1항에는 범인은닉죄에 관해 규정하고 있다. 범인은닉죄는 죄를 범한 자를 은닉 또는 도피하게 함으로써 성립하는 범죄이다. 만약 가족 구성원이 다른 구성원의 은닉 및 도피를 돕는다면, 범인은닉죄에 해당하지만, 민법 제777조에 따르면, 아버지와 아들이라는 친족이라는 신분 관계의 특수성 때문에 처벌하지 않는, 인적 처벌 조각 사유에 해당한다.

"공자가 말했다. '법제도와 금지법령으로써 백성들을 이끌고 형벌로써 다스린다면, 백성들은 형벌을 면하려고만 하고 부끄러워함은 없을 것이다. 그러나 덕으로써 이끌고, 예禮로써 다스린다면, 부끄러워하는 마음을 가지고 따라올 것이다.'[33]

"양지는 즉 시비지심이며....시비라는 두 글자는 커다란 기준이며 개개인 안에 존재하는 원리이다'[34]

자기 성찰에 기초한 도덕성을 강조한 공자(孔子: B.C 551-B.C 479)의 사상은 남송南宋 시대의 '주자학朱子學'의 집대성자인 주희(朱熹, 주자(朱子):1130-1200)와 그의 사상을 비판한 명明나라 중기의 왕양명에 의해서 완성된다. 공자가 활동하던 시대는 엄격한 신분제도가 지켜지던 신분제 사회이기 때문에 법치주의와는 거리가 멀다. 하지만 공자가 법중심주의 또는 법만능주의의 문제점을 지적한 부분은 오늘날에도 의미 있는 지적이다. 법정에서의 인간들은 도덕적 죄책감이나 수치심을 갖기보다는 자기방어와 자기 합리화爲人之學에 초점을 맞추게 되지만, 도덕은 인간 내면의 도덕성에 근거해서 자기 성찰爲己之學을 가능케 한다.[35] 법보다 도덕을 강조하는 정신이 한국 사회에 유의미하게 작용한다.

부르디외(Pierre Bourdieu; 1930-2002)는 사회를 구성하는 요소에는 다양한 요인이 있다고 보았다. 경제적 요인, 문화적 요인, 그리고 사회적 요인이라고 보았으며 그는 마르크스(Marx, Karl; 1818-1883)의 자본이라는 표현을 사

---

33 『論語』「爲政」, 子曰:「道之以政, 齊之以刑, 民免而無恥. 道之以德, 齊之以禮, 有恥且格.」

34 『傳習錄』, 288조목, 蓋天地萬物與人原是一體, 其發竅之最精處, 是人心一點靈明. 風·雨·露·雷·日·月·星·辰·禽·獸·草·木·山·川·土·石, 與人原只一體. 良知只是箇是非之心...是非兩字, 是箇大規矩, 巧處則存乎其人.

35 『論語』「憲問」, 子曰:「古之學者爲己, 今之學者爲人.」

용하여 이러한 요인을 분석하였다. 마르크스가 사회를 경제적 차원에서만 설명하였다면, 부르디외는 사회를 구성하는 다양한 요소가 존재함을 강조하였다.[36] 공자 사상의 위대성은 사회를 유지하는 예禮를 강조한 부분이다. 사회 질서를 유지하는 운영 원리가 강제성에 기반한 익명적 개인의 차원에서 개인의 삶의 맥락과 상황 및 개인적 삶의 관점을 경시하는 경향이 강한 법보다는 자발성과 내면성에 기반한 사회적 맥락과 상황을 반영한 관습의 본보기로서의 예(禮)가 중요함을 강조한 유교적 전통, 즉 문화적 자본은 우리의 법에도 있다.[37]

> "치致'란 끝까지 미루어 나가는 것이다. '지知'는 인식과 같다. 나의 지식을 끝까지 미루어 나가, 아는 바를 극진하게 하는 것이다. '격格'이란 이르는[至] 것이고, '물物'이란 일[事]과 같다. 『대학』에서 '치지致知는 격물格物에 달려 있다'고 한 것은 나의 앎을 지극히 하고 싶으면 사물에 나아가[卽物] 그 '이'를 궁구하라[窮理]는 것이다.[38]

칸트의 도덕법칙이 개인의 경험적 삶과 환경적 맥락을 고려하기보다는 보편적 도덕법칙이 되게 하려고 개개인들의 삶의 경험과 맥락을 고려하지 않고 무조건 평균화된 도덕(보편타당한 도덕:卽物而 窮究理)을 강요하면서 인간의 개성과 삶의 맥락에서 이탈한 것처럼, 주희의 도덕법칙, 즉 주희의 격물치지론格物致知論은 도덕법칙이 개개인의 경험과 삶의 맥락을 고려하

---

36 P. Bourdieu, 'Genèse et structure du champ religieux,' in Revue française de sociologie, Vol. 12 No. 3, 파트리스보네위츠, 문경자옮김,『 브르디외사회학입문』(동문선, 2000), p. 65.

37 국내 형사소송법 제224조 및 제235조의 무고죄가 바로 대표적인 예이다.

38 朱熹,『大學章句』, 致, 推極也. 知, 猶識也. 致極吾之知識, 欲其所知無不盡也. 格, 至也. 物, 猶事也. […]所謂致知在格物者, 言欲至吾之知, 在卽物而窮其理也,"

고 배려하는 도덕이 아니라 개개인의 경험과 삶의 맥락과는 무관하게 외부의 사회적 이치와 규칙理인 죽은 도덕이다. 주희의 윤리학은 개인의 개성을 존중하기보다는 사회규범을 개인에게 강제하고 적용하려는 특성이 강한 객관주의적 윤리학이다.

> "격물格物에 관해서 물었다. 선생께서 대답하시기를, 격이란 바르지 못한 마음을 (스스로) 바로잡는 것이며 바르게 하는 것이다.[39]

왕양명의 격물치지론은 주희와 달리, 격물치지에서 격格을 주관적 판단이 아닌 보편적 도덕원리가 되게 하려고 보편적인 기준인 외부의 사회적 윤리와 도덕에 따라서 개인 내부의 기준을 찾을 것이 아니라 개인의 신분과 관계없이, 즉 개인 내부의 삶의 맥락을 스스로 성찰하고 판단하면서 혹시 개인적 욕심이 솟구친다면 개인의 지나친 욕심에서 벗어나 외부의 기준에 따라서가 아니라 자신의 방법을 통해서 교정해서正 올바르고 순순한 개개인 마음의 양지良知가 잘 발현되는 도덕적 기준을 세울 것을 강조하는 주관주의적 윤리학이다.

> "정제되어 있느냐 조잡하냐 하는 관점에서 말한다면, 인간은 특별히 올바르고 두루 통하는 기氣를 얻었고, 사물들은 치우치고 꽉 막힌 기氣를 얻었다. 오직 인간만이 올바른 기氣를 받았기 때문에 이 이理가 막힌 곳 없이 두루 통하게 되고, 사물들은 치우친 기氣를 얻었기 때문에 이 이理가 막혀서 지각과 인식 능력이 없는 것이다. [...] 그러나 인간이 받은 기氣를 가지고 이야기하자면, 거기에는 어둡고 밝음, 맑고

---

39 『傳習錄』, 86조목, 問格物. 先生曰: 格者, 正也. 正其不正, 以歸於正也.

탁함의 차이가 있다. 최상의 지혜, 타고난 지혜를 가진 사람은 맑고 밝고 순수하여 조금의 어두움이나 탁함도 없다. 그래서 태어나면서부터 알아 특별한 노력 없이도 자연스럽게 실천하는 것이다. 그 다음은 타고난 지혜에 버금가는 것으로 반드시 배운 이후에 알게 되고 반드시 실행해본 뒤에 도달하게 된다. 그 다음은 자질이 치우치고 또 가려진 부분이 있어 '남이 한번 하면 나는 열 번, 남이 열 번 하면 나는 백 번'하는 식으로 열심히 공부한 뒤에야 비로소 타고난 지혜에 버금가는 경지에 이르는 경우이다. 이런 사람도 쉬지 않고 정진하면 성과를 이룬다는 점에서는 매한가지이다.[40]

"인간의 마음은 이치이며 사심이 없다. 마땅히 따라야 할 이치이며 만약 마땅히 따라야할 이치가 없다면, 이것은 개인적 욕심私心 때문이다.[41]

남송 시대는 사회적 신분제도의 변화가 이미 시작되었지만[42], 주희의 성즉리性卽理 사상 속에는 여전히 철저한 신분제적 철학이 존재하였다. 근대적 개인의 탄생을 방해하는 중심적인 사상은 성리학性理學이다. 왜냐하면, 동양 사상에서 사람들의 본성性은 기질氣質의 정도에 따라서 사람마

---

40 朱熹, 『朱子語類』 卷4, 自精粗而言, 則人得其氣之正且通者, 物得其氣之偏且塞者. 惟人得其正, 故是理通而無所塞; 物得其偏, 故是理塞而無所知. [⋯] 然就人之所稟而言, 又有昏明清濁之異. 故上知生知之資, 是氣清明純粹, 而無一毫昏濁, 所以生知安行, 不待學而能, 如堯舜是也. 其次則亞於生知, 必學而後知, 必行而後至. 又其次者, 資稟既偏, 又有所蔽, 須是痛加工夫, "人一己百, 人十己千", 然後方能及亞於生知者. 及進而不已, 則成功一也.)"

41 『傳習錄』, 94조목, 心卽理也. 無私心, 卽是當理. 未當理, 便是私心. 若析心與理言之, 恐亦未善.

42 당나라에서 송나라로 바뀌면서 봉건제의 노예들이 토지를 빌려서 경작하거나 도시가 상업이나 수공업 중심지가 되기도 하였다.

다 도덕적 차원이 다르다고 보기 때문에 도덕적 차원을 서열화하였다.[43] 구체적으로 말하면, 성인처럼 타고난 도덕적 성품을 지닌 사람生而知之이 있고 학문을 통해서 도덕적 성품을 지닐 수 있는 사람學而知之이 있고 매우 어렵지만, 도덕적 성품을 지닐 수 있는 사람困而知之으로 구분하고 계층화하였다.[44]

주희의 성즉리性卽理 사상은 개개인의 도덕적 기준보다는 우주에 객관적으로 존재하는 추상적 원리로서 사회적 기준이 미리 존재한다고 보았으며 개개인들은 사회적 기준을 내면화하는 과정을 통해서 도덕과 윤리를 학습할 수 있다는 견해다. 주희는 기질에 따라서 사람마다 정도의 차이가 존재한다는 신분적 차원뿐만 아니라 도덕적 차원의 서열화를 옹호한다. 그러나 중국 사상에서 인간의 평등성을 강조한 사상이 등장한 시기는 송나라 시기의 성즉리를 주장했던 주희가 아니라 명나라 시기의 왕양명의 심즉리 사상에서 시작된다.[45] 인간의 마음心은 이미 하늘의 도덕적 이치理를 갖추고 있으므로 기질의 정도에 상관없이[46], 도덕적 본성을 발현하기 위해서 외부의 사회적 기준에 무조건 따라가기보다는 자신의 내부의 개인적 양지에 충실하기만 하면 언제든지 가능하다는 도덕적 관점인 심즉리心卽理를 주장하였다.[47] 왕양명의 심즉리心卽理는 개인의 마음이 곧 도덕적 이치와 원리理를 지니고 있다는 견해며 개개인들이 사사로운

43 『中庸』, 제20장, "或生而知之 或學而知之 或困而知之 及其知之 一也 或安而行之 或利而行之 或勉强 而行之 及其成功 一也."

44 양선진, 「정제두의 사상과 근대화」, 『한국학논집』, 계명대한국학연구원, 74집, 2019, 169-191쪽.

45 『傳習錄』, 291조목, 良知原是精精明明的. 如欲孝親, 生知安行的, 只是依此良知, 實落盡孝而已; 學知利行者, 只是時時省覺, 務要依此良知盡孝而已; 至於困知勉行者, 蔽錮已深,...聖人雖是生知安行, 然其心不敢自是, 肯做困知勉行的功夫. 困知勉行的, 卻要思量做生知安行的事, 怎生成得?

46 『傳習錄』, 141조목, 聖人之所以謂之生知者, 專指義理而不以禮樂名物之類, 則是學而知之者, 亦惟當學知此義理而已, 困而知之者, 亦惟當困知此義理而已.

47 『傳習錄』, 3조목, 心卽理也. 天下又有(心外之事, 心外之理)乎?

욕망私慾을 개입하지 않고 개인의 양지를 그대로 순수하게 작용하면 도덕적 이치를 실현할 수 있다는 견해다.[48]

왕양명은 기존의 사회적이며 문화적 관행을 타파하고 인간의 도덕적 차원의 평등성을 주장한 새로운 문화적 자본을 제공한 사상가이다. 왕양명은 성리학적 패러다임을 타파하고 새로운 윤리 도덕을 창시한 철학자이다. 그는 양명학을 창시하면서 인간의 도덕적 차원의 평등성을 강조하고 개개인들의 도덕적 양지가 외부의 도덕적 원리에 따라가는 것이 아니라 자신의 내부의 양지의 목소리에 따라서 도덕적 결단과 행동을 촉구하는 개인주의적 철학이며 개인의 개별성과 차별성을 강조하고 개개인들이 처한 상황에 따라서 도덕적 판단과 결단을 스스로 선택하는 질적 개인주의적 윤리학이다. 이러한 점에서 왕양명의 사상 속에는 주희의 양적 윤리학을 비판하고 개개인의 특성과 개성 및 개개인의 상황과 맥락을 인정하고 고려하는 질적 개인주의 윤리학이라는 새로운 윤리의 문화적 자본을 제공하였다.

4. 개인의 개성과 당위의 변증법: 개인주의 윤리학

예의 작용은 조화를 귀하게 여긴다.[49]

주자가 말하기를 사사물물은 정해진 이치定理가 있다.[50]

『대학』에서 말한 후함과 박함厚薄은 양지의 자연적인 조리

---

48 『傳習錄』, 3조목, 都只在此心, 心卽理也. 此心無私欲之蔽, 卽是天理, 不須外面添一分.
49 『孟子』, 「學而」, 禮之用, 和爲貴.
50 『傳習錄』, 2조목, 朱子以爲"事事物物皆有定理"

> 條理로서 뛰어넘을 수 없으니, 이것을 의로움이라고 한다. 이 조리를 따르는 것을 예라고 하고, 이 조리를 아는 것을 지라고 하며 처음부터 끝까지 이 조리를 지키는 것을 믿음이라고 한다.[51]
>
> 인간의 마음이 하늘의 도덕적 원리이니 인간의 마음 밖에 무슨 이치가 따로 있겠는가?[52]

공자의 사상을 잘 계승한 왕양명은 주희의 개인의 도덕적 기준을 외부에서 찾는 정리定理[53]와 달리, 법보다 예를 중시하면서 예의 기준이 개인의 삶과 맥락을 떠나면 참다운 예가 될 수 없음을 공자가 강조하였듯이, 왕양명은 도덕적 기준을 개인의 내부에서 찾는다는 점에서 개인의 구체성과 차별성을 존중하는 개인주의적 철학이라는 점에서 칸트의 철학과는 다르다. 마찬가지로, 개개인의 건강의 기준이 다르듯이[54], 개인의 행복이 다름에도 불구하고 칸트의 도덕법칙은 객관적이며 보편성을 확보하려는 강박 때문에 도덕과 윤리가 개인에서 출발하였지만, 개인의 특성과 구체성을 간과하고 개인에 부과하는 강압적 도덕이 되는 결과를 초래하였다.[55] 이러한 점에서 니체는 칸트의 도덕법칙은 개인의 삶의 맥락과 상황을 고려하지 않고 도덕적 실행을 강요하고 실행하지 못한 행위에 대해

51 『傳習錄』, 276조목, 『大學』所謂厚薄, 是良知上自然的條理, 不可踰越, 此便謂之義; 順這個條理, 便謂之禮; 知此條理, 便謂之智; 終始是這條理, 便謂之信.

52 『傳習錄』, 3조목, 心卽理也. 天下又有(心外之事, 心外之理)乎?

53 『傳習錄』, 135조목, 朱子所謂格物云者, 在卽物而窮其理也. 卽物窮理, 是就事事物物上求其所謂定理者也

54 짐멜, 『개인의 법칙(1913)-윤리학의 원리에 관한 시론-』, 같은 책. 53쪽. 건강이 각자 다르듯이, 행복도 각자 다르다. (p. 53)

55 임마누엘 칸트, 『실천이성비판』, A54==V30, 백종현 옮김, 91쪽, 아카넷, 91쪽. ("너의 의지의 준칙이 항상 동시에 보편적 법칙 수립의 원리로서 타당할 수 있도록 그렇게 행위하라.")

서는 죄의식을 갖게 하는 잔인한 도덕이라고 비판한다.[56]

왕양명의 철학은 인간의 개별적이며 차별화된 생명의 도덕 기준인 양지에 기초한다. 사람이 도덕적 행위를 하지 못하는 이유는 개인 내부의 양지의 목소리에 따라서 행동하기보다는 개인적인 욕심에 끌려 다니기 때문이다. 그는 모든 인식적 판단의 기준을 외부에서 찾거나 의존하는 것이 아니라 철저하게 인간 내부에서 찾으려는 철학이다. 인간 생명은 무생물과 다름에도 불구하고, 칸트는 인간 내부, 즉 경험적 자아 안에서 도덕성을 찾는 것이 아니라 인간 외부, 즉 순수 자아 또는 초월적 자아 안에서 도덕성을 찾는다. 칸트처럼 주희도 도덕이 현실 영역 밖과 개인 밖에서 도덕적 기준을 삼기 때문에 MZ 세대와는 부적합한 초개인적 도덕이다.[57]

모든 기준점을 인간 정신 내부에서 찾는다면, 인간 자신이 기준이 되기 때문에 인간에게 당위, 즉 도덕이 필요 없는 것이 아니냐고 의문점을 제기할 수 있다. 짐멜은 니체의 사상 안에는 개인의 구체적 삶을 바라보려는 장점이 있고 무생물과 다른 생명의 특성, 즉 생명의 원리를 잘 파악한 측면이 있음을 인정한다. 니체는 생명의 원리, 즉 권력의 의지Wille zur macht에 순응하며 사는 것만이 참다운 삶이지만, 생명 안에 생명이 지켜야 할 당위는 존재하지 않는 것처럼 주장한다. 그는 진리란 없다고 주장하면서 생명의 원리에 부응하는 삶만이 참다운 삶이며 특별한 삶의 당위, 생명의 개별적 기준이나 진리란 없다고 역설하였다. 니체, 도덕의 계보, "진리란 없다. 모든 것이 허용된다." ... 이제 이것은 정신의 자유였다. 그것에 의해 신앙은 진리 그 자체에도 파산 선고를 내렸다.

---

56 니체, 같은 책, 111쪽.

57 짐멜, 같은 책. 45-46쪽.

니체가 추구하는 자유로운 정신[58]은 기존의 도덕에서 형성된 양심의 가책[59]도 비판한다.[60] 그러나 니체는 개인 안에 존재와 당위가 혼재된 상태로 존재하지만 마치 구별되고 독립적인 것처럼 간주하는 실수를 범했으며 생명은 유기체가 따라야 할 생명의 원리, 즉 **생명의 당위**가 없는 것처럼 간과했다고 짐멜은 비판한다.[61] 베르그손이 잘 보았듯이, 인간 생명은 무기체와 달리, 개념으로 파악 불가능한 유기체적 특성인 늘 새로워지는 창조성이 있지만 새로운 것을 유기체 자신의 것으로 만드는 자기 조직성과 통일성을 형성하는 고유한 생명의 원리가 엄연히 있다.[62] 예를 들면, 개인들이 생명의 원리 또는 당위를 거스를 때는 병과 고통이 생긴다는 것은 생명의 원리 내지 당위가 존재한다는 것을 뜻한다.[63] 이런 점에서 볼 때, 생명은 무생물과 다르지만, 분명히 나름대로 생명의 원리, 즉 **생명도 나름의 원리와 당위가 있다.**

> 양지는 다만 옳고 그름을 판단하는 마음是非之心이며 옳고 그름은 다만 좋아하고 싫어하는 것好惡이기도 하다. 단지 좋아하고 싫어하기만 하면 곧 옳고 그름의 분별을 하게 된다. 옳고 그름의 분별을 하게 되면, 모든 일의 모든 변화를 다 하게 된다.[64]

---

58 니체, 같은 책, 57쪽.

59 인간 내부의 공격 본능이 외부로 발산되지 못하고 인간 내부에 자리잡으면서 양심의 가책이 된다고 주장하였다.

60 니체, 같은 책, 95-168쪽.

61 짐멜, 같은 책. 53쪽.

62 H.Bergson, 『Essai sur les données immédiates de la conscience(1889)』, PUF,

63 양선진, 「베르그손의 생명론과 환경문제」, 『생명연구』, 생명문화연구소, 2016, 49-87쪽.

64 『傳習錄』, 288조목, 良知只是箇是非之心, 是非只是箇好惡. 只好惡就盡了是非. 只是非就盡了萬事萬變.

> 왕양명의 양지란 단순히 도덕적 차원의 개념이 아니라 우주론적 생명의 원리이다.[65]

양지란 단순히 도덕적 시비판단是非之心에서만 작동하는 것이 아니라 생명이 본능적으로 좋아하고 싫어하는 것好惡에 일차적으로 부응하는 본능적 차원의 생명의 원리이기도 하다.[66] 따라서 왕양명은 유기체적 생명의 원리 안에 고통을 싫어하고惡 쾌락을 좋아하는好 단순한 본능적 차원에서부터 도덕적 시비지심이라는 인간의 고차원적 원리인 윤리의 차원까지 다원화하였다. 그는 니체와 베르그손처럼 개별적 생명의 원리에 충실한 철학을 추구하면서도 생명 안에 존재하는 당위, 즉 생명의 원리에 대해서 귀 기울인 도덕과 윤리의 철학을 강조한다. 인간이 생명의 원리에 충실하지 못하면 병과 고통이 귀결되지만, 생명의 원리에 충실하면 생명의 창조성이 발현된다는 것은 생명의 당위가 있다는 의미이다.

왕양명의 철학은 짐멜이 언급한 것처럼, 개인의 삶의 맥락을 중요시하는 차원에서 개인주의적이지만, 생명의 원리(법칙)에 충실한 원칙을 강조한다는 점에서 무생물과 다른 생명의 원리를 인정하지만 생명의 윤리성, 즉 당위성을 간과한 니체와 베르그손의 철학과 다르며 인간의 양지가 생명의 원리에 충실해야함을 강조한 양지의 철학이다.[67] 그리고 왕양명의 양지 철학에서 인간이란 생명의 원리이자 당위가 인간 내부 또는 사회에서 기원한 것이 아니라 하늘이 부여한 도덕적 이치天理라는 점에서 니체의 철학과도 다르다.[68] 따라서 인간은 자신이 지닌 양지를 실현

---

65 김세정, 『왕양명의 생명철학에 관한 연구』, 1998, 52-56쪽 참조

66 『傳習錄』, 261조목. 良知是造化的精靈. 這些精靈, 生天生地, 成鬼成帝, 皆從此出, 眞是與物無對.

67 양선진, 「왕양명의 생명존재론 - 왕양명의 자연과 생명에 대한 이해 -」, 『유학연구』, 유학연구소, 2016, 319-340쪽.

68 『傳習錄』, 284조목. 天理在人心...天理卽是良知,

해야 하는 당위적 의무(天命으로서의 良知)가 있다.[69] 왕양명의 양지 철학은 개인의 질적 특성을 반영한 니체 및 베르그손과 유사하지만, 양지의 실현이 바로 인간의 당위적 책무임을 강조한다는 점에서 니체와 다르며 개인 내부의 특성을 중시하면서 생명의 법칙을 강조한다는 점에서 짐멜의 〈개인법칙〉과 유사하지만, 개인의 도덕법칙이 단순히 생명의 원리에서 기원하지 않는다는 점, 즉 하늘이 개인에게 도덕을 실현할 의무를 부과한다는 점에서 개인적이지만 매우 영적이며 종교적 특성이 있다.[70]

왕양명은 개인의 개별성과 차별성을 인정하고 개인 내부의 생명의 흐름과 원리를 반영하고 개인이 처한 상황과 맥락에 귀 기울여야 함을 강조한다는 점에서 철저한 개인주의의 개별적 특성과 의미를 강조함과 동시에 인간의 양지란 생명체가 지닌 나름의 원리와 당위에 따라야 함을 강조한다는 점에서 개인주의적 윤리학이다. 따라서 왕양명의 양지 철학은 개인주의와 원리가 함께 변증법적으로 종합되는 철학이라는 점에서 개인주의 철학이자 개인주의 윤리학의 선구자이다. 왕양명의 개인주의 윤리학은 개인을 강조하면서 동시에 개인이 따라야 할 생명의 당위성을 강조한 철학이자 윤리학이다. 이런 점에서 왕양명의 철학은 짐멜이 언급한 것처럼, 개인의 질적 특성을 반영한 니체 및 베르그손의 철학과 상당한 유사성이 있지만, 니체의 철학이 생명의 특성만을 고려한 철학이라면 왕양명은 생명의 특성 안에 존재하는 생명의 원리, 즉 생명의 당위성을 고려함과 동시에 종교성을 강조한 개인주의적이며 종교적 윤리학이다.[71]

MZ 세대들은 기존의 거대 담론에서 기원한 세대들이 아닌 개인주의의

69 『傳習錄』, 330조목. 便是吾良知的流行不息. 致良知便是必有事的功夫.

70 양선진, 「지성중심의 사고를 넘어선 철학상담의 가능성 모색- 왕양명과 베르그손 사상의 유사성을 중심으로 - 」, 『동서철학연구』, 한국동서철학회, 2017, 263-290쪽.

71 MZ세대가 종교적이라는 의미는 아니다. MZ세대는 종교성을 상실한 세대이지만 종교성이 근원적으로 없는 시대가 아니라 영성을 망각한 세대일 뿐이다.

적 철학에 적합한 세대이다. 그들은 기존의 거대 담론에서 잉태된 사회적 관습과 관행에서 비롯된 윤리적 태도에 대해서 거부감을 보이면서 서양의 기존 윤리에서 벗어나려는 탈윤리 및 비윤리amoralismus적 태도를 보인다. 개인이 역사적으로 간과된 개인의 소소한 삶의 궤적과 역사를 간과하지 않고 존중하는 개인 존중의 삶을 유지하면서 개인의 삶의 맥락과 개인적 환경과 상황을 존중하되 개인이 지켜야 할 생명의 원리를 무시한다면, 개인의 생명은 창조성을 발휘하는 것이 아니라 파괴되고 붕괴한다. 따라서 MZ 세대들이 21세기의 당당한 주역이 되도록 돕기 위해서는 개인의 개별성과 차별성을 존중하고 인정함과 동시에 개인의 생명이 지닌 나름의 원리에 각자 충실히 이행하도록 돕는 윤리의 회복이 필요할 것이다. 이런 개인주의적 윤리학의 건설을 위해서 왕양명의 사상은 동양의 전통 사상이지만 21세기의 의미 있는 역할을 담당할 수 있을 것이다. 탈윤리가 지배적인 디지털 사회에서 각 영역에서 개인주의 윤리가 발현될 수 있도록 왕양명의 사상은 의미 있는 시사점을 제공할 것이다.

5. 나오는 말

기성세대가 '수직적 사고방식'을 가졌다면 X세대는 '수평적 사고방식'을 가졌다.[72] '너'와 '나'는 별개의 인물들이고, 그리고 그것이 하나로

72 SNS가 발전하면서 슈퍼 유터브들이 출현하면서 "추종주의", "편파적 몰입"이 출현하면서 "독점", "신분"이 사라지는 것이 아니라 다른 형태로 변형되어 더욱 강화되고 MZ세대를 더 옥죄이는 현상도 보편화되고 있다는 견해도 있다. 하지만 여기서는 이러한 또 다른 유형의 수직적 관계에 대한 논의는 다루지 않는 것으로 한다. 그럼에도 불구하고, 일반적으로, MZ세대는 기존 세대와 비교할 때, 수평적 관계가 중심이 되는

뭉치면 '사회'를 이룬다고 생각하고 있다. 그 때문에 기존에 수직적 사회 문화를 거부하고 수평적 사회 문화를 지향하지만, 근본적으로 '사회 질서' 자체를 거부하지는 않는다. MZ 세대의 특징은 바로 개인주의라고 할 수 있다. 그들에게 윤리가 부재하지 않다는 증거는 바로 우리 사회의 공정의 주제가 2030대의 중심 주제가 된 것을 봐도 알 수 있다.[73]

기성세대는 사회가 제공하는 방향과 지침 및 삶의 윤리에 적응하는 것에 거부감이 없으며 하나의 집단의 세계관과 가치관이 주입되는 것도 큰 거부감이 없고 오히려 편안한 안정감을 느끼는 편이다. 하지만 MZ 세대로 가면 갈수록 그들은 사회가 강압적으로 강요하는 제도 및 삶의 양식에 거부감을 느끼고 있으며 남과 같거나 유사한 삶의 방식을 살기를 거부하는 세대들이다. 그들은 개인적 개성을 강조하며 자신만의 삶의 방식을 갖기를 갈망한다. 그들이 개성을 강조하고 라이프 스타일을 강조하다 보면, 물리적 시공간에서 공유된 현실 세계에 기반한 보편적 삶의 원리와 윤리는 MZ 세대에게는 적합하지 않다. MZ 세대는 전 세대와 공유할 시공간적 공통 기반이 약한 편이다. 그들이 주장하는 것처럼, '소확행'을 즐기도록 돕기 위해서는 그들이 개인주의적 성향을 존중하고 디지털 사회의 가상세계의 삶을 인정하되, 그들이 지닌 삶이 생명의 당위적 윤리에 충실할 때 그들이 추구하는 소소하지만 작은 행복도 지속해서 가능함을 일깨워줘야 한다.

세대이다.

73 "공정"이란 문제는 단순히 MZ세대만 관심하는 것이 아니라, 사회가 양극화되면서 자원들이 기성세대들에 독점되고, 새로운 신분상승기회가 없는데 대한 반발이며 저항이다. 그러나 이들은 기존 세대와 달리, 이데올로기적 측면에서 문제점을 접근하기 보다는 실용적 측면에서 문제를 이슈화하는 경향이 강하다.

유교적 관점에서 본
기후 위기와 탈성장

이미림

유교적 관점에서 본 기후 위기와 탈성장

이 미 림

1. 들어가는 말

우리는 경쟁을 통해 성장한다는 사실을 진리처럼 배웠다. 성장이라는 단어는 일상에서 모든 것을 해결해주는 마법과 같았다. 그래서 도래한 대량 소비사회는 우리를 막다른 골목으로 내몰았고, 홀로세 시기를 지나 인류세를 맞이한 지구는 생물권의 재생능력을 초과하는 활동으로 생태위기를 불러들였다. 그러나 지구 생태계의 일원인 인류는 여전히 경제성장의 끈을 놓지 못하고 현실을 외면하고 있으며, 온난화로 인한 자연재해는 현실화 되고 있지만 기후위기의 문제는 관심의 우선순위에서 밀려나고 있다. 인류의 역사는 우호적인 기후조건을 바탕으로 발전해 왔음에도 불구하고 '문명은 안정된 기후위에 세워진다'는 평범한 사실을 잊고 '성장'에 대한 집착으로 물질적 풍요와 함께 심리적 빈곤화가 동시에 진행되었다.

기후문제는 그동안 자연과학의 영역에서만 다루어지면서 인류의 일상에 기후변화가 의미하는 위험을 체감하기 어려웠다. 그래서 현재 우리가 주목해야 할 것은 적어도 '기후영향연구'에 있어서는 인문학의 참여가 같이 이루어져야 한다는 사실이다. 인간의 생존공동체는 기후조건에 의해서 흥망성쇠가 결정되었다고 할 만큼 정치, 역사, 경제등 다방면에 영향을 주었기 때문이다. 기후의 영향으로 인류의 사고思考는 자연현상을 이해하고 받아들이면서 더욱 확장되었다. 그래서 과학적 사고를 통해 많은 분석을 함께하며 원인을 밝혀내기도 했지만, 동시에 이해할 수 없는 현상에 대해서는 겸손해지면서 도덕적 사고가 병행되기도 했다. 자연을 이해하는 도덕적 방식은 오늘날의 관점으로는 합리적이지 못한 것으로 보여진다. 따라서 주목할 수 있는 것은 자연에서 인간의 생존이 어떠한 방식으로 이루어지는가의 문제이다. 그것은 합리적 사고 외에 인간 내면의 의지를 담고 있는 것이라 볼 수 있기 때문이다. 예를 들면, 조선조 500여년을 지켜왔던 가치체계인 유교적 사유는 유기체적 관점으로 인간 또한 자연의 일부임을 강조한다. 때문에 조선이 극심한 이상자연현상을 겪으면서도 유교윤리를 중심으로 국가를 지탱하게 하는 버팀목이 되었다. 이는 기후위기의 문제에서 인문학적 대안이 같이 논의되어야 하는 이유이기도 하다.[01]

인류 생존의 문제는 다양한 방식으로 존재할 수 있다. 기후의 문제 또한 인문학의 가치로 세상을 바라보는 다른 시각이 존재할 수 있음을 알고, 자연과학과 함께 인문학적 문제의식을 같이 탐색할 수 있어야 한다. 우리가 기후변화에 제동을 걸 수 있는 시간은 길어야 30년이라고 한다. 20세기 지구의 온도상승의 절반이 지난 20년 동안에 일어났다. 위기를 극복하고 모두가 행복해 지는 방법을 모색해야 하는 시기이다. 우리는 물질가치를 앞세우는 삶과 사회가 결코 행복에 이를 수 없다는 것을 인식하고 있다. 그래서 인간이 가지고 있는 도덕심을 진작시켜 사회의 모든 사람들이 조화로운 삶을 살 수 있게 해야 한다. 이것이 바로 정치의 이상이다. 그런데 이는 오늘날 생태위기의 대안으로 제시되는 탈성장이 추구하는 가치와 상통한다. 현재의 기후 위기를 불러온 것은 성장중

01 기후의 문제가 자연과학과 정치만의 문제가 아니라는 것을 의미한다.

심주의이다. 그래서 생태위기의 시대에 성장의 한계를 인식하고 "왜 우리는 성장해야 하는가?"에 대한 물음에 답할 수 있어야 한다. 그리고 그 답은 위기를 극복할 수 있는 대안이 된다. 탈성장의 관점으로 현실을 바라보는 문제는 매우 엄중하다. 단순히 성장을 멈추는 것이 아니라 지금보다 덜 소비하고 노동하는 방향으로의 전환을 의미한다.

『논어』「안연」편에서 "일을 먼저 한 다음에 얻는 것을 뒤에 생각하는 것이 덕을 높이는 것이 아니겠는가先事後得 非崇德與"는 일을 먼저 하고 이익은 나중에 생각한다는 것이다. 오늘날 경제학의 관점에서 보면 납득하기 어렵다. 그러나 덜 소비하고 노동하는 탈성장의 관점에서 본다면 노동의 본질을 소득에 두지 않는다는 의미로 이해할 수 있다. 그렇다면 탈성장 시대의 노동은 경제적 합리화에 바탕한 소득을 얻기 위한 노동이 아니라, 자아를 실현하는 수단으로 전환하여 생각할 수 있다. (노동=소득)의 등식은 4차산업혁명시대에는 의미가 줄어든다. 기후위기에 대한 대안은 인간의 활동을 축소하는 것이 정답일 수 있다. 노동의 본질을 소득에 두지 않는다면 임금노동에 투여하는 시간도 줄어들 것이다. 인간의 이기심과 탐욕은 외부적 요인으로 인한 기질氣質의 습속習俗에 영향을 받아 생긴다. 결국 인간과 자연의 조화로운 관계를 추구하는 것 이외에는 대안이 없다. 그러나 현실적인 삶의 문제는 경제와 직결된다. 그래서 '분배'의 문제는 항상 화두가 되었고, 최근에는 경제학만이 아닌, 정치·철학·사회 등 많은 분야를 아우르는 공통적 키워드가 되었다. 한국사회 또한 팬데믹 상황을 지나오면서 사회 계층별 '분배'에 대한 관심은 고조되었고, 정치권에서도 정책적 차원의 사회적 균등과 분배에 대한 고민이 깊어지고 있다. 동시에 분배의 균등성에 대한 사회적 불만 또한 지속적으로 제기되고 있다. 그래서 경제적 성장의 문제는 마법과 같은 단어가 되었다.

생산주의와 경쟁주의에 익숙해져 있는 우리는 사회적으로 공정한 항산성恒産性을 만들어 내는데 부족한 점이 많이 노출되고 있다. 그 이유는 경제의 문제가 경제에 국한되지 않고, 정치·사회등 다양한 문제와 연결되고 있는 구조적 문제를 어떻게 풀어나갈 수 있을 것인가의 고민과 맞닿아 있기 때문이다. 그러므로 현 시점에서 중요한 것은 우리가 가진 성장과 생산주의적 틀 안에 갇힌 사고를 전환하는 일이다. 이것이 현재 인류가 맞이한 현실적 위기(기후)에 대한 최선의 방법이다. 성장은 분배의 고민을 불러온다. 그래서 탈성장의 시대는 균등한 분배의 과정을 통해 공평성을 유지하고 노동과 소득의 분리가 가능한 인간다운 삶을 보장하는 '기본권'의 개념에서 출발해야 한다. 더이상 공정한 분배의 문제를 복지적 개념이 아닌 권리적 개념으로 접근할 수 있다면 인류의 위기에 한발 더 가깝게 대처하는 현실적 대안으로서의 역할이 가능하다. 따라서 본 연구에서는 우리 사회의 위기로 지목되는 기후의 문제와 그 대안으로 탈성장의 관점을 유교적 입장에서 정리해 보고자 한다.

2. 기후위기를 대처하는 유교적 관점

인간은 누구나 자신에게 좋은 삶을 추구한다. 그런데 개개인의 좋은 삶은 공동체가 바로 섰을 때 가능하고, 공동체는 자연과의 조화로운 관계에 기반한다. 상생과 조화는 공동체가 유지되기 위한 필수조건이다. 그래서 우리는 인간과 자연의 공존을 말한다. '어떻게 살아야 할까?'라는 물음에 『주역』「계사전」에서는 '한번 음하고, 한번 양하는 것을 도라고 한다一陰一陽之謂道'는 답변으로 조화로운 상태의 순환과 공존을 이야기 한다. 유교에서는 자연이 하늘을 바라보는 관점, 그리고 그런 천天을 어떻게 내재화 시켜 인간의 도덕성의 근원으로 삼는가에 대한 문제로 해답을 찾을 수 있다. 『논어』「술이」편에서는 "하늘이 나에게 덕을 주었다天生德於予"고 하여 하늘天을 인간이 가진 도덕성으로 내재화 시킨다. 그렇기 때문에 재해와 기근이 반복되던 조선에서 하늘이 내린 재앙을 이해하고 받아들이는 방법으로 인간의 도덕성에 더욱 천착하게 되었다. 특히 조선 역사상 생존환경이 역대 최악이었던 17세기 중반에서 말기까지의 이상기후 현상에 따른 기근에 대한 관점도 '재이災異는 군주의 부덕'때문이라는 유교 특유의 관점으로 기상현상을 기록하고 있다. 그렇기 때문에 조선은 이상기후 현상을 군주의 도덕성을 시험대에 올려 정치적 행위를 통해 해결할 수 있는 문제로 믿게 되었다. 이러한 관점은 극심한 이상기후현상을 겪으면서도 국가를 지탱해 갈 수 있는 또 하나의 원동력이 되기도 했다.[02]

자연을 바라보는 것은 세계관의 문제이다. 『논어』「양화」편에서는 "하늘이 어디 말을 하더냐? 사시가 운행하고, 온갖 만물이 자라는데 하늘이 어디 말을 하더냐天何言哉 四時行焉 百物生焉 天何言哉"라고 한다. 자연을 능동성과 자발성을 지닌 주체로 인정한다. 이는 스스로의 법칙에 따라 자발적으로 운행되고 생육된다는 것을 말한다.[03] 자연의 능동성과 자발성을 인정한다는 것은 생태계의 재생능력에 대한 믿음이다. 이는 다시 말하면 지구 시스템의 내구성이 스스로 생태계를 회복할 수 있는 자생력을 가졌다는 것을 의미한다. 약화된 지구 시스템의 내구성은 생태계의 회복에 필요한 적응력을 재편해야 하는데 이는 생태적 균형을 유지하는 방법

02 이상 기후현상을 '군주의 부덕때문'이라고 하는 관점은 합리적이지 못한 것으로 보일 수 있으나, 현실적으로 인간이 할 수 있는 역량을 벗어난 상태를 어떻게 바라보았는가이다. 여기에서 인간이 가진 '도덕'이라는 것은 하늘을 내재한 것이기 때문에 현실의 문제를 해결하고자 하는 간절함을 더한 것으로 보여진다. 그렇다고 당연히 도덕성의 문제만으로 천착하지는 않았다, 장기간 지속된 이상기후현상으로 진휼청을 상설기구화 하는등 많은 현실적 노력을 기울였다.

03 김세정, 「공맹유학의 사회생태학적 해석」, 『양명학』37호, 한국양명학회, 2014, 183~184쪽

이 최선일 것이다. 또 공자는 『논어』「술이」편에서 "낚시는 하시되 그물질은 하지 않았으며, 주살질은 하되 자는 새는 쏘아 잡지 않았다"고 한다. 인간의 생존을 지속해 나가면서도 자연생태계의 자정 능력을 지켜나간 것이다. 이렇게 만물을 사랑하는 것 또한 인仁에 근거한다.[04] 생태시스템의 정화는 이미 한계치에 도달한 지구 스스로 자정능력을 회복시키는 것이다.

기후위기의 문제도 마찬가지이다. 어디에서 시작되었는지 고민한다면 그 해답도 찾을 수 있다. 경제성장으로 인한 생태위기와 불평등의 심화로 기후위기는 더욱 고조되었고, 그 과정에서 성장을 위해 지구생태계의 문제는 고려되지 않았다. 이는 현재 우리가 인간에게 필요한 최소한의 생산활동을 제외하고는 환경자원을 신중하게 사용하고 자원을 소비해야 한다는 것을 말한다. 따라서 인간의 욕구를 어떻게 조절할 수 있을 것인가의 문제를 제기할 수 있는데, 이는 성장에 대한 집착을 버리는 것에서 출발한다. 대량생산과 대량소비가 미덕인 사회에서 탈피해 생태계 파괴의 요인을 생략할 수 있다. '생산력 지상주의'에서 벗어날 필요성이 있다는 것이다.

맹자는 「고자」장에서 다음과 같은 이야기를 했다.

> "우산에 있었던 나무는 무성했었다. 하지만 그것이 대도시 교외에 있었다는 이유로 도끼를 가지고 베었으니 무성할 수 있었겠는가? 물론 그것은 밤낮으로 숨을 쉬었고, 빗물과 이슬이 적셔주었으니, 새싹이 돋아나지 않은 것은 아니었으나, 다시 곧 이어서 소와 양을 방목했기 때문에 저렇게 헐벗게 되었다. 사람들이 그 헐벗은 모양을 보고 이 산에는 나무가 있었던 적이 없다고 여긴다 하더라도 이것이 어찌 산의 본성이겠는가?[05]"

---

04 김세정, 「공맹유학의 사회생태학적 해석」, 『양명학』37호, 한국양명학회, 2014, 187쪽

05 『맹자』, 「고자상」: 牛山之木嘗美矣 以其郊於大國也 斧斤 伐之 可以爲美乎 是其日夜

무성했던 나무는 사람들이 베어 다양한 용도로 쓰였을 것이다. 그리고 그 자리에 소와 양을 방목했다. 삼림을 베어 목초지를 만들어 소와 양을 키워 고기를 생산했을 것이다. 그래서 산은 헐벗게 되었다. 물론 인간의 생존을 위한 식량재배는 필수적이다. 그러나 인간은 소비를 감소하지 않는 과오를 범하고 욕구충족을 위해 식량생산을 위한 재배 면적을 넓혀갔다. 맹자는 여기서 본성을 훼손하게 되는 문제를 이야기 했다. 우리의 현실적 문제 또한 마찬가지이다. 본성의 문제를 확장시켜 오늘날의 문제에 빗대어 본다면, 우리가 우리의 욕망을 어떻게 절제하고 이해하며 받아들일 것인가에 대해 구체적 방안을 고민하게 된다.

세르주 라투슈[06]는 검소한 삶이 회복되고 날조된 욕구를 창조하는 광고의 속박에서 개개인이 해방되면 풍부한 사회의 재구축이 가능해진다고 말한다.[07] 이 말은 유교적 욕구의 절제가 현대사회에 무엇을 겨냥해야 하는지에 대해 명확하게 설명하고 있다. 실제 광고의 공간을 제한시키는 정책으로 현대사회 인간의 대량소비 욕구를 잠재시킬 수 있다고 주장하는 것은 인간의 과도한 욕망을 절제하고 자연의 본성에 순응하며 질서를 따라야 하는 것이 우리의 방향임을 설명하는 것이다.

생물권의 자정능력을 초과하는 생산과 소비는 모두에게 재앙으로 다가온다. 그러나 인간의 과도한 욕망은 지구와 인간의 공생의 사고를 정지시킬 수 있을 만큼 활발하게 성장 일변도의 가치를 지향하고 추구했다. 이에 윤리적 타당성의 고민은 사라지고 사회의 지향성을 바꾸는 데 일조했다. 우리는 성장과 개발이라는 명제를 당연하게 받아들이며, 무

之所息 雨露之所潤 非無萌蘖之生焉 牛羊又從而牧之 是以若彼濯濯也 人見其濯濯也 以爲未嘗有材焉 此豈山之性也哉

06 Serge Latouche(세르주라투슈)는 1940년생으로 프랑스의 경제학자이자 철학자이다. 파리11대학 경제학 명예교수이며 대표적 탈성장 이론가이다.

07 Serge Latouche, Pour sortir de la sociètè de consommation, 『탈성장사회』, 양상모 옮김, 오래된 생각, 2014, 70쪽

언가를 익히고 배워서 그것으로 인간의 삶을 꾸리며 사는 것에 대해 한 번도 의심을 해본 적이 없었다. 그러나 이제 경쟁적 자본주의 체제가 아니라, 그 안에 지구와의 '공생'의 가치를 우선시하고 우리 사회의 모든 정책을 결정하는 새로운 발상이 필요하다.

기후의 문제는 문화적 변화를 위한 출발이어야 하지만 관심의 우선순위에서 밀려나고 있다. 지금도 우리는 자원의 효율적 이용과 소비에 집중한다. 그러나 이제 더 이상 멈추지 않으면 기후변화로 인한 새로운 갈등의 씨앗이 싹틀 것이다. 기후변화는 불평등과 폭력의 문제를 불러온다. 그래서 무관심하지 않게 대처하는 인문적 사고가 더욱 필요하다. 폭력과 갈등은 기온과 강수량의 변화와 관계가 크다. 역사적으로 볼 때 이상기후 현상에 따른 사회 혼란은 필연적으로 따라왔으며, 그 결과 정치적 흥망성쇠로 이어지게 되었다.

중국의 경우 기후 변화에 관한 연구결과 역대 정치동란의 대부분이 장기적인 한랭건조 기후로 인한 심각한 기아와 황폐로 발생했다는 것을 알 수 있다. 예를 들어 서주의 패망, 후한 말의 황건적의 난, 삼국의 분립, 진대의 5호 동란, 송대 거란, 여진의 변방침략, 원에 의한 금과 송의 멸망, 원나라의 패망, 명대 백련교의 난, 명 말 장헌충·이자성의 난 등이 모두 이를 증명하고 있다.[08] 이를 통해 본다면 인류의 발전과 흥망성쇠의 문제는 안정적 기후와 관련이 있다는 것은 분명하다. 의화단 운동의 발생지인 화북지역도 의화단 운동이 발생하기 수년 전부터 매년 수해, 한해 등의 자연재해가 발생하였다. 1894년에 발생한 수해로 직예에서는 111개 주현 14,229촌락이 피해를 당하였고, 천진, 당산 일대에서는 수재로 인한 기민이 발생하여 그곳을 지나는 손님에게 구걸하는 사람들이 잡다하게

08 劉昭民, 中國歷史上氣候之變遷, 『기후의 반역』, 박기수 · 차경애 옮김, 성균관대 출판부, 2005, 212~213쪽

모여들었으며 겨울이 되어 아사. 동사하는 사람이 부지기수였다고 한다. 특히 1897년 봄에는 강소성 북부 특히 산동성에 바로 접한 서주, 봉양, 회음 등에서 큰 가뭄이 발생하여 밀과 보리가 말라 죽어 대흉작이 되었다. 벼농사 역시 여름 장기간 계속된 비로 인하여 격감하였는데, 다수의 유민이 여러 지역으로 흩어져 들어가기 시작하면서 지방 관리에 의해 저지당하곤 했고, 유입을 거부당한 유민은 대개 폭도로 변하여 관아를 습격하였다. 1898년 봄까지 유민의 수는 급격히 증가하여 수십만의 기민이 먹을 것을 찾아 여러 지방을 배회하였다. 그런데 1898년 여름, 회하가 다시 범람하여 안휘성 동부와 강소성 북부에서도 유민이 대거 발생하여 5백만 이상의 향민이 이곳을 떠났다. 여기에 다시 황하까지 범람하여 산동 평야의 대부분이 잠기게 되었고 또한 메뚜기 피해까지 겹치게 되었다. 다음 해인 1899년 여름에는 수재 대신 가뭄이 발생하였다. 의화단 운동이 최고조에 달한 1900년, 가뭄에 대한 다음과 같은 기록이 있다.[09]

> 2월 내내 비가 오지 않았으며 뜬소문이 더욱 많아졌다...... 3월에도 여전히 비는 오지 않았으며 전염병이 유행하고 온갖 재앙이 점차 퍼졌다. 권비는 그 기세를 이용해 말을 지어내기를 "양인(洋人)을 쓸어버리면 자연히 비가 오고 재앙은 사라질 것이다"라 하였다.....5월 초에도 여전히 몹시 가물고 비가 오지 않았다. (유맹양 『의화단』「천진권비변란기사」)[10]

사회가 복잡해지고 혼란해진 결과 많은 사람들은 자연재해의 원인을 양인洋人에게서 찾았다. 외부의 적을 만들어 책임을 지우는 방식은 옳

09 劉昭民, 中國歷史上氣候之變遷, 『기후의 반역』, 박기수 · 차경애 옮김, 성균관대 출판부, 2005, 204쪽

10 劉昭民, 中國歷史上氣候之變遷, 『기후의 반역』, 박기수 · 차경애 옮김, 성균관대출판부, 2005, 204~205쪽

지 못하지만, 극심한 재앙은 원인과 책임을 찾아서 누군가를 희생양으로 삼기도 한다. 왕조시대에는 군주의 부덕이, 사회 혼란기에는 침입자로 규정된 양인에게 책임이 전가되었다.

이상기후로 인한 기후 위기의 문제는 자연과학만으로는 그 위험이 의미하는 바를 설명할 수 없다. 그렇기 때문에 사람들은 대기가 가열되어 뜨거워지는 지구 온난화의 문제를 단순한 자연재해로 받아들여서는 안된다. 인류의 생활과 문화 전반에 걸친 위기로 다가오기 때문이다. 중요한 것은 인간이 자연과 우주의 중심이 아니라는 사고방식이다. 많은 생명체 중의 하나로 이제 인간의 가치는 인간이 가질 수 있는 자아와 정체성의 문제가 아니라 우리가 어떻게 연대하고 협력할 수 있는가에 달려 있다.

3. 기후위기가 만든 불평등의 해결

기후위기는 불평등한 사회를 불러온다. 안정기에 문명이 번성한 것에 비해 불안정기는 식량재배등의 어려움으로 사회가 혼란해지기 때문이다. 점차 장기화 되어가는 기후 불안정으로 발생하는 사회적 문제에 대한 현실적인 해결방안은 인류의 일상에 가장 큰 영향을 미치는 경제체제의 전환을 고려해 보는 것에서 시작된다. 그것은 지금까지와는 다르게 경제적 분배의 형태를 다시 생각하고 구체적 전환의 방법을 모색하는 것이다. 이상기후로 인한 가장 현실적인 문제가 바로 불평등한 사회구조의 정착이기 때문이다. 어떤 가치를 찾을 것인가 고민해 본다면 전통사회의 분배에 대한 가치를 통해 현재 기후위기가 불러오는 불평등의 문제를 어떻게 전환할 것인가에 대한 물음에 답할 수 있다.

『논어』「계씨」편에 "나라를 소유하고 집을 소유한 자는 백성이 적은 것을 근심하지 않고 고르지 못한 것을 근심하며, 가난한 것을 근심하지 않고 편안하지 못한 것을 근심 한다."[11]는 말이 있다. 이는 국가가 흔들리게 되는 이유가 백성들이 가진 것이 적다거나 가난한 살림살이에서 오는 경우는 많지 않고, 주변과의 비교에서 오는 상대적 박탈감에서 시작된다는 것이다. 그래서 개인이 가져가는 재화의 양이 많고 적음의 문제가 아닌 공평한 분배의 가치를 이야기한다. 오늘날 양극화와 함께 심각해진 사회적 분열의 양상은 분배의 '고르지 못함'에서 시작되었다. 그래서 소수의 부자와 다수의 가난한 자를 전제로 하는 경제가 아닌, 정당한 분배가 국가의 존망을 결정짓는 중요한 요소가 될 수 있음을 직시해야 한다.

급격한 사회변동으로 피로해진 삶을 살아가는 한국사회 보통의 사람들에게 경제적 문제는 생활의 문제, 즉 삶의 질과 밀접한 관련이 있다. 자본주의의 생산주의적 사고방식에 익숙해진 우리는 빈곤과 불안정은 개인의 문제라는 경쟁주의를 당연하게 받아들이고 있지만, 과연 개인의 문제로 한정지을 수 있는가에 대한 물음을 던져야 한다. 경제구조와 사회적 시스템이 나날이 변화하는 오늘날 자본주의가 우리 시대에 할 수 있는 역할은 과연 무엇인가. 이미 한계점에 도달했다고 여겨지는 자본주의의 모습들을 우리는 어떻게 받아들여야 하는가이다. 폐기할 수 없다면 '고쳐 쓰는 자본주의'를 표방하며 새로운 가치를 도입하여 적용해 보는 것이 중요하다. 그렇다면 가장 큰 문제가 되었던 부분들에 대해 새롭게 그 가치를 복원해야 하는데, 그것은 '분배'의 문제이다. 빈익빈 부익부의 양극화가 구조적으로 정착해버린 오늘날 분배의 가치를 복원하는 것은, 과거를 돌아보며 현재에서 미래를 확신하는 작업이 되어야 한다. 그렇다

---

11 『논어』,「계씨」: 子曰 有國有家者 不患寡而患不均 不患貧而患不安

면 우리는 가장 먼저 경제학 이전에 정치적 문제를 언급해야 한다. 경제와 정치는 분리될 수 없는 문제이기 때문이다. 그래서 한국 사회의 경우 오히려 유교 전통사회에서 미래에 대한 대안을 찾아볼 수 있다. 과거를 돌아보는 과정에서 우리의 정치·경제가 어떤 가치를 지향해야 하는가? 『논어』「계씨」편에서 말하는 바와 같이 "고르면 가난이 없고, 화합하면 적음이 없고, 편안하면 기울어짐이 없다.[12]"는 말은 경제적인 부를 우선시하는 것보다 먼저 가지고 있는 것이 얼마나 고르게 백성들에게 분배되는지를 살펴야 한다는 것이다. 이를테면 가장 중요한 '분배의 가치'를 복원하는 일이다. 그렇다면 이러한 문제가 오늘날 자본주의 시대에 어떻게 적합하게 시행될 수 있는가에 대한 고민이 필요하다.

제임스 퍼거슨[13]은 "누군가 물고기를 잡는 법 보다는 물고기를 받게 된다면 다음 질문에 바로 답해야 한다. 무엇이 그 배분을 보증하고 정당화 하는가? 자본주의 사회에서 그 질문은 오랫동안 근본적으로 교환의 문제로 이해되어 왔다. 당신이 무언가를 주기 때문에 무언가를 얻는다는 식으로 말이다."라고 말하고 있다. 기본소득을 지지하는 사람들은 토지나 천연자원 등 사회 공통의 재산임에도 특정 소유물로 전유되어온 공유재를 광범위하게 지적하고 있다. 1892년 피터 크로포트킨peter kropotkin의 말을 빌리자면 "내가 어떤 재화를 생산하기 때문에 그것을 누릴 자격이 있는 것이 아니라, 내가 우리 공통의 산출물에 대한 상속인으로서의 지분을 갖기 때문에 배당의 권리를 주장할 수 있다(생산적 노동이 아닌, 소유에 대한 무조건적 청구권)"고 말한다.[14] 19세기 말에 언급된 이야기지만, 개인의 능력의 유무 및 신분 등에 상관없이 그 모든 것에 앞서 살아

12 『논어』「계씨」: 蓋均無貧 和無寡 安無傾

13 James Ferguson(제임스퍼거슨)은 스탠포드대학 인류학과 교수로 남아프리카 지역에 대한 광범위한 현지조사와 이론작업을 바탕으로 빈곤, 개발, 이주, 현대성 등에 관한 인류학과 인문사회과학의 논의에 기여한 학자이다.

14 James Ferguson, Give a man a Fish, 『분배정치의 시대』, 조문영 옮김, 여문책, 2017, 122쪽

갈 권리를 갖는다는 점, 그리고 예외 없이 모든 존재수단을 공유해야 한다고 주장하는 점은 우리가 인간답게 살아갈 가능성, 우리 아이들을 현재 우리보다 나은 사회의 성원으로 양육할 가능성을 의미한다. 또한 토머스 페인은 이미 1796년에 국가가 노령연금을 지원하는 것은 물론 "부유하든 가난하든 모든 사람에게" 실질적으로 현금을 지급해야 한다고 하면서 분배를 소유자들에게 지급되는 일종의 '기초 지대ground-rent'이자 빚의 상환이라고 주장했다. 전체 지구는 "인류 공동 소유물"이며 부를 축적한 모든 사람은 "사회에서 살아감으로써" 그 부를 이룩했고, "정의, 감사, 문명의 원리에 입각할 때 모든 것이 나온 근원인 사회에 되돌려져야 할 축적의 일부를 소유할 뿐이기 때문"이라고 했다. 이미 서구에서도 18세기 후반부터 우리 사회에서 만들어지는 생산물에 대한 분배를 어떠한 방식으로 해야 하는가의 문제는 지속적인 고민의 대상이었다.[15]

분배에 관한 본격적인 문제제기는 자본주의 체제가 이미 한계에 도달했다는 인식을 같이 하기 때문이다. 앞으로 자본주의가 우리에게 제공할 수 있는 일자리의 숫자는 그리 많지 않다. 경제성장과 인간 노동력의 고용은 반비례가 될 가능성이 높기 때문이다. 4차산업혁명시대는 인간의 취업률보다 기계의 취업률이 높아지기 쉽다. 그렇게 되면 전체 인구에서 실업자가 차지하는 비중이 급격히 증대할 수밖에 없다. 실업률이 급증하면 이로 인한 세계적 정치 불안도 덩달아 고조될 수밖에 없다. 불안 완화의 현실적 대안으로 국가가 국민의 생계를 보장할 수 있는 형태로 분배의 틀을 다시 재편하는 과정이 필요하다. 이는 국민을 위한 일이기도 하지만, 국가 자신을 위한 일이 된다. 결국 분배는 정치적인 차원의 국가의 존속을 위한 일이기 때문이다. 『논어』에서 말하는 "백성이 풍족하면 임금

---

15 James Ferguson, Give a man a Fish, 『분배정치의 시대』, 조문영 옮김, 여문책, 2017, 116~117쪽

께서 누구와 더불어 부족하실 것이며, 백성이 풍족하지 못하다면 임금께서 누구와 더불어 풍족하시겠습니까?[16]"라는 의미와 일맥상통한다. 나라를 풍족하게 하려면 먼저 백성을 풍족하게 해야 한다는 것이다. 임금으로 대변되는 국가의 존재는 백성과 함께 해야 하며, 백성이 풍족하면 국가는 부족할 것이 없다는 말이다.

유교는 인정仁政을 요구한다. 그것은 덕을 가진 사람에 의해 정치가 이루어지고, 덕치德治와 예치禮治라는 자발적 규제 방식을 위주로 한다. 그리고 법치法治와 형치刑治라는 강제적 규제 방식을 보조로 하는 이른바 '덕주법보德主法補'의 정치방식을 원한다. 수기안인, 수기치인의 정치를 요구하며, 철저히 민民을 위한, 민에 근본한 정치를 원한다. 민주주의는 이러한 유교의 요구에 더 잘 부응할 수 있다. 유교는 '위민爲民'과 '민본民本'의 구현을 최상의 목표로 삼는다. 이때 유교는 진정한 자질을 구비한 자, 곧 덕이 있는 자만 확보한다면 위민과 민본은 구현될 수 있다고 전제한다. 그러나 문제는 유덕자有德者여부를 검증하는 방법 및 판단의 적실성 확인여부가 제도적으로 강구되지는 않았다는 점이다.[17]

유교에서 인仁한 정치는 백성들의 생활보장養民에서 시작하여 도덕교육으로 완성을 이룬다. 양민과 교화가 동시에 충족되는 인정仁政은 백성의 만족도와 성숙도를 충족하기에 자발적 복종 및 정치 질서에의 충성심을 확보하는 것으로 간주되었다. 맹자는 그것을 기원전 2세기의 어법으로 통치자들에게 요구했다. 그리고 이는 백성의 생명보호를 최우선 목적으로 삼는 정치로서, '양민과 교민'에서 그 기본적인 실천 방법을 찾는다. "5묘의 집에 뽕나무를 심으면 쉰살 먹은 이가 비단옷을 입을 수 있다. 닭·돼지·개등을 기르는 데 있어서 새끼 낳는 때를 박탈하지 않으면 일

16 『논어』,「안연」: 百姓足 君孰與不足 百姓不足 君孰與足
17 안외순, 『정치, 함께 살다』, 글항아리, 2016, 88~90쪽

흔 살 먹은 노인이 고기를 먹을 수 있다. 1000묘의 전답에 농사짓는 철을 박탈하지 않으면 여러 가구가 굶주리지 않을 수 있다. 그런 뒤에 학교교육을 정성스럽게 하여 효제의 뜻을 펼친다면 반백 노인이 길에서 짐을 지지 않게 된다. 일흔된 자가 비단 옷을 입고 고기를 먹으며 젊은이들이 굶주리지 않고 추위에 떨지 않게 하는 것, 이렇게 하고서도 왕도정치를 이루지 못하는 이는 없다.[18]" 그리고 그것은 결코 거창하거나 어려운 방법이 아니라 구성원들의 자율적인 삶이 가능하도록 국가가 환경을 조성해주고 보호, 배려하는 것과 더불어 인간다운 교육을 시행하기만 하면 된다는 요구였다.[19]

1) 분배정책 재편의 의미와 가치

우리는 '경제는 성장을 위주로 해야 한다'는 말을 의심하지 않고, 사회의 많은 부분을 희생해 왔다. 그래서 현실적으로 국민의 경제적 풍요라는 목적을 제외하고는 아무런 가치를 담보하지 못한 채 성장을 지속했다. 이런 모습의 한국경제를 어떠한 관점으로 보는가에 따라 유교문화의 영향력은 다르게 해석된다. 그리고 각각 필요하다 생각되는 가치를 적용해 판단하고 결론을 내린다. 우리가 객관적 타당성을 가진 결론을 내리기 위해서는 특정한 집단의 이익에서 자유로울 수 있을 때 가능하다. 그 바탕 위에서 철학적 '가치'를 이야기할 수 있다면 의미 있는 논의가 될 것이다. 경제학의 의미를 철학적 가치로 풀어내는 일은 윤리적 타당

---

18 『맹자』, 「양혜왕 상」: 五畝之宅 樹之以桑 五十者可以衣帛矣 雞豚狗彘之畜 無失其時 七十者可以食肉矣 百畝之田 勿奪其時 八口之家可以無飢矣 謹庠序之教 申之以孝悌之義 頒白者不負戴於道路矣 老者衣帛食肉 黎民不飢不寒 然而不王者 未之有也

19 안외순, 『정치, 함께 살다』, 글항아리, 2016, 42~43쪽

성을 가진 사회를 위한 일이다. 경제적 풍요와 빈곤은 사람이 살아가는 데 있어서 인간의 사고를 바꿀 수 있을 만큼 영향을 주기 때문에 사회의 지향성에 따라 많은 것들이 변할 수 있다. 그래서 경제정책에 기반한 '분배'의 문제는 정치와 사회를 아우르는 세계적인 화두이다. 이제는 이러한 문제의식을 단순히 성장위주의 정책에 머무르지 않고 인간답게 사는 길을 모색하는 차원에서 논의된다.

우리는 그동안 더 많은 사람을 일하도록 만드는 개발이라는 전제조건을 당연하게 받아들였다. 그러나 무엇인가 기술을 배우고 익힌다고 해서 그것으로 생계유지의 방법이 될 수 있다는 것을 어떻게 설명할 수 있을까? 방법론을 가르친다는 것은 현실적인 미래를 보장하는 것처럼 보인다. 그러나 방법만 알면 모든 것이 해결되고 미래가 보장된 것은 아닌데, 우리는 자본주의 경제체제에서 어느날 갑자기 분배의 대상에서 제외될 수 있는 위험을 인지하지 않고 지나간다. 이는 현대 경제학에서 과거와 같이 방법론을 익혔다고 해서 평생 분배의 대상으로 자리잡는 것이 아니라, 어느날 갑자기 제외될 수 있음을 분명하게 해야 한다. 그래서 우리는 현대 경제학의 여러 가지 문제점을 어떠한 방식으로 대처할 것인가에 대한 고민이 반드시 필요하다. 자본주의 체제가 아닌, 그 안의 인간을 우선순위에 두고 모든 정책을 결정하는 새로운 발상이 필요하다.

이런 점에서 본다면 우리는 합리적 분배정책의 재편을 시도해야 한다. 예를 들면 〈기본소득제도〉는 대안으로 제시되고 있지만, 반면에 가장 많은 논란이 되고 있다. 그것은 '사람들이 일을 하지 않을 것이다'는 우려이다. 그러나 실제 많은 지역에서 기본소득에 관한 실험이 지속되었고, 그것은 우려와는 달리 인간을 존중하고 더 나은 삶을 살 수 있게 하는 원동력이 되었음을 증명하였다.[20] 이런 파격적인 분배의 개념은 아직

20 『경향신문』, 2016. 2. 5 : 브라질에서는 2004년 '시민 기본소득법'이 통과되었으나 재

우리 사회에는 낯설게 느껴진다. 그래서 경제학적 수치만으로 설명되지 않는 이런 결과에 대한 논의와 함께, 실제 아무런 조건 없이 국민의 권리만으로 가능한 이러한 제도는 무엇을 위해 어떻게 파생된 것인가 하는 문제를 생각해볼 필요가 있다.

특히 한국사회에서 논의되기 시작하는 새로운 분배정책의 재편 움직임을 유교의 민본사상의 입장에서 고찰해볼 필요가 있다. 유교에서는 치국治國의 핵심으로 민본사상을 제시하고, 인정仁政을 실천하는 방법의 하나로 토지제도의 개혁을 이야기했기 때문이다. 이것은 백성들이 항산恒産을 통해서 항심恒心을 유지하게 하는 방법이었다. 이런 측면에서 본다면 맹자가 이야기하는 정전제 또한 백성들에게 기본적인 소득을 유지하게 만드는 구체적 대안이었기 때문이다. 우리 전통사회에서 지속되어 왔던 토지제도에 대한 고민은 백성들에게 토지를 배분함으로써 이들이 기본적인 생계수단을 갖도록 했다는 점이다.

오늘날 시작되는 분배정책의 재편과정에서 수단과 방법은 다르지만 추구하고자 하는 고유의 가치가 무엇인가에 대한 문제를 다시 생각해야 한다. 그리고 그 가치가 어떠한 방향으로 가도록 하는가는 반드시 우리 사회에서 고찰되어야 할 필요성이 충분하다. 새로운 대안을 만들어 내는 것은 국가의 재원을 낭비하는 것도, 사람들이 일을 할 수 있는 원동력을 소멸시키는 것도 아니다. 기본적인 항산을 만들어내는 방법에 대해 고민하는 것은 국가의 책무이기 때문이다. 따라서 늘 정치적인 문제와 연관되어 왔다. 지금도 국민들의 소득을 보전하는 일은 청년들의 취업문제등 다양하게 연결되어 있다. 경제의 생산과 소비의 방식은 변하고 있으며,

---

원부족문제로 실지급은 이루어지지 않고 있으며, 아프리카 나미비아에서는 2008년에서 2009년에 걸쳐 지역주민 930명에게 일인당 매월 100나미비아 달러를 아무런 조건 없이 지급하는 기본소득 실험 프로젝트가 진행된 바 있다. 미국의 알래스카 주에서는 주 소유의 자연자원의 판매에서 벌어들인 수익으로 알래스카 영구기금을 만들고 1982년부터 이 기금의 수익금을 주민들에게 배당하는 제도를 실시하고 있다.

더이상 우리 사회의 경제구조는 예전과 같은 많은 인력을 필요로 하지 않게 되었다. 무엇을 어떻게 바라보면서 우리 사회의 현재적 의미에 대해 고민할 것인가에 대한 문제이다.

철학자 존 롤스John Raws는 모든 사람에게 균등하게 분배해야 할 마땅한 기본재 중에 자긍심을 넣고, 그것을 "가장 중요한 기본재"라고 규정한다.[21] 롤스의 관점대로 본다면 복지에 대한 해답은 '보편'이다. 자긍심은 그 무엇과도 바꾸기 힘든 기본재이며, 특히 청소년 대상 복지에서는 모두가 같이 받는 공공 서비스의 개념이 무엇보다도 중요하다. 우리는 이미 아이들의 무상급식 논쟁에서 이와 같은 경험을 했다. 가장 중요한 기본재인 자긍심에 대한 논의는 정치인들에게 그렇게 중요하게 인식되지 않았다. 지금 우리사회는 평등보다 공평을 지향한다. 그래서 새로운 분배정책의 재편에 관한 논의는 공평한 사회를 향한 지름길이기도 하며, 다 같이 잘 사는 사회를 지향한다.

2) 유교적 관점의 노동과 균분(均分)

기본소득실험은 현금소득이 아주 약간이라도 존재한다면 사회적·경제적 활동을 촉진할 수 있고, 사람들이 자신의 필요를 더 잘 충족시킬 수 있게 해준다는 점을 강조해왔다. 그렇다면 노동의 의미를 어떻게 이해하고 받아들여야 하는가의 문제를 제기할 수 있다. 유교는 노동을 자아를 실현하는 수단으로 이해하는 것이 가능하다.[22] 스스로를 끊임없이 수신修身하는 과정은 사회 곳곳에서 임금소득을 전제하는 노동이 아닌,

21 강남훈, 『기본소득의 경제학』, 박종철출판사, 2019, 18쪽

22 서론에서 언급한 『논어』의 '先事後得 非崇德與'의 의미 참조

삶의 질을 생각하는 노동의 의미로 드러날 수 있기 때문이다.

우리는 오랜시간 노동과 임금을 교환의 대상으로 이해했다. 그러나 임금이 노동에 대한 교환대상이 아니라면, 필요한 재화를 어떻게 조달하며 분배할 것인가?[23]의 문제를 고민해야 한다. 오늘날 생산에 관여하고 있는 노동의 본질에 비추어 볼 때 소득을 우선순위에 두지 않을 수 있다면, 일에 대한 만족도를 높여줌과 동시에 삶의 질德을 높이는 결과를 가져온다. 노동을 어떤 시각으로 바라보는가에 따라 달라질 수 있는 이 문제에 대해서 노동의 본질을 이해하는 과정이 필요하다.

그러나 오늘날 시행되는 사회복지정책은 실제 경제활동(노동)을 전제하고, 이에 대한 일종의 대체재 역할을 한다. 빈곤에 대한 본질적 문제를 해결하기 위해서는 어떤 식으로 재화에 접근하고 생계전략에 참여할 수 있는지가 매우 중요하다. 말하자면 복지정책은 비활동을 보충해주는 것이 아니라, 활동을 가능하게 해주는 개념에서 시작되어야 한다. 이러한 관점에서 본다면 현재 우리 사회의 빈곤과 불안정성에 대한 해답은 『맹자』에서 찾을 수 있다. "일정한 생업이 없어도 일정한 마음을 갖는 것은 오직 선비가 그렇게 할 수 있지만, 백성과 같은 경우는 일정한 생업이 없으면 그로 인하여 일정한 마음이 없습니다. 진실로 일정한 마음이 없으면 방탕하고 편벽되며 사치를 할 것입니다. 죄에 빠지는데 미친 다음에 좇아 형벌을 가하면 백성을 그물질 하는 것과 같으니 어찌 인한 사람이 위에 있으면서 백성을 그물질할 수 있겠습니까?[24]"라고 한다. 오늘날 보통의 사람들에게 항심恒心의 전제조건은 항산恒産이다. 그래서 항산恒産을 만들어 내는 일이 여전히 가능한가의 문제는 지금까지 지속적인 정치

23 James Ferguson, Give a man a Fosh, 『분배정치의 시대』, 조문영 옮김, 여문책, 2017, 114~115쪽

24 『맹자』, 「양혜왕 상」: 無恒產而有恒心者 惟士爲能 若民 則無恆產 因無恆心 苟無恆心 放辟 邪侈 無不爲已 及陷於罪 然後從而刑之 是罔民也 焉有仁人在位 罔民而可爲也

적·경제적 고려의 대상이었다. 여기에서 핵심은 백성들에게 골고루 항산이 돌아가는 일이다. 말하자면 '균분'의 문제, 어떻게 분배할 것인가의 문제로 귀결된다. 분배는 상당히 강력한 윤리적이며 정치적인 근거들에 기대고 있지만, 효과적이고 보편적인 확실한 분배장치가 존재해야 실제적인 결과로 나타날 수 있다. 그래서 맹자는 '정전제'를 주장했다. 어떠한 방법으로 백성들에게 항산을 마련해 주며, 그것을 항심으로 이끌어낼 수 있는가에 따라 국가와 사회의 안정을 가져올 수 있기 때문이다. 따라서 '백성의 생업을 만들어 주는 것은 임금이어야 하며, 풍년에 몸을 마치도록 배부르고 흉년에 죽고 망하는 것을 면하게 한다(『맹자』, 「양혜왕장구상」)'고 하는 것, 말하자면 적절하게 조절하는 일 또한 임금의 역할이라는 것이다.

여러 가지 사회적 상황에 따른 '불평등한 분배'를 고르게 만드는 것은 정치적 고려이다. 그 중심에는 임금이 있고, 거기에는 경제적 이론과 정치적 방향(정책), 그리고 철학적 가치가 함께 가야 한다. 성장주의에서 벗어나 사회적 불평등의 문제를 바라볼 때 어떠한 가치를 우선에 두어야 하는지에 관한 문제는 끊임없이 사회가 같이 고민해야 한다. 원천적 분배의 문제를 사회복지 지출을 통한 재분배 정책에만 의존하지 않고 분배구조에 대한 고민을 다시 시작해야 한다. 이는 국민들이 오늘날 경제구조에서 말하는 '현실속에서 불가능한 완전한 시장과 경쟁에 대한 막연한 기대와 근거없는 신뢰'를 거두고 정부가 직접적인 정책으로 분배구조를 개선하고자 할 때 가능할 것이다. 이는 사회구조를 본질적으로 개선하는 일이 된다.

아담 스미스는 『국부론』에서 '소수의 풍요로움은 다수의 빈곤을 전제로 한다'고 언급했다. 이와 같이 자본주의 사회에서 지속되어온 경제적 불평등의 문제는 이제 개선되어야 한다. 소득 불평등이 커질수록 경제성장은 낮아진다. 성장주의의 신화에 물들어온 정책은 이제 어떻게 분배할 것인가에 대해 초점이 맞추어져야 한다.[25] 이러한 문제에 대한 고민은 일찍이 동양사회에서도 지속되어 왔다. 구조적 개선을 위한 노력이라고 말할 수 있을 것이다. 『대학』에서 "대부의 집에서는 닭과 돼지를 길러서는 안 되니 백성의 이익을 침해하기 때문이다. 상사喪事와 제사에 얼음을 쓰는 집은 소와 양을 기르지 않는다. 수레 백승百乘을 소유하고 있는 제후의 집에서는 세금을 관리하는 신하를 두지 않는다. 세금 긁어모으는 신하를 두기보다는 차라리 창고의 재물을 도적질하는 신하를 두는 것이 낫다.[26]"고 한 것은 '분배적 정의와 경제민주주의'에 관한 문제이다. 이는 백성의 이익을 침해하기 때문이라는 것인데, 권력과 경제력을 가진 소수가 이익을 독점하지 않고 백성과 공유하라는 것이다. 이를테면 사회복지는 국가가 관여하여 사회적 약자를 보호하고, 이 과정에서 국가 전체의 소득 재분배의 효과를 통해 전 국민이 건강하고 안녕한 생활을 할 수 있도록 돕는다. 나와 공동체가 조화롭게 공생하는 방법, 모든 상황을 고려하여 상황에 맞게 분배하는 시중時中적인 분배가 옳다는 것이다. 대부의 집과 상사喪事와 제사祭祀에 얼음을 쓰는 집에 사회법적 성격으로 재산을 소유하는데 일정한 제한을 가하는 것이 옳다는 공자의 말은 오늘날 분배적 정의가 어떻게 이루어져야 하는지 시사해 준다. 그렇게 해서 공자가 추구하고자 하는 이상은 "적음을 근심하지 말고 고르지 않음을 근심하라[27]"는 균분均分의 분배적 정의이다. 독점하지 말고 공생하는 경제민주주의 과정을 통해서 균분의 분배적 정의가 구현되는 사회이다. 오늘날 이러한 모습을 만들어 내는 것은 사회법의 성격을 가지는 사회복지법의 제대로 된 적용을 통해서 가능할 것이다. 정의로운 분배를 위해 우리가 무

---

25 장하성, 『왜 분노해야 하는가?』, 헤이북스, 2005, 301쪽

26 『대학』, 16장 : 孟獻子曰 畜馬乘 不察於鷄豚 伐氷之家 不畜牛羊 百乘之家 不畜聚斂之臣 與其有聚斂之臣 寧有盜臣 此謂國不以利爲利 以義爲利也

27 『논어』, 「계씨」 : 不患寡而患不均

엇을 어떻게 해야 하는지에 관한 문제이다. 또한 맹자는 "오십에 비단옷을 입고, 칠십인 자가 고기를 먹을 수 있고, 식구들이 굶주리지 않을 수 있는 정도가 되면 여러모로 사회가 안정될 것[28]"이라고 한 것은 정책적인 배려가 어느 선까지 가야 하는가에 대한 구체적 가이드 라인을 제시하고 있는 것이다.

왕도정치의 일차적 토대는 민생 문제의 해결養民이다. 공동체 구성원들의 생명과 안전을 보장하는 것은 모든 정치공동체의 기본적인 임무이고, 백성을 부유하게 만드는 것富民이 군주다운 군주이고 인仁의 가치를 구현하는 것이 군주의 일차적 조건이다. 흔히 유교는 도덕성을 강조하고 물질적인 부는 뒤로 했다고 생각하는 경향이 있다. 그러나 공자는 국가가 백성을 상대로 가장 급선무로 해야 할 일은 백성을 부유하게 해주는 것이라고 보았고, 그 다음에는 교육시킬 것을 주장했다(『논어』, 「자로」) 민생문제가 단지 물질적 궁핍으로부터의 구제를 넘어 부민富民, 곧 백성을 부유하게 하는 것을 추구한 것이다. 은혜를 베풀어 많은 사람을 구제하는 '박시제중博施濟衆'은 인자仁者를 넘어 요임금이나 순임금 같은 성인聖人의 경지로 이해할 수 있다.[29] 공자는 백성을 편안하게 하는 것이 곧 치인治人의 구체적인 내용을 이루는 것 중 하나라 보고, 넉넉한 분배를 통하여 백성으로 하여금 물질적 궁핍으로부터 해방시키는 것을 우선과제로 삼는다. 백성을 물질적으로 편안하게 하는 실천은 공자에게 있어 군

28 『맹자』, 「양혜왕상」: 五畝之宅 樹之以桑 五十者可以衣帛矣 雞豚狗彘之畜 無失其時 七十者可以食肉矣 百畝之田 勿奪其時 數口之家可以無飢矣 謹庠序之教 申之以孝悌之養 頒白者不負戴於道路矣 七十者衣帛食肉 黎民不飢不寒 然而不王者 未之有也 * 예를 들어 황종희의 『맹자사설』에 따르면 할당받은 농지가 60묘가 조금 넘었을 경우, 공과 부를 제외한다면 그것으로는 상 농부라도 세 사람이 먹고 살기에는 부족하기 때문에 그것으로는 위로 섬기고 아래로 교육시키기 힘들다는 것을 말하는 것과 같이 정책적 배려의 기준을 언급하고 있다.

29 『논어』, 「옹야」: 如有博施於民 而能濟衆 何如 可謂仁乎 子曰 何事於仁 必也聖乎 堯舜其猶病諸

주가 자신이 원하는 것을 타인도 할 수 있도록 하는 인의 논리의 실천으로 이해할 수 있다. 그렇기 때문에 백성이 부유할 경우 가난한 군주는 있기 어렵다고 인식했다. 반면에 군주 혹은 소수만 부유하고 백성이 가난하면 그 군주나 소수의 부는 오래 유지되기 어렵다고 했다.[30] 맹자 역시 공자의 민생론을 분명하게 계승했다. 항산이 있어야 항심도 있다는 말은 백성의 생계보장이 안 되는 정치, 안정된 직업을 제공하지 못하는 정치는 백성을 범죄 구덩이로 몰아넣게 된다고 한다. 이처럼 제시하는 양민의 수준은 상당히 높다.

물론 공·맹의 사유가 절대적인 것은 아니다. 그러나 최소한 오늘날 우리가 선택한 경제적 이론과 정치적 방향성에 어떤 철학적 가치를 추구해야 하는가에 대한 하나의 선택지는 될 수 있을 것이다. 자본주의 사회에서 원천적 분배는 '임금'을 통해 기업이 담당한다. 그렇지만 현재 경제적 불평등이 고착화 되고 있는 사회구조의 문제점을 볼 때 기업에 의한 원천 분배는 실패했다고 볼 수 있으며, 국가가 주도하는 새로운 원천 분배방식을 고민해야 할 시기이다.

4. 동양사회에서 탈성장의 의미

대량생산과 소비의 악순환의 패턴을 반복하는 인류는 우리가 믿고 싶은 것만 믿는다. 또 받아들이기 고통스러운 것은 외면하고, 실제 고의로 무시해 버리기도 한다. 심지어 직접적인 기후위기의 피해자들 또한 위

30 안외순, 『정치, 함께 살다』, 글항아리, 2016, 44~45쪽

기가 실재한다는 사실조차 받아들이려 하지 않는다. 안정적인 상태를 동경하는 인간은 이상기후현상을 겪는다고 해도 드물게 발생하는 현상일 뿐이라는 생각으로 기존에 가지고 있는 가치관과 삶의 방식에 의문을 제기하고 분열을 초래할 수 있는 주제는 억누르는 선택을 한다. 그렇기 때문에 기후변화와 같은 주제는 우리에게 부담스럽고 기대를 투자할 수 없는 불투명한 위협인 것이다.[31] 불안정함에 대한 통찰이 필요하다. 그렇다면 요동치는 불안정함에 대한 인간의 마음은 어떻게 다스려야 할까? 그것은 역시 유교적 방식대로 이야기하면, 주일무적主一無適, 일이관지一以貫之의 심心의 통찰을 통한 눈앞에 닥친 현실에 대한 명확한 이해와 판단이 중요할 것이다. 기후의 문제는 세상을 이해하는 우리의 능력에 대한 궁극적 도전이다. 불안정함을 억누르는 편향적 사고가 아닌, 『논어』「위정」에서 말하는 "주이불비周而不比"로의 인식전환이 필요하다.

심리학에서는 이러한 문제를 '확증편향[32]'으로 설명한다. 기존에 형성된 가정과 직관이 판단에 영향을 미친다는 것이다. 그래서 기후의 문제도 이렇게 자신이 가지고 있는 지식, 태도, 신념을 뒷받침할 수 있는 증거만으로 적극적으로 선별해서 수용한다는 것이다. 자연스럽게 복잡하고 불안정한 문제에 대해서는 외면하게 된다. 그렇기 때문에 기후를 인문학적으로 수용하고 받아들여야 한다. 사람을 설득하는 데는 이성적이고 과학적인 데이터보다 인간의 핵심가치에 호소하는 강렬한 감정적 이야기가 더 나을 수 있기 때문이다. 또 어떤 관점을 형성할 때 전문가들의 경고보다 자신과 비슷하다고 여기는 또래 집단의 의사소통이 훨씬 큰 영

31 George Marshall, DON'T EVEN THINK ABOUT IT, 『기후변화의 심리학』, 이은경 옮김, 갈마바람, 2018, 12~16쪽

32 확증편향은 기존의 지식과 태도 및 신념을 뒷받침할 수 있는 증거만 적극적으로 선별하는 경향을 말한다. 조지마셜은 이러한 인지편향이 기상이변과 기후과학 전반을 해석하는데 영향을 미친다고 한다.

향을 미칠 수 있다.[33] 세상에는 기후변화를 믿는 사람과 그렇지 않는 사람이 존재한다. 그래서 기후변화는 집단적인 대응을 필요로 하는 포괄적 문제에 해당하기 때문에 일명 방관자 효과에 영향을 받기 쉽다. 내가 굳이 불편하고 불안정한 문제에 나서지 않더라도 누군가 나서서 해결할 것이라는 믿음을 갖게 된다.

현재 기후위기의 원인은 인간의 생산과 소비이다. 그래서 생산과 소비를 제어하는 경제 체제의 전환이 필요하다. 말하자면 인간의 노동에 대한 본질적 고찰이 필요한 것이다. 생업은 "생활비를 벌기 위한 업"으로 정의되고 그것은 노동을 전제로 하는 것이 대부분이다. 그렇기 때문에 인간은 생존을 위해 끊임없이 부지런히 일하며 무엇인가 만들어내고 소비하는 것을 미덕으로 여겨왔다. 그러나 이제 더 이상 인간의 노동은 임금과의 교환대상이 아니라 기후위기의 시대, 4차산업혁명의 시대에 맞는 가치 창출의 의미로 전환되어야 한다. 쓰레기를 줄이는 방법은 쓰레기를 만들어내지 않으면 되는 것처럼 기후위기의 원인인 인간의 바지런한 노동의 의미를 임금(소득)이 아닌 다른 가치 창출의 의미로 전환시킬 필요가 있다. 이것이 가장 현실적인 대안이 되기 위해서 국가차원의 분배정책의 재편이 필요한 것이다. 말하자면 경제체제의 담대한 전환이 필요한 때이다. 경제발전에도 불구하고 빈곤해지는 사람들과, GDP가 반영하지 못하는 삶의 질을 측정하는 데도 관심을 기울여야 한다. 그것은 경제문제를 이해하고 해석하는데 사람을 중심에 두고, 윤리적 차원을 복구시켜야 한다는 것이다. 그렇다면, 무엇을 어떻게 고민해야 할까?

아담 스미스의『국부론』에 따르면 거의 모든 토지는 노동을 유지하고 이윤을 지불하기에 족한 것 이상을 생산하며, 그리하여 지대를 낳는

33 George Marshall, DON'T EVEN THINK ABOUT IT,『기후변화의 심리학』, 이은경 옮김, 갈마바람, 2018, 40~42쪽

것이라고 한다. 식량을 생산하여 시장에 내보내는 데 필요한 모든 노동을 유지하기 위한 충분한 것보다 많은 식량을 생산한다. 더구나 그 노동을 가장 후하게 유지하는 방식으로 계산하더라도 그렇다. 잉여는 언제나 노동을 고용하는데 쓰인 자본을 이윤과 함께 보상하고도 남는다는 것이다.[34] 그렇다면 잉여분에 대한 올바른 분배를 고민해야 한다. 잉여분을 누가 가져갔는가, 그리고 그것이 과연 정당했는가 하는 것이다. 이는 경제적 분배의 문제를 위한 어떤 제도가 도입 되더라도 국가가 전제해야 할 조건들을 제시해 주고 있다. 그래서 탈성장은 국가의 주도하에 지역공동체의 활성화를 통해 이루어져야 한다. 공동체 안에서 관계가 밀접해지는 경험을 통해 인간적인 삶의 의미를 느낄 수 있어야 한다. 경쟁과 협력이 적절한 조화를 이룰 수 있다면 가장 좋을 것이다. 그러나 인간의 욕심은 끊임없이 조절해야 하는 대상이고 사회적 억제가 필요하다. 이런 의미에서 본다면 유교적 절욕節慾의 가치는 나와 타인, 나아가 사회집단의 욕구를 조절할 수 있다. 아담스미스는 『도덕감정론』에서 인간의 본성에 대한 깊고 올바른 이해에서 모든 것이 출발해야 한다고 말한다. 인간이 타인에게 갖는 동감同感과 동류의식의 중요성이다. 인간이 이익과 영리에만 집착하는 이기적 동물이 아니라 타인과 함께 사회를 이루어 나가면서 공존을 추구하는 이타적 동물임을 말하고 있다. 인간의 생활을 향상시키는 이기심에 대해 인정하면서도 지나친 이기심의 추구는 결국 도덕의 타락과 인간의 몰락을 가져온다고 경고한다. 결국 인간의 욕망을 조절하는 것이 관건이며, 이것은 스스로 자기억제를 어떻게 실행하느냐의 문제라는 것이다. 실제 자본주의 시장에서 가져올 수 있는 부정적인 측면들이 이제는 현대사회의 가장 큰 문제가 되었다. 그렇다면 우리가 해야 할 일은 더 나은 사회구조를 만들기 위한 작업의 바탕에 무엇을 그려야

34 Adam Smith, The Wealth of Nations, 『국부론』, 김수행, 비봉출판사, 2013, p.191

하는가의 문제가 남는다. 이는 무한 이기심의 표출이 아닌 자기억제의 타당성과 타인에 대한 동감의 원리에서 비롯된다.[35] 이는 오늘날 탈성장의 가치와 상통한다. 동양에서의 유교적 관점과 아담스미스의『도덕감정론』에서 나타나고 있는 지향점은 현대사회 탈성장의 철학적 기반이 될 수 있다. 그리고 이러한 철학적 가치의 토대 위에서 기후위기를 벗어날 수 있는 정책기반이 만들어져야 한다. 우리는 경제성장을 멈추면 모두 (물질적으로)빈곤해 질 것이라는 위기감에 쌓여 있다. 그러나 자발적 빈곤을 선택지로 활용하는 탈성장은 물질적 풍요보다는 인간에 대한 사회 안전망을 확충하는 것을 의미한다. [기후위기 - 탈성장의 대안 - 국가주도의 분배정책의 재편]을 유교적 전통 가치에서 고찰해보는 것은 경제의 윤리적 차원을 복구시켜 경제체제의 담대한 전환을 끌어내고자 하는 것이다. 위기의 문제를 공감하는 우리의 문제로 풀어나갈 수 있다면 사람들의 관심으로 절박해질 수 있다. 그래서 우리 일상에서 늘 보고 듣는 문제에서 출발하여 불투명한 미래의 불안정함을 통찰할 수 있어야 한다.

5. 나오는 말

기후변화는 매력적이지 않다. 인간의 욕구를 잠재시킬만한 요소가 없기 때문에 기후변화가 유발하는 근본적인 위기에 대한 불안은 회피하게 된다. 경제가 성장하면 인간은 행복해질 것이라 믿었지만, 불필요한

---

35 이미림,「유교, 공감과 소통의 경제학:아담스미스『도덕감정론』과의 대비적 분석」,『사회사상과 문화』, 20권 3호, 동양사회사상학회, 2017, 59쪽

생산과 소비의 강요로 오염과 스트레스가 가중되는 것을 알게 되었다. 그렇다면 성장 신화에 사로잡힌 사회를 바꾸기 위한 특단의 대책은 무엇일까? 그것은 경제성장의 엔진 동력을 촉진시키는 방법보다는 과잉소비로 인한 삶의 질을 개선하기 위해 자발적으로 검소한 선택을 하는 것이 능동적인 탈성장의 방법이다. 이는 검소하고 풍요로운 사회를 구축하기 위해 욕구의 자기억제를 기반으로 하는 근본적인 사회전환이다. 성장에 따른 파이의 몫으로 우리가 비만에 걸리지 않아야 하듯이 우리에게 더 잘 맞는 사회구조를 만들어 가는 것이 중요하다.

기후의 문제는 인류를 위기상황으로 몰고 있다. 그런데 우리는 원인과 해결책을 알고 있지만 실행의 동력을 끌어내는데 설득력이 부족하다. 끝없이 증가하는 소비의 동력을 끊어내는 것으로 지구환경의 결정적 파괴를 막을 수 있다. 인간활동의 가치를 생산과 소비에 둔다면 끝없이 돌아가는 소비의 경쟁에서 벗어날 수 없다. 유교적 해법으로 이야기 하자면 스스로 욕구를 조절할 수 있는, 절욕의 개념이 도입된 사회가 '탈성장 사회'이다. 탈성장의 해법으로 기후위기를 벗어나는 하나의 대안이 될 수 있기를 기대해 본다.

참고문헌

이영찬의 '유교사회학'의 성과와 검토
-사회이론에 관한 유교적 재해석을 중심으로

김광기, 『사회는 무엇으로 사는가』, 김영사, 2007.

김두식, 『법률가들: 선출되지 않은 권력의 탄생』, 창비, 2018.

김영민, 『중국정치사상사』, 사회평론아카데미, 2021.

高懷民, 『周易哲學의 理解』, 정병석 옮김, 문예출판사, 1995.

금장태, 『도와 덕: 다산과 오규 소라이의 《중용》·《대학》 해석』, 이끌리오, 2004,

계명대학교 한국학연구원 편, 『한국 사상사의 사회학적 조명』, 계명대학교출판부, 2020.

마루야마마사오(丸山真男), 『日本政治思想史研究』, 김석근 옮김, 통나무, 1995.

염승준, 「근대 정치와 종교적 초월성의 관계: 마루야마마사오(丸山真男)」의 『日本政治思想史研究』를 중심으로」, 『眞檀學報』 제137호 : 195-222, 2021,

이영찬, 『유교사회학』, 예문서원, 2001.

______, 『유교사회학의 패러다임과 사회이론』, 예문서원, 2008.

이명호, 「다산 정약용」, 『한국 사상사의 사회학적 조명』, 계명대학교 한국학연구원 편, 계명대학교출판부, 2020.

이윤갑, 「역사학의 패러다임 전환 문제와 동양학」. 『동양을 위하여, 동양을 넘어서』, 예문서원, 2000.

이황직, 「"유교적 사회학의 성과와 검토"(염승준)에 대한 토론문」, 『한국 전통사상의 사회과학적 복원(V): 한국적 사회과학의 주춧돌 놓기』, 계명대학교 인문학연구단 한국학연구원, 2022

몽배원(夢培元), 『중국철학과 중국인의 사유방식』, 김용섭 옮김, 철학과 현실사, 2005.
몽배원(蒙培元), 『성리학의 개념들』. 홍원식·황지원·이기훈·이상호 옮김, 예문서원, 2008.
양선진, 「하곡 정제두」, 『한국 사상사의 사회학적 조명』, 계명대학교 한국학연구원 편, 계명대학교출판부, 2020.
패트릭 J. 드닌(Patrick J. Deneen), 『왜 자유주의는 실패했는가』, 이재만 옮김, 책과함께, 2019.
한자경, 「미발지각(未發之覺)이란 무엇인가?: 현대 한국에서의 미발 논쟁에 관한 고찰을 겸함」. 『철학』, 한국철학회, 123. 1-25, 2015.
_____, 『자아의 연구: 서양 근·현대 철학자들의 자아관 연구』, 서광사, 2008.
_____, 『한국철학의 맥』, 이화여자대학교출판부, 2009.

한국유학의 사회학적 성과와 전망
-최한기 '측인론'의 사회심리학적 재해석을 중심으로

『氣學』
『人政』
『氣測體義』
『尙書』
『大學』

김용옥, 「측인에 나타난 혜강의 생각」, 『대동문화연구』 45집, 2004.

김철규,「최재적 농촌사회학과 전통과 확장」,『한국사회』 24(2), 고려대 한국사회연구소, 2023, 57~85.

박용기,「대학생들의 이동전화 중독증에 관한 연구」,『한국언론학보』 47(2), 2003, 257-265.

문만기·정성갑,「혜강惠崗 최한기崔漢綺 인물감평人物監坪이론의 현대 과학적 해석과 응용 - 스마트폰 중독 진단 척도의 자기통제감과 인물감평 변인과의 관계-」,『예술과 미디어』 14(1), 통권 24호. 2015, 113-132.

문만기,「SNS 중독경험에 대한 근거이론 연구 –인물감평이론을 중심으로」,『다문화콘텐츠연구』 제33집, 2020.

_____,「인물감평이론 기반 SNS 중독 척도 개발」,『글로벌 문화연구』 11(2), 2020, 119~142

손병욱,「혜강 최한기 기학의 철학적 구조」,『최한기의 철학과 사상』, 최영진 외 지음, 철학과 현실사, 2000.

신기욱,『한국 민족주의의 계보와 정』, 이진준 역, 창비, 2009.

최석만,「회고와 전망: 동양을 넘어 서양을 넘어」,『동양사회사상』 제16집, 2006, 5-13.

임현준·정일준,「사회학에서의 한국학연구 동향」,『한국학연구』 제43집, 2012, 461-494.

이승환,「조선후기 과폐와 최한기의 측인학」,『한국사상사학』 16집, 2001, 159-188.

이영찬,『유교사회학』, 예문서원, 2002.

_____,『유교사회학의 패러다임과 사회이론』, 예문서원, 2008.

_____,「한국 사회학계의 유교연구 10년: 1997~2006년」,『동양사회사상』 제17집, 2008, 85~113.

_____,「최한기의 측인학 연구」,『철학연구』 120, 2001, 229-260.

이영찬, 「최한기의 인물감평 요인에 관한 연구」, 『한국학논집』 제49집, 2012, 323-344.
_____, 「최한기의 인물감평과 사회심리학의 대인지각 비교」, 『한국학논집』 제47집, 2012, 7-32.
_____, 「최한기의 측인방법에 대한 연구」, 『한국학논집』 제52집, 2013, 253-254.
_____, 「최한기의 기학적 인간학과 인물감평 범주」, 「사회사상과 문화』 (27), 2013, 83-116.
_____, 「최한기의 기학과 한국학」, 『한국학논집』 제55집, 2014, 75-107.
_____, 「최한기의 측인범주에 따른 대학생의 타인평가와 자기평가」, 『한국학논집』 제63집, 2016, 311-341.
_____, 『최한기 측인론 연구』, 계명대학교 출판부, 2016.
유가효·이영찬, 「崔漢綺 測人法을 통한 退溪의 「인물논평」 분석」, 『유교사상문화연구』 52, 2013, 119-154.
__________, 「최한기 측인론에 따른 인물평가 척도 구성을 위한 예비적 연구」, 『사회사상과 문화』 18, 2015, 151-185.
유승무·최우영, 「신용하의 민족사회학: 독창적 한국사회학의 전범」, 『사회사상과 문화』 19(3), 2016, 61-89.

Koo, Hagen, *Privilege and Anxiety: The Korean Middle Class in the Global Era The Korean Middle Class in the Global Era*, Cornell University Press, 2022.
Moon. M. K, Validity and Reliability of the Human Evaluation Model (HEM) in the Korean Indigenous Person Perception Theory, *Advanced Science Letters*, Vol 23(3), 2017, 2185-2192.

한국 불교사회학의 형성과 발전에 대한 비판적 검토
-유승무의 연구 성과를 중심으로

권규식, 『종교와 사회변동: 막스웨버의 종교사회학』, 형설출판사, 1983.

_____, 『종교의 사회학적 이해』, 이문출판사, 1995.

김대기, 「옮긴이의 말」, 맥과이어, 『종교사회학』, 김대기·최종렬 역, 민족사, 1994.

김진열, 『불교사회학 원론(1)』, 운주사, 1993.

나카무라 하지메(中村元), 『불교정치사회학: 불교적 이상사회에 대한 경전 자료의 새해석』, 차차석 역, 불교시대사, 1993.

미야사까 유쇼(宮坂有勝), 『불교에서 본 경제사상』, 여래편집부 역, 여래, 1991.

박경준, 「原始佛教의 社會 經濟思想 硏究」, 동국대학교 박사학위논문, 1993.

박수호, 「'깨달음의 사회화 운동'과 한국 불교사회운동의 패러다임 전환」, 『사회사상과 문화』 18(2), 동양사회사상학회, 2015, 505-547.

_____, 「역사적 전환점에서 마주한 현대 한국 불교의 도전」, 『한국불교사연구』 16, 한국불교사학회·한국불교사연구소, 2019, 5-32.

_____, 「종교정책을 통해 본 국가-종교간 관계: 한국 불교를 중심으로」, 『한국학논집』 39, 계명대학교 한국학연구원, 2009, 165-199.

_____, 「한국 불교사회운동의 이해: 교리적 근거와 역사적 전개과정을 중심으로」, 『종교와 사회』 1, 한국종교사회학회, 2010, 95-135.

박수호·유승무·김정귀(해운), 「단기출가 프로그램의 여가적 기능과 의미」, 『사회사상과 문화』 18, 동양사회사상학회, 2008, 57-90.

박종일·이태정·유승무·박수호·신종화, 「난민의 발생과 국민국가의 대

응: 난민수용 논란을 통해 본 한국의 이주자 정책」, 『민주주의와 인권』 13(1), 전남대학교 5.18연구소, 2013, 199-236.

신종화·유승무, 「한국의 현대성과 경제민주화: 사회사상의 쟁점」, 『사회와 이론』 23, 한국이론사회학회, 2013, 253-276.

신준식, 『종교사회학』, 문예출판사, 1994.

______, 『종교와 사회』, 대구대학교 출판부, 2007.

여익구, 『민중불교입문』, 풀빛, 1985.

______, 『민중불교철학』, 민족사, 1993.

오경환, 『종교사회학(개정판)』, 서광사, 1990.

______, 『종교사회학』, 서광사, 1979.

오노 신조(大野信三), 『불교사회경제학』, 박경준·이영근 역, 불교시대사, 1992.

유승무, 「1994년 조계종 사태의 원인과 전개과정」, 『중앙승가대학교 논문집』 3, 중앙승가대학교, 1994a, 245-276.

______, 「2008년 범불교도대회를 통해서 본 한국사회의 종교 간 갈등: '총성 없는 전쟁'」, 『사회사상과 문화』 19, 동양사회사상학회, 2009a. 85-108.

______, 「COVID-19, 종교, 그리고 '코로나 이후' 사회」, 『불교와 사회』 (구 불교사상과 문화) 12(1), 중앙승가대학교 불교학연구원, 2020, 32-66.

______, 「Tokugawa Religion의 불교사회학적 이해」, 『중앙승가대학교 논문집』 8, 중앙승가대학교, 1999a, 313-336.

______, 「공단지역의 환경문제: 경기도 안산시를 중심으로」, 『현대산업사회연구』 1, 한양대학교 산업사회연구소, 1995b, 27-60.

______, 「구조주의 맑시즘에 대한 비판적 검토」, 『중앙승가대학교 논문집』 2, 중앙승가대학교, 1993, 255-272.

유승무, 「굿의 사회학」, 『전통과 현대』 6, 전통과현대사, 1998c, 76-93.
_____, 「근현대 한국불교의 개혁모델 비교연구」, 『만해학보』 9, 만해학회, 2006, 97-122.
_____, 「對 〈德川宗教〉的 佛教社會學的解」, 『國外社會學』 4, 중국사회과학원 사회학연구소, 2002c, 45-52.
_____, 「도시포교의 패러다임 전환에 관한 일 연구」, 『대각사상』 6, 대각사상연구원, 2003a, 127-150.
_____, 「동양 사상 속의 행복 개념과 한국 사회의 '행복' 현상」, 『사회와 이론』 15, 한국이론사회학회, 2009b, 267-295.
_____, 「동양사상의 사회과학적 복원을 위한 현재적 문제의식: 업연(業緣) 사회의 질서문제를 중심으로」, 『한국학논집』 76, 계명대학교 한국학연구원, 2019a, 7-34.
_____, 「동양사회 내재적 종교성과 베버의 동양사회론: 『힌두교와 불교』를 중심으로」, 『동아시아불교문화』 13, 동아시아불교문화학회, 2013, 263-291.
_____, 「득통의 마음사회학적 이해: 『현정론』을 중심으로」, 『한국학논집』 73, 계명대학교 한국학연구원, 2018, 43-69.
_____, 「로버트 벨라의 종교사회학: 종교진화론과 동양사회론을 중심으로」, 『사회사상과 문화』 18(1), 동양사회사상학회, 2015, 89-117.
_____, 「류성룡의 심학과 경세 활동: 마음사회학적 접근」, 『서애연구』 4, 서애학회, 2021b, 97-128.
_____, 「민중불교운동의 사회운동론적 이해」, 『만해학보』 4, 만해학회, 2002a, 11-35.
_____, 「반월공업공단 노동자계급 형성과정」, 『동향과 전망』 22, 한국사회과학연구회, 1994b, 322-344.

유승무, 「반월공업공단 노동자계급의 형성과정에 관한 연구」, 한양대학교 박사학위논문, 1994c.
______, 「반월공업공단 노동자문화에 대한 사회조사연구」, 『인간과 경험』 3, 한양대학교 민족학연구소, 1991.
______, 「베버의 대승불교 해석에 관한 비판적 이해」, 『중앙승가대학교 논문집』 5, 중앙승가대학교, 1996a, 289-315.
______, 「불교사회학의 성립 조건(1)」, 『중앙승가대학교 논문집』 6, 중앙승가대학교, 1998a, 201-232.
______, 「불교사회학의 성립 조건(2)」, 『중앙승가대학교 논문집』 7, 중앙승가대학교, 1998b, 265-293.
______, 「불교와 마르크시즘의 동몽이상」, 『사회사상과 문화』 20, 동양사회사상학회, 2009c, 75-99.
______, 「불교의 노동관과 불교적 노사갈등 해법」, 『중앙승가대학교 논문집』 9, 중앙승가대학교, 2001, 241-256.
______, 「불교의 사회적 실천: 이상과 현실의 괴리」, 『동양철학연구』 23, 동양철학연구회, 2000a, 73-90.
______, 「불교의 정치문화전통과 민주주의」, 『한국학논집』 32, 계명대학교 한국학연구원, 2005a, 149-178.
______, 「불교의 합심주의적 평화사상과 그 현대적 전개」, 『한국학논집』 55, 계명대학교 한국학연구원, 2014a, 149-170.
______, 「불교적 사회모형의 재구성과 그 현대적 함의」, 『전통과 현대』 7, 전통과현대사, 1999b, 34-50.
______, 「불교청소년복지의 방향모색」, 『불교와 사회복지』 2, 중앙승가대학교 불교사회복지연구소, 1997a, 253-288.
______, 「불연의 사회참여 이론과 실천에 대한 비판적 검토」, 『불교연구』 36, 한국불교연구원, 2012, 219-244.

유승무, 「사회진화론과 만해의 사회사상: 『조선불교유신론』을 중심으로」, 『동양사회사상』 8, 동양사회사상학회, 2003b, 133-160.

_____, 「산업화와 사회운동: 경기도 안산시의 사례」, 『현대산업사회연구』 2, 한양대학교 산업사회연구소, 1997b, 235-265.

_____, 「상즉상입의 불교사회학」, 『동양사회사상』 10, 동양사회사상학회, 2004a, 33-58.

_____, 「성호 이익의 마음사회학적 조견(照見): 『성호사설(星湖僿說)』을 중심으로」, 『한국학논집』 68, 계명대학교 한국학연구원, 2017, 61-93.

_____, 「연기, 마음, 그리고 '합심'사회의 사회학」, 『불교학연구』 38, 불교학연구회, 2014b, 329-361.

_____, 「위기의 사회와 불교: 사회문제를 보는 시각을 중심으로」, 『사회사상과 문화』 19(1), 동양사회사상학회, 2016, 27-51.

_____, 「자본주의적 소비환경과 삼보정재」, 『종교문화연구』 7, 한신인문학연구소, 2005b, 15-32.

_____, 「정화운동의 사회적 결과」, 『대각사상』 7, 대각사상연구원, 2004b, 79-102.

_____, 「제주 4.3 사건의 구조적 맥락과 역사 및 사회의 복원의 과제」, 『사회사상과 문화』 22(3), 동양사회사상학회, 2019b, 55-78.

_____, 「종교와 노인의 여가」, 『불교학연구』 19, 불교학연구회, 2008, 7-30.

_____, 「중도와 '또 다른 진보'의 선순환 모델」, 『동양사회사상』 11, 동양사회사상학회, 2005c, 5-34.

_____, 「참여불교의 관점에서 바라본 갈등 시대: 한국불교의 사회참여」, 『불교학연구』 24, 불교학연구회, 2009d, 147-176.

_____, 「처사신분집단과 성리학적 민주주의」, 『동양사회사상』 3, 동양

사회사상학회, 2000b. 149-178.
유승무, 「청담의 불교교단 정체성과 정화운동의 전개과정」, 『마음사상』 2, 진주산업대학교 청담사상연구소, 2004c, 107-146.
______, 「초기 불교의 사회학?: "The sociology of early Buddhism"에 대한 서평」, 『불교와 사회』(구 불교사상과 문화) 1, 중앙승가대학교 불교학연구원, 2009g, 317-328.
______, 「한국 가족주의 문화의 변화과정 연구」, 『중앙승가대학교 논문집』 1, 중앙승가대학교, 1992a, 253-270.
______, 「한국 노동자계급 생활권의 환경문제」, 『동향과 전망』 15, 한국사회과학연구회, 1992b, 141-155.
______, 「한국 불교 승가학풍의 사회학적 함의」, 『사회사상과 문화』 6, 동양사회사상학회, 2002b, 113-132.
______, 「한국 불교와 근대적 사회제도의 만남」, 『불교학연구』 18, 불교학연구회, 2007, 41-64.
______, 「한국 비구니 승가의 성불평등 의식 연구」, 『불교와 사회복지』 4, 중앙승가대학교 불교사회복지연구소, 2000c, 25-56.
______, 「한국 승려의 정치사회의식에 관한 일고찰」, 『중앙승가대학교 논문집』 4, 중앙승가대학교, 1995a, 189-214.
______, 「한국노인문제의 원인에 관한 비판적 검토」, 『불교와 사회복지』 1, 중앙승가대학교 불교사회복지연구소, 1996b, 141-166.
______, 「한국불교 노동관의 탈현대적 함의: 반농반선운동에 나타난 노동관을 중심으로」, 『한국학논집』 38, 계명대학교 한국학연구원, 2009e, 117-144.
______, 「한국불교의 사회적 기능에 대한 비판적 검토」, 『종교교육학연구』 9, 한국종교교육학회, 1999c, 29-47.
______, 「한국불교의 사회참여」, 『중앙승가대학교 논문집』 10, 중앙승가

대학교, 2003c, 221-234.

유승무, 「한국사회의 '또 하나의' 여가 트랜드: 불교적 여가활동을 중심으로」, 『불교와 사회』(구 불교사상과 문화) 1, 중앙승가대학교 불교학연구원, 2009f, 255-281.

_____, 「한국씨족집단의 해체과정 연구」, 한국학중앙연구원 석사학위논문, 1987.

_____, 『불교사회학』, 박종철출판사, 2010.

_____, 「청담의 심학과 정화운동: 마음사회학적 접근」, 『불교와 사회』(구 불교사상과 문화) 13(1), 중앙승가대학교 불교학연구원, 2021a, 1-40.

유승무·김보경, 「연기이론과 체계이론의 종합을 통한 새로운 사회학의 모색: 동양사회사상학회의 정체성 찾기의 한 사례」, 『사회사상과 문화』 26(1), 동양사회사상학회, 2023, 1-26.

유승무·박수호, 「'열린' 가족 담론에 대한 불교적 검토」, 『불교학연구』 17, 불교학연구회, 2007, 209-232.

__________, 「개항기 한국불교와 외래종교의 만남」, 『중앙승가대학교 논문집』 11, 중앙승가대학교, 2006b, 285-304.

__________, 「동양사회사상적 사회변동이론 시론(試論): 인간적·사회적 마음 구성체의 변동을 중심으로」, 『한국학논집』 81, 계명대학교 한국학연구원, 2020, 131-163.

__________, 「불교와 근대성의 '또 다른' 만남」, 『사회와 이론』 9, 한국이론사회학회, 2006a, 53-78.

__________, 「아힘사Ahiṃsā를 통한 평화의 길」, 『사회사상과 문화』 24, 동양사회사상학회, 2011, 33-57.

유승무·박수호·김정귀(해운), 「템플스테이: 여가상품인가, 불교문화인가?」, 『중앙승가대학교 논문집』 12, 중앙승가대학교, 2007, 221-235.

유승무·박수호·신종화, 「'마음'의 사회학적 재발견과 '합심(合心)'의 소통행위론적 이해: 조선왕조실록의 용례 분석에 근거하여」, 『사회사상과 문화』 28, 동양사회사상학회, 2013, 1-47.

________________, 『마음사회학: 마음과 사회의 동행』, 한울엠플러스, 2021.

유승무·박수호·신종화·이민정, 「무연(無緣) 사회 현상의 사회학적 이해: 합심과 절연의 사이」, 『사회와 이론』 27, 한국이론사회학회, 2015, 353-385.

________________, 「율곡의 마음공부와 합심주의 문화: 격몽요결의 마음 용례 분석을 중심으로」, 『사회사상과 문화』 29, 동양사회사상학회, 2014, 107-145.

유승무·신종화, 「세계화 시대 '다른 사람'의 의미 구성과 배려」, 『한국학논집』 63, 계명대학교 한국학연구원, 2016, 49-77.

________, 「한국 사회의 합심주의 문화와 상황 대응 방식」, 『사회와 이론』 24, 한국이론사회학회, 2014, 221-244.

유승무·신종화·박수호, 「마음사회학의 이론적 정초: 마음과 사회의 중층의존성을 중심으로」, 『사회와 이론』 30, 한국이론사회학회, 2017a, 79-126.

________________, 「민심의 동원과 마음의 정치: 동양적 사회운동이론과 도덕정치의 가능성」, 『사회사상과 문화』 20(1), 동양사회사상학회, 2017b, 77-110.

________________, 「북한사회의 합심(合心)주의 마음문화」, 『아세아연구』 58(1), 고려대학교 아세아문제연구소, 2015, 38-65.

________________, 「원효의 화쟁일심 사상과 한국 마음문화의 사상적 기원」, 『사회사상과 문화』 19(4), 동양사회사상학회, 2016, 1-28.

유승무·신종화·박수호, 「퇴계의 심학(心學)과 한국사회의 마음 문화」, 『사회사상과 문화』 20(3), 동양사회사상학회, 2017c, 29-57.

유승무·신종화·박종일·이태정·박수호, 「재한줌머공동체의 '실금'과 한국사회의 다문화 수용력」, 『아세아연구』 56(1), 고려대학교 아세아문제연구소, 2013, 36-72.

유승무·안신정(재마), 「한국불교 위기와 미래지향적 대응: 사부대중 의식조사에 기초하여」, 『불교와 사회』(구 불교사상과 문화) 14(2), 중앙승가대학교 불교학연구원, 2022, 1-29.

유승무·이명호, 「고통 받는 민중: 한국불교는 무엇을 하고 있는가?」, 『종교문화연구』 21, 종교문화연구소, 2013, 1-38.

유승무·이태정, 「한국인의 사회적 인정 척도와 외국인에 대한 이중적 태도」, 『담론201』 9(2), 한국사회역사학회, 2006, 275-311.

유승무·임운택, 「사회불평등에 대한 국가적 개입의 불교적 정당성」, 『사회사상과 문화』 (23), 동양사회사상학회, 2011, 157-194.

유승무·최봉영·박수호, 「한국사회 과잉과시의 구조적, 역사적 이해」, 『사회사상과 문화』 17, 동양사회사상학회, 2008, 115-140.

유승무·최우영, 「대칭對稱삼분법과 사회연기론: 새로운 인식론과 사회이론의 모색」, 『사회사상과 문화』 21(2), 동양사회사상학회, 2018, 1-28.

__________, 「만남과 마음의 연기와 연기사회론 시론」, 『현상과 인식』 43(1), 한국인문사회과학회, 2019, 163-194.

__________, 「사랑의 마음사회학적 이해」, 『사회사상과 문화』 24(1), 동양사회사상학회, 2021, 77-116.

__________, 「신용하의 민족사회학: 독창적 한국사회학의 전범」, 『사회사상과 문화』 19(3), 동양사회사상학회, 2016, 61-89.

유승무·최우영·박수호, 「공감·소통·배려의 사회와 그 적들: '사이의 사회학'을 위한 탐색적 연구」, 『현상과 인식』 42(1), 한국인문사회과학회, 2018, 119-144.
이원규, 『종교사회학의 이해(개정3판)』, 나남출판, 2019.
_____, 『종교사회학의 이해』, 나남출판, 1997.
이재창·멱정 외, 『현대사회와 불교』, 한길사, 1981.
정승안·박수호, 「1980년대 불교청년운동의 전개와 특성: 정치사회적 발전의 맥락에서」, 『사회와 이론』 24, 한국이론사회학회, 2014, 339-367.

'마음사회학'의 사회학적 성과와 전망

가브리엘 타르드/이상률 역, 『모나돌로지와 사회학』, 이책, 2015.
금장태, 『한국유학의 심설』, 서울대학교출판부, 2002.
김홍중, 「사회적인 것의 합정성을 찾아서: 사회이론의 감정적 전회」, 『사회와 이론』, 23, 2013, 7-48쪽.
유승무, 「동양사회 내재적 종교성과 베버의 동양사회」, 『동아시아불교문화』 제13집, 동아시아불교문화학회, 2013, 263-290쪽.
_____, 「득통의 마음사회학적 이해-현정론을 중심으로」, 『한국학논집』, 제73집, 2018, 43-69쪽.
_____, 「로버트 벨라의 종교사회학:종교진화론과 동양사회론을 중심으로」, 『사회사상과문화』, 18권 1호, 2015, 89-117쪽.
_____, 「맑스·루만 그리고 붓다-사회적인 것의 관찰형식을 중심으로」,

『한국불교학회』, 2018, 62쪽.

유승무, 「성호이익의 마음사회학적 조견(照見)-성호사설을 중심으로」, 『한국학논집』, 제68집, 2017, 61-93쪽.

______, 「연기·마음, 그리고 합심사회의 사회학」, 『불교학 연구』, 제38호, 2014, 334쪽.

______, 『불교사회학 : 불교와 사회의 연기법적 접근을 위하여』, 박종철출판사, 2010.

유승무·박수호, 「인간적 사회적마음구성체」, 『한국학논집』, 제81집, 2020, 136쪽.

______________, 『마음 구성체의 역동성』, 2020, 149쪽.

유승무·박수호·신종화, 「마음의 사회학적 재발견과 합심의 소통행위론적 이해: 조선왕조실록의 용례분석에 근거하여」, 『사회사상과 문화』, 제28집, 2013, 1-47쪽.

유승무·신종화, 「세계화시대 '다른 사람' 의미 구성과 배려」, 『한국학논집』, 제63집, 2016, 49-77쪽.

유승무·최우영, 「대칭삼분법과 사회연기론: 새로운 인식론과 사회이론의 모색」, 『사회사상과 문화』, 21권 2호, 동양사회사상학회, 2018, 1-28쪽.

하버마스(Habermas.J), 『의사소통행위이론』, 1·2, 장춘익 역, 나남, 2006.

한국적 사회관계론의 모색
-공감과 배려의 사회학을 중심으로

기든스, A., 『현대사회의 성·사랑·에로티시즘』, 배은경·황정미 역, 새물결, 1996.

김미경, 「친밀성의 구조변동과 가족구조의 변화: 바우만의 문제의식과 루만의 인식론을 통한 접근」, 『젠더와 문화』 10(2), 계명대학교 여성학연구소, 75-101.

루만, N., 『열정으로서의 사랑: 친밀성의 코드화』, 정성훈·권기돈·조형준 역, 새물결, 2009.

박구용, 「친밀성의 구성과 구조의 전환」, 『대동철학』 (93), 대동철학회, 2020, 163-195.

백승대, 「현대사회를 보는 바우만의 시각: 탈근대성과 유동적 근대성을 중심으로」, 『대한정치학회보』 16(1), 대한정치학회, 2008, 277-303.

신태수, 「퇴계 독서법에 있어서 자아와 우주의 관계」, 『한민족어문학』 (62), 한민족어학회, 2012, 5-23.

안혜상, 「신자유주의시대 청년시대 친밀성의 재구성, "섬"」, 서울대학교 석사학위논문. 2017.

양동욱·김경례, 「대학생들의 '썸 문화'에서 나타나는 전략적 선택과 양가적 행위성」, 『젠더와 문화』 10(1), 계명대학교 여성학연구소, 2017, 83-120.

오세근, 「가족 아이덴티티의 새로운 경계로서 친밀성의 사회사상: 최석만 선생의 "보편적 세계인식의 원리로서 가(家)"론의 심화선상에서」, 『사회사상과 문화』 18(4), 동양사회사상학회, 2015, 53-94.

이동일, 「묵자의 겸애와 교상리에서 나타난 공동체성」, 『한국학논집』 85,

계명대학교 한국학연구원, 2021, 181-218.
이은주,「대학생의 연애 경험을 통한 사회적 관계 맺기에 관한 연구」,『한국가족관계학회 학술대회 자료집』 한국가족관계학회, 2017.
정학섭,「친밀성의 위기와 순수지속의 사상적 성찰」,『사회사상과 문화』 18(3), 동양사회사상학회, 2015, 1-31.
_____,「부부 가족의 섬김 친밀성에 대한 유가사상적 성찰」,『한국학논집』 64, 계명대학교 한국학연구원, 2016a, 7-37.
_____,「친밀성의 구조변동과 Friendship의 성격: 유가사상의 관점」,『사회사상과 문화』 19(4), 동양사회사상학회, 2016b, 29-58.
_____,「사물의인화의 Friendship과 친밀성의 전이」,『사회사상과 문화』 20(4), 동양사회사상학회, 2017, 91-125.
채인후,『맹자의 철학』, 천병돈 역, 예문서원. 2010.
최서윤·이진송·김소희,『미운 청년 새끼』, 미래의 창, 2017

Baumann, Z., Intimations of postmodernity, London ; New York : Routledge : Taylor & Francis Group, 1992.
_____, *Liguid life*, Cambridge, England ; Malden, Mass.: Polity, 2005.
Sternberg, R, "Triangular Theory of Love". *Psychological Review*. 93(2), 1986, 119-135.

〈에큐메니안〉 2016.02.26. 청년에게 사랑을 묻지 마세요.

MZ 세대에게 유학은 탈윤리 시대의 대안이 될 수 있는가?

『中庸』,
『論語』,
『孟子』
『大學章句』,
朱熹, 『朱子語類』,
『傳習錄』,
『王陽明全集』, 中國 上海古籍出版社, 1992

Bergson, Essai sur les données immédiates de la conscience (1889)
Serres, M. (2012), La Petite Poucette, Paris: Le Pommier.
________, (2014), Pantopie, ou le monde de Michel Serres. De Hermès à Petite Poucette (avec Martin Legros et Sven Ortoli), Paris: Le Pommier,
Serres, M. (1969), Hermès I. La communication, Paris: Éditions de Minuit.
니체, 도덕의 계보,
짐멜, 『개인의 법칙(1913)-윤리학의 원리에 관한 시론-』, 김덕영 옮김, 길, 2014.
P. Bourdieu, 'Genèse et structure du champ religieux,' in Revue française de sociologie, Vol. 12 No. 3,
파트리스보네위츠, 문경자옮김,『 브르디외사회학입문』, 동문선, 2000
임마누엘 칸트, 『실천이성비판』, A54==V30, 백종현 옮김, 91쪽, 아카넷,
김세정, 『왕양명의 생명철학에 관한 연구(박사학위논문)』, 1998, 52-56쪽 참조
양선진, 「베르그손의 생명론과 환경문제」, 『생명연구』, 생명문화연구소,

2016, 49-87쪽.
양선진,「네트워크 존재론의 시대」,『퇴계학논집』, 영남퇴계학연구원, 2018, 459-490쪽.
_____,「공간적 사고에서 시간적 사고로의 전환 - 왕양명과 베르그손의 사상을 중심으로-」,『동양철학』, 한국동양철학회, 2017. 95-123쪽.
_____,「왕양명의 생명존재론 - 왕양명의 자연과 생명에 대한 이해 -」,『유학연구』, 유학연구소, 2016, 319-340쪽.
_____,「지성중심의 사고를 넘어선 철학상담의 가능성 모색- 왕양명과 베르그손 사상의 유사성을 중심으로 - 」,『동서철학연구』, 한국동서철학회, 2017, 263-290쪽.

유교적 관점에서 본 기후 위기와 탈성장

-원전류
『논어』
『대학』
『맹자』

-단행본
강남훈,『기본소득의 경제학』, 박종철출판사, 2019.
세라주라투슈(Serge Latouche)『탈성장사회』, 양상모 옮김, 오래된 생각, 2014.

아담스미스(Adam Smith), 『국부론』, 김수행 역, 비봉출판사, 2013.
안외순, 『정치, 함께 살다』, 글항아리, 2016.
유소민(劉昭民), 『기후의 반역』, 박기수·차경애 옮김, 성균관대출판부, 2005.
장하성, 『왜 분노해야 하는가?』, 헤이북스, 2005.
제임스퍼거슨(James Ferguson), 『분배정치의 시대』, 조문영 역, 여문책, 2017.
조지마셜(George Marshall), 『기후변화의 심리학』, 이은경 역, 갈마바람, 2018.

-논문류
김세정, 「공맹유학의 사회생태학적 해석」, 『양명학』37호, 한국양명학회, 2014.
이미림, 「유교, 공감과 소통의 경제학:아담스미스『도덕감정론』과의 대비적 분석」, 『사회사상과 문화』, 20권 3호, 동양사회사상학회, 2017.

저자소개

염승준 : 이영찬의 '유교사회학'의 성과와 검토
-사회이론에 관한 유교적 재해석을 중심으로

원광대학교 학부, 원불교대학원대학교에서 원불교학을 전공했으며 독일 베를린 홈볼트대학교(Die Humboldt Universität zu Berlin)에서 칸트 철학을 전공하고 서양철학(칸트)으로 박사 학위를 받았다. 현재 원광대학교 교학대학 원불교학과 교수로 재직 중이다. 현재 서양철학과 비교하여 유교의 주역철학과 성리학에 대한 관심을 갖고 공부하고 있으며 형이상학과 정치의 관계, 근대성에 대한 담론을 중심으로 근대의 이중과제에 대한 관심을 갖고 연구를 하고 있다. 연구논문으로 〈원불교 교리해석의 파편화 현상 비판〉, 〈원불교 상시일기법 유·무념 개념의 중의적(重義的) 의미〉, 〈근대 정치와 종교적 초월성의 관계—마루야마마사오(丸山眞男)의 《日本政治思想史研究》〉, 〈종교적 공공성 개념과 의미 고찰〉, 〈마테오 리치 동아시아 천학의 철학사적 위상 비판을 위한 시론〉등이 있고 역서로는 『형이상학 서설』과 『칸트전집 11 비판기 저작(1905-1804): 1791년 베를린 왕립학술원이 공모한 현상과제, 라이프니츠와 볼프의 시대 이후 독일에서 형이상학이 이룬 실질적 진보는 무엇인가?』가 있다.

E-mail: kant@wku.ac.kr

김보경 : 한국유학의 사회학적 성과와 전망
-최한기 '측인론'의 사회심리학적 재해석을 중심으로

계명대학교 사회학과에서 석, 박사를 취득하였으며, 동국대학교 불교학과에서 불교교학으로 박사과정을 수료하였다. 계명대학교 한국학연구원에서 전임연구원을 역임하였으며, 현재는 계명-목요철학원에서 연구교수로 재직 중이다. 연구 관심은 동양사상 특히 유교와 불교 사상을 통한 자생적 한국사회사상 정립과 사회사상, 사회문제, 종교 공동체에 있다. 이와 관련한 공저와 연구논문을 다수 발표하였다.

E-mail: iris9981@naver.com

박수호 : 한국 불교사회학의 형성과 발전에 대한 비판적 검토
-유승무의 연구 성과를 중심으로

고려대학교 사회학과에서 정보사회에서의 종교 변화를 연구해 박사학위를 취득했고, 현재 중앙승가대학교 불교사회학부 교수로 재직하고 있다. 불교의 사상과 교리를 통해 서구 중심적인 사회학의 한계를 극복하고, 불교사회학의 정립을 통해 불교와 한국 사회에 대한 이해와 통찰을 제공하는 것을 학문적 과제로 삼고 있다. 최근에는 사회변동론적 관점에서 현대사회와 불교의 공진화를 위한 연구에 관심을 두고 있다. 현재 동양사회사상학회 편집위원장, 한국종교사회학회 부회장 등의 소임을 맡고 있다. 대표적인 논문으로 「행복 요인으로서의 사회적 인정」, 「종교정책을 통해 본 국가-종교간의 관계: 한국 불교를 중심으로」, 「사회운동으로서의 조계종 종단개혁운동」, 「노동과 여거의 통합적 이해: 불교적 관점과 '좋은 노동'」 등이 있다.

E-mail: foramita@naver.com

정승안 : '마음사회학'의 사회학적 성과와 전망

부산대 사회학과를 졸업하였다. 대학원 사회학과에서 석사를 마치고 역(易)과 점복(占卜)의 사회학을 주제로 사회학박사학위를 받았다. 현재 동명대 선명상치유학과에서 재직중이다. 사회과학과 주역을 중심으로 하는 동양사회사상과의 이론적 만남 및 수행에 주목하고 있다. 저서로는 『일상생활의 사회학적 이해』(공저), 『현대사회의 위기와 동양사회사상』(공저), 『풍수사회학』 등이 있다. 논문으로는 「위기탈출의 기예, 점복의 사회학」, 「일부 김항의 정역과 사회사상적 함의」, 「북창 정념의 '용호비결'을 통해 살펴보는 호흡수련과 현대적 함의」 등이 있다

E-mail : sovong@nate.com

이명호 : 한국적 사회관계론의 모색
-공감과 배려의 사회학을 중심으로

한양대에서 사회학, 동신대에서 사회복지학 박사학위를 취득하였다. 한양대와 동국대, 중앙승가대에서 강의하였고, 경희대 종교시민문화연구소에서 학술연구교수로 활동하였다. 현재는 인드라망생명공동체 산하 인드라망연구소에서 생태문명(생명평화)과 문명전환, 생태마을, 마을공동체에 대해 연구하고 있다. 저서로는 『종교 거버넌스와 종교영성』(2024, 공저), 『문명전환과 불교의 응답』(2022), 『노년의 편안한 임종을 관찰하다』(2021), 『현대사회의 위기와 동양사회사상』, (2014, 공저) 등이 있고, 논문으로는 Assessing the Efficacy of Medical and Cultural Support for Immigrant Adaptation and Social Integration(2024, 공저), 기후정치의 실패와 생태시민성: 토마스 베리의 인간 재창조를 중심으로(2024), 복합위기 시기, 불교의 사유에 근거한 생태적 돌봄 전망하기(2023), 생태위기 극복을 위한 종교 기반 협력적 거버넌스에 관한 탐색적 연구(2022), 코로나19 이전/이후, 사회의 재구조화 가능성(2021), 공감의 구조변동, 관계지향적 삶의 실천으로(2017) 등 40여 편의 논문을 발표하였다.

E-mail: dubiouslife@hanmail.net

양선진 : MZ 세대에게 유학은 탈윤리 시대의 대안이 될 수 있는가?

한국외국어대 철학과를 졸업하고 프랑스 뽀아띠에 대학원에서 철학과 석사(Maitrise)를 졸업하고 보르도3(몽테뉴)대학원에서 박사준비과정(D.E.A)을 졸업하고 파리1(빵떼옹소르본)대학원에서 철학박사과정을 수료하고 충남대 철학과에서 동서비교철학으로 박사를 마쳤다. 저서로는 『주체와 공동체』(공저), 『생명과 인간존엄에 대한 숙고』(공저), 『한국 사상사의 사회학적 조명』(공저), 『中心無き世界における 中心と しての東洋と西洋』(공저), 『모빌리티 존재에서 가치로』(공저) 등이 있고, 논문으로는 「과학과 철학의 관계: 자연과 인간에 대한 동서양의 해석 - 한원진과 데카르트의 사상을 중심으로」, 「인간의 경제적, 도덕적 그리고 종교적 차원- 애덤 스미스의 경제학과 윤리학을 넘어 왕양명과 키에르케고어의 종교적 존재로 -」, 「 생명윤리학자 정제두의 '生理' 개념의 새로운 해석 -베르그손의 생의 약동(élan vital) 과 정제두의 生理 개념의 비교-」 등이 있다.

E-mail: sunjinyang@hanmail.net

이미림 : 유교적 관점에서 본 기후 위기와 탈성장

한국철학을 전공하고 성균관대 동양철학과에서 박사학위를 받았다. 주로 유교의 사회적 역할에 대한 연구를 진행하고 있다. 주요 연구논문으로는 「남명조식의 현실적 사회개혁론」(단독), 「18~19세기 조선 중화론과 일본 국체론 비교연구」(단독), 「유교를 통한 한국적 다문화 사회구상」(공저), 「격몽요결에 나타난 인성교육론」(공저), 「유교, 공감과 소통의 경제학 : 아담스미스 도덕감정론과 대비적 분석을 중심으로」(단독), 「한국여성신화에 있어서 유교적 의미와 해석」(단독)이 있고, 저서로는 『3.1운동 백주년과 한국 종교개혁』(공저), 『조선후기 심설논쟁 화서학파 : 표점·해제·선역』(공저)가 있다.

E-mail: mirim2k@daum.net

한국적 사회과학의 주춧돌 놓기

초판1쇄 인쇄 2024년 8월 1일
초판1쇄 발행 2024년 8월 20일

지 은 이 계명대학교 한국학연구원 편
펴 낸 이 신일희
펴 낸 곳 계명대학교 출판부
출판등록 제347-1998-1호(1970. 9. 1.)
주 소 대구광역시 달서구 달구벌대로 1095
대표전화 053-580-6233
팩 스 053-580-6235
홈페이지 www.kmupress.com

ISBN 979-11-6516-233-7 93300 정가 30,000원